한국말로 중국어를 해버린 무식한 필자의 마술같은 경험담

워따·똥싸

으따·똥싸

초판 1쇄 인쇄 2012년 09월 18일
초판 1쇄 발행 2012년 09월 28일

지은이   최 준 권
펴낸이   손 형 국
펴낸곳   (주)북랩
출판등록   2004. 12. 1(제2012-000051호)
주소   153-786 서울시 금천구 가산디지털 1로 168,
         우림라이온스밸리 B동 B113, 114호
홈페이지   www.book.co.kr
전화번호   (02)2026-5777
팩스   (02)2026-5747

ISBN 978-89-969495-5-8 03720

이 책은 (주)골든디지탈 김광식 이사님의 도움을 받아 저술 출판되었습니다.

중국어는 한국말이다

zhōng guó yǔ
中国语
shuō míng shū
说明书

한국말로 중국어를 해버린 무식한 필자의 마술같은 경험담

워따똥싸

최준권 지음

화 장 실 이 어 디 예 요

워 따 똥 싸

워따똥싸
중국어 천자문
4900个短语

bookLab

더이상 공부하지말고 한국말로 중국어를...

권회인준 워따똥싸

프롤로그: 집필을 시작하며

중국어 정말로 쉽다?

철수	그럼 '화장실은 저쪽에 있어요'는 중국어로 뭐라고 해?
순이	밥팅아~ 그것도 모르냐? 그건 "저따똥싸"
철수	에이 거짓말~
순이	그럼 거짓말이지 진짜겠냐? 호호호호호~~~

목 차

프롤로그 ·· 005

첫 번째   무식한 개발자 중국에 가다 ·························· 008

두 번째   시작은 바닦부터- 발 마사지 ·························· 014

세 번째   산업화 중국 - 문명의 이기를 이용하다 ·········· 032

네 번째   한국과 닮은 나라 중국 - 한국과 중국의 공통점 알기 ····· 048

다섯번째   중국어 사투리 정복기 - 중국어 발음 및 억양 ·········· 069

여섯번째   한중 말 융합기 - 한국말로 중국어 하기 ····················· 093

일곱번째   시민의 광장 - 공원에 가다 ······························ 107

여덟번째   쇼핑의 자세 - 화창베이에 가다 ························· 120

아홉번째   살인(杀人)? 아니 찰차(刹车) - 자동차를 구매하다 ········ 130

열 번째   혼자만의 시간 - 버스를타다 ···························· 140

열한번째   금강산도 식후경 - 식당에 가다 ······················· 146

에필로그 ·· 163

부록 I.   접속사/부사 모음 ······································ 165

부록 II.   워따똥싸 중국어 천자문 ····························· 169

중국이 세계의 맹주로 급부상하고 있는 요즈음 많은 사람들이 중국어에 관심을 가지고, 부단히 공부를 하지만, 하나같이 중국어는 참으로 어렵다고 말을 한다.

"한자가 어렵고, 발음이 어렵고"

정말로 어려울까?

"한자(漢字)가 난제(難題)이고, 발음(發音)도 난제(難題)이고"

우리는 많은 부분에서 알게 모르게 한자로 된 단어를 사용하고 있고, 또 발음을 하고 있다. 한국에서 사용하는 단어의 60% 이상이 한자로 되어있는데, 왜 중국어가 어렵기만 할까? 『워따똥싸』와 같이 중국식으로 발음만 하면 중국에서 안 통할까?

"통(通)한다. 아주 자~알 통한다"

한국에서 나고, 한국에서 자란 필자는 4년간의 중국 생활을 통해 "아~주 자~알 통한다"라는 것을 확인했고, 이러한 경험을 바탕으로 한국어의 우수성을 사무치게 느낄 수 있었다. 이런 우수한 한국어를 모국어로 습득하고, 사용하고 있는 한국인들은 참 복을 많이 받은 민족이라는 생각을 하게 되었다.

전혀 알지 못한 중국어를 현지에서 빠르게 습득하고 사용할 수 있었던 필자의 '중국어' 습득 방법을 『워따똥싸』를 통해 많은 이들과 공유하고 싶어 집필을 하게 되었으며, 본 책을 읽는 독자들은 한국인이 아시아 문화에 얼마나 많은 부분을 차지하고 있는지를 확인하게 될 것이다.

본 책은 중국어를 배우기 위한 책이 아닌, 중국어를 이해하기 위한 교양서적으로 생각을 했으면 좋겠다. 중국어를 공부하는 학생, 회사원, 사업가들이 어떻게 하면 중국어를 빠르게 습득할 수 있는가를 본 필자의 경험을 통해 전달함으로써, 보다 빠르고, 정확하게 중국어 습득하기를 기대하며 집필을 시작한다.

필자는 경력 15년의 컴퓨터 소프트웨어 개발자이다.

주 분야는 음악, 영화, 게임, 그림 등과 같이 보고, 듣고, 말하고, 즐기는 멀티미디어 소프트웨어 분야이다. 멀티미디어 소프트웨어를 개발을 하기 위해서는 끊임없이 보고, 듣고, 말하는 방법을 조사하고, 연구하여야 한다. 또한 상상하고, 분석하고, 추리하고, 조합하는 방법들로 모든 사물을 연구해야 한다. 눈에는 보이지 않는 것, 귀에는 들리지 않는 것, 그리고 끊임없이 상상하는 것을 수 없이 반복하고, 연구해서 꾸준히 발전시켜나가야, 이렇게 빠르게 발전하는 사회에서 10년이 넘도록 살아남을 수 있는 연구개발자가 될 수 있다.

이렇듯 항상 분석하고, 추리하고, 공부해야 하는 직업을 가지다 보니 생긴 직업병이 종류를 막론하고 분석하고, 추리하는 버릇이다. 이 추리, 분석하는 버릇이 외국어를 잘 이해하게 되는 계기가 될 줄은 중국에 가기 전까지 필자는 알지 못했다. 지금부터 그 무식한 개발자의 중국어 이야기를 시작하려 한다.

첫 번째 이야기: 무식한 개발자 중국에 가다.

업무 특성상, 외국과의 기술교류가 많은 필자는, 중국에 가기 이전에도 종종 외국에 나갈 일이 있었다. 세계의 기술발전을 확인하기 위해 기술전시회에 참가도 하고, 해외 업체가 개발한 제품의 기술적 교류를 위해서, 종종 미국, 일본, 등지를 나가 보기도 했다. 이렇게 기술에 대한 미팅은 기술적으로 한국보다 발달한 미국, 일본 등의 선진국에서 주로 이루어지기에 중국과 같이 한국보다 기술력이 뒤떨어진 나라에서의 기술 미팅은 거의 없었다.

2000년도 들어서며 한국 및 세계의 많은 업체가 중국에 공장을 세우고, 주재원들을 파견하기 시작하며 중국에는 해외업체들이 우후죽순으로 늘어났다. 선진국의 기술력을 가진 해외업체가 중국에 공장을 세웠고, 중국에서 만들어지는 많은 제품들의 기술지원을 하기 위해 기술지원센터들도 많이 들어섰다. 이렇게 기술력을 가진 중국 현지 해외업체를 만나야 하는 상황이 점차적으로 늘어났다. 그러자 필자에게도 중국에 갈 기회가 생겼다.

위따쭝싸

당시 필자가 알고 있는 중국은 가끔 신문에서 보는 중국 사건 사고와, 인터넷 등지에서 가십거리로 볼 수 있었던 중국 비하 사진들이 전부였고, 가끔가다 올라오는 살인, 인신매매 등등 안 좋은 기사 외에 필자가 중국에 대해 아는 것은 별로 없었다.

중국의 기인들

지금은 많은 부분에서 중국에 대한 인식이 좋아졌지만, 2005년만 하더라도 중국의 거리에는 거지가 넘쳐나고, 소매치기, 등 범죄자들이 넘쳐나는 아주 위험하고 혐오스러운 국가로 인식되어 있었다.

2007년 4월 필자는 제품개발과 관련하여 처음 중국을 방문했다.

필자가 도착한 지역은 홍콩 바로 위에 있는 심천(深圳)이다. 중국 발음으로 하면 썬전(深圳)이다. 썬전에 처음 도착한 필자에게 제일 먼저 와 닿은 것은 눈이 아닌 코로 들어왔다.

"헉! 한증막이다! 숨을 쉴 수가 없다."

코로 느껴지는 심천의 첫 느낌은 한증막 그 자체였다. 홍콩에 가보신 독자들께서는 이해를 하시겠지만, 목욕탕에서 한증막을 들어섰을 때와 같이 숨이 턱 막히는 그 느낌이었다. '이 지역에 사는 중국인들은 얼마나 힘들까'가 필자의 첫 느낌이었고, 그 순간 인터넷에서 본 사진들이 필자의 뇌리를 스쳐 지나갔다. 물론 선입견이겠지만 답답하고, 지루한 중국 생활이 될 것 같은 느낌이 들어왔다.

다행스러운 것은 입국심사를 받는 입국심사대는 쾌적하고 깔끔한 느낌을 주었

첫 번째 이야기 | 무식한 개발자 중국에 가다

고, 또한 필자를 심사하는 출입국 관리요원의 웃는 모습은 필자로 하여금 안도감을 가져다 주었다. 하지만 공기에서 느껴지는 그 텁텁하고, 답답함은 버릴 수 없는 중국 심천의 첫 느낌이다.

하지만 그 첫 느낌은 오래가지 않았다. 출입국 심사를 마치고 나온 심천 시내의 풍경에 필자는 놀라지 않을 수 없었다. 출입국 심사를 마친 '황강코우안'의 출구 앞에 펼쳐진 심천 시내의 모습은 필자의 중국에 대한 선입견을 완전히 바꾸게 하기에 충분했다. 길거리에는 도요타, 폭스바겐, 벤츠가 택시로 쓰이고, 롤스로이스, 아우디, 도요타, 등 세계 유수의 자동차들이 도로를 질주하는 모습은 한국에서도 보기 힘든 고급스러운 모습이었다. 또한 버스 역시 한국의 최신 버스에 전혀 뒤지지 않는 깔끔함과 쾌적함을 유지한 채 승객들을 맞이하고 있었다. 왕복 8차선으로 넓게 펼쳐진 도로와, 깔끔하게 입은 외국 관광객들이 넘치는 심천은 필자에게 세계 여느 관광도시와도 다르지 않은 느낌을 주었다. 또한 도로 양옆으로는 예술가가 만든 건축물과 같이 다양한 모양, 다양한 색상의 고층 건물들이 필자를 맞이하였기에 인터넷에서 봐왔던 중국의 모습은 전혀 찾아볼 수 없었다.

심천의 야경

위따·뽕씨

이런 심천의 모습은 필자로 하여금 중국 생활의 안도감을 가져다 주었다. 가십거리만을 찾는 인터넷과는 확연히 다른 중국의 이면을 확인할 수 있었다.

이렇게 심천에 도착한 필자는 현지에 먼저 도착한 일행을 찾아야 했다. 일행에게 위치를 묻기 위해 전화를 하자, 불행하게도 그 일행은 필자에게 직접 택시를 잡아 타고 호텔까지 오라고 했고, 필자의 항의에도 아랑곳하지 않고 전화를 끊었다. 처음에는 약간 당황스러웠지만, 외국에서 택시를 타본 경험이 있는 필자는 경험상, 영어로 말하면 별 문제 없이 택시를 탈 수 있을 것이라 생각했다. 필자는 더 이상 망설이지 않고 자신 있게 택시 정류장으로 향했다.

택시를 탄 필자는 자신 있게 "스타샤인 호텔"이라고 말했다.

🐛	무식한 개발자 중국의 택시를 타다
필자	헬로~ 스타샤인 호텔
택시기사	엉?? (얘, 뭐라고 하는 겨~~)
필자	(못알아 들었나? 그렇다면.. 혀를 좀 더 굴려서~) 스타~알 샤인 호우텔~
택시기사	썸머!!!!?? (얘 뭐라고 하는 겨~~)
필자	(이것도 못알아 듣네. 그럼 독일식으로) 스타~르 샤인 호테르~
택시기사	>..<;;; XXXXXXXX ???????? (얘, 뭐니~~??)

경험상 영어가 통할 거라는 필자의 예상과는 다르게, 택시기사는 영어 발음을 전혀 알아듣지를 못했다. 여러 억양과 발음으로 계속해서 시도해 보았지만 이 역시도 전혀 통하지 않았다. 결국 필자는 일행에게 다시 전화를 걸어 통역을 불렀고, 그 통역을 통해 목적지까지 갈 수 있었다.

나중에 안 사실이지만 중국에서는 호텔 이름뿐 아니라, 코카콜라, 사이다, 피자헛 등과 같은 다국적 기업의 유명한 제품들까지도 중국의 글자인 한자로 명칭을 변경하여 부르기 때문에, 현지인들에게는 기본적인 영어발음조차도 전혀 통하지 않는다는 사실이었다. 어느 나라의 말이든 외국어는 발음 자체를 인지하지 못하는 수준이 바로 중국 일반인의 외국어 실력이었다.

중국어의 특성상 외국어의 발음 자체를 표기할 수 없어, 일반인들에게는 발음 자체가 아주 생소한 것이었다. 이는 중국에서 글자로 사용하는 한자(漢字) 자체가 다양한 발음을 표시할 수 없는 표의문자(表意文字)이다 보니, 외국의 새로운 발음을 표기할 수 없다는 것이었다. 그러다 보니 외국어 교육을 받지 않은 일반인들은 중국 발음에 없는 발음은 구분 자체를 하기 어렵다고 한다.

중국어의 발음상 특징

중국어는 표의문자라 모든 뜻과 의미가 글자에 내포되어 있다

그래서 중국어는 표음문자인 한국어, 영어 등과 같이 다양한 음을 조합해 표현하는 방법과 달리 글자의 수를 늘려 의미를 표현하는 방법으로 발전하게 되었다. 글자의 수를 늘려 표현을 하다 보니 매번 발음을 만들어 낼 수 없었고, 이로 인해 발음이 발달하지 못했다. 그래서 중국어는 한자에서 정한 발음 이외의 발음은 표현할 수가 없다.

중국어는 음을 표기할 수 있는 방법이 없어, 한자의 발음에도 많은 차이를 가져오게 되는데, 발음을 표기할 방법이 없으니, 표준화된 발음을 정의할 수 없었고, 그로 인해 표준어를 구사하는 사람이 입에서 입으로 발음을 전달하는 구전(口傳)을 통해 글자 읽는 방법을 다른 지역에 전달하게 되었다. 이렇게 여러 사람, 여러 지역을 거치면서 전달된 발음은 한국에서는 '한국', 중국의 북쪽에서는 '한구어', 중국의 남쪽에서는 '한궈' 등과 같이 발음의 차이를 보이게 되었다. 이런 발음의 차이는 각 지역별 사투리를 만들어 냈고, 많은 종류의 사투리는 지역과 지역 간의 의사소통이 전혀 되지 않는 또 다른 언어로 발전하게 된다.

중국의 한자와 같은 표의문자는 음을 기록하는 표음문자와 달리 다양한 표현이 불가능하여, 새소리, 물소리, 바람소리 등의 의성어가 발달하지 못하였다. 그런 단점을 가진 표의문자이다 보니 당연히 외국어에는 취약한 점을 가질 수밖에 없다.

이런 표의문자의 단점을 이미 알고 600여 년 전에 한글을 창제하신 세종대왕은 정말로 대단한 임금님이지 아니한가. 세종대왕께서 한글을 만드실 때의 주목적은 어리석은 백성에게 글을 가르치기 위한 목적이 있으셨다고 하지만 그 목적 외에도 한자 발음을 표기하기 위한 발음기호로 한글을 썼던 것만 봐도 한자를 발

음하는 방법은 한자를 사용했던 많은 아시아 국가에게는 반드시 해결해야 할 중요한 핵심과제였던 것은 의심할 여지가 없는 듯하다.

<발음표기법으로 쓰인 한글>

  이렇듯 발음을 표시할 수 없는 중국 한자의 한계는 중국 언어에 있어서 많은 사투리를 만들어내는 결과를 가져다 주었고, 많은 종류의 사투리들은 중국 통치에 있어서 많은 난제를 만들어 냈다. 언어적 통일을 이루기 위해 노력한 중국의 노력은 향후 '중국의 발음과 억양'을 다루는 챕터에서 자세히 다루도록 하겠다.

  중국 택시기사와 같은 일반 시민을 처음 접한 필자는 드디어 중국에 들어오긴 들어왔나 보다, 라는 느낌을 깊게 받을 수 있었다. 택시를 타고 이동하는 내내 길거리에 펼쳐진 간판들을 보았다. 약방(藥房), 빙수(氷水) 등등 한자로 된 간판들이 필자의 눈을 사로잡았고, 이 간판들은 필자가 어렸을 때 동네에서 흔하게 보았던 한자 간판들을 떠올리게 했다.

  그 순간은 잠시나마 어렸을 적 할아버지 옆에서 놀고 있는 어린 시절 필자를 떠올리게 하는 즐거운 순간이었다. 필자의 할아버지께서는 조선시대의 선비와 같이 순백의 한복을 입으시고, 한시를 항상 가까이 하셨던 분이셨다.

  이렇게 도착한 필자에게 중국의 첫 느낌은 그동안 가봤던 다른 국가와 너무나 다른 느낌을 안겨다 주었다. 전 세계 공통어로 사용하고 있는 영어가 안 통하는 나라, 하지만 얼굴색과 피부가 같고, 길거리의 건물 모양이 전혀 낯설지 않은 친근한 나라로 인식되었다. 아무 말 없이 길을 걸으면 중국인인지 한국인인지 전혀 분간이 가지 않는 얼굴빛과 체형들은 처음 중국에 도착한 필자에게 뭔가 묘한 친근함을 가져다 주었다.

두 번째 이야기: 시작은 바닥부터

발 마사지

여행차, 업무차, 또는 학업차 중국에 가본 사람들이라면 제일 먼저 떠오르는 중국의 서비스는 아마도 발 마사지일 것이다. 마사지는 필자가 어렸을 때 할아버지, 할머니의 요청에 의해 등을 두드리는 등 수시로 해드렸기에 전혀 낯설지 않은 서비스이다. 이런 마사지 업소는 중국에 가장 흔하게 보는 서비스 업소이다.

필자 역시 도착하고 그날로 발 마사지 업소를 갔었다. 호텔 안에 있는 마사지 업소였는데 필자는 그곳에서 처음으로 낯설지만, 시원한 발 마사지를 받을 수 있었다. 주로 음주문화가 이루어지도록 BAR를 구비한 한국의 호텔과 달리, 중국의 호텔에는 비교적 마사지 업소가 많이 들어와 있다. 여행에 피로한 여행자들의 피로를 풀어주는 일종의 여행자 맞춤형 서비스일 것이라 생각된다.

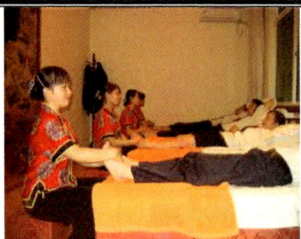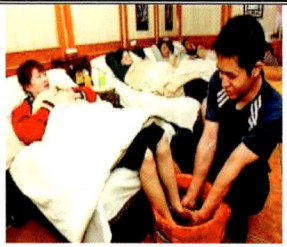

중국의 발 마사지

필자는 처음 접하는 마사지라 어떻게 하는지도 몰라 동료의 도움을 받아 발 마사지를 받게 되었다. 마사지 종류는 크게 발 마사지, 전신 마사지로 나뉘는데, 전신 마사지는 한국에서도 태국식, 한국식, 중국식 등의 종류가 있다. 전신 마사지는 한국에도 많이 있기에 필자는 한국에선 흔치 않고 중국에선 자주 볼 수 있는 발 마사지를 소재로 얘기를 풀어가려 한다.

발 마사지는 뜨거운 물에 발을 담가 여행에 지친 피로를 풀어주는 것이 주목적이다. 한국의 족욕(足浴)에 해당된다. 발 '족(足)'에 목욕 '욕(浴)', 즉 '발을 씻다'라는 말이 된다. 한국말로 하자면 족욕 혹은 발 목욕이 될 것이다. 하지만 중국에서는 세수할 때의 세(洗)에 영화 <무영각(無影脚)>의 각을 쓰는 세각(洗脚)이라 부른다. 중국 발음으로는 '시/자오 洗脚^{xi jiǎo}'이다. 한국 사람들은 족욕(足浴), 중국 사람들은 세각(洗脚)이라고 조금 다르게 말한다. 둘 다 의미적으로는 모두 발을 씻다가 된다.

처음 받는 마사지라 그날은 아무 말도 없이 아무 의심도 없이 발 마사지를 받았지만, 시간이 흘러 발 마사지를 여러 차례 받게 되면서 그 분석하는 성향이 나타나기 시작했다. 왜 중국에서는 '세각(洗脚)'이라는 말을 사용할까? 가만히 생각을 하다 보니 한국말에도 사용하는 '세수'가 생각이 났다. 세수(洗手), 즉 씻을 세(洗)에 손 수(手). 즉 손을 씻는다는 말이다. 즉 손을 씻는 행동을 세수라고 한다. 손을 씻으면서 얼굴도 같이 씻기에 한국 사람들은 세수를 한다, 라고 하면 얼굴을 씻는다는 말로도 사용하게 됐다. 한중 간에 똑같이 사용한다는 것을 알 수 있었다.

필자가 어렸을 때 화장실을 세수간(洗手間)이라고 불렀다. 즉 볼일을 보고 난 후 손을 씻는 장소라 해서 화장실을 세수간으로 불렀다. 이 단어는 중국에서도 한국과 똑같이 쓰인다. 화장실을 세수간(洗手間)이라 부르고, 중국 발음으로 하면 시(洗) 소우(手) 지엔(間). 즉 '시/소우/지엔 洗手间'라는 단어는 화장실을 가리킬 때 쓰는 말로 한국과 중국이 똑같이 사용하는 단어이다.

여기에서 보듯 한국어는 발음만 틀릴 뿐 중국말과 정말 닮아 있다. 중국 사람들도 5000년 역사를 가지고 있다고 한다. 한국 역시 5000년의 역사를 가지고 있다. 고조선 시대부터 따져보면 5천 년 역사의 아시아라고 할 수 있을 것이다. 이렇게 서로가 비슷한 것은 지난 5천 년을 좋든 싫든 같은 지역을 토대로 문화적, 언어적 교류를 했던 영향이라고 볼 수 있을 것이다.

마사지를 한국 사람들은 90년대 초까지만 해도 안마라고 불렀다. 지금도 '안마 시술소'라는 간판을 심심찮게 볼 수 있다. 마사지를 중국에서도 안마라고 부른다. 발음은 약간 틀려 '按(안)摩(모어)'라고 읽는다.

필자가 발 안마를 받다 보면 안마사와 자주 얘기를 하게 된다. 처음에는 알아듣지도 못하고 말도 못하니, 가만히 눈감고 안마만을 받았다. 하지만 자주 가다 보면 병원의 주치의처럼 전속 안마사를 만나게 된다. 자주 만나서 본인의 발을 내맡기다 보면 통하지도 않는 말과 바디랭귀지를 통해 대화를 시도하게 된다. 또한 주위 사람을 통해 알게 되는 몇 가지 단어들을 테스트하고 싶은 충동 역시 강하게 일어나는 곳이 안마사와의 대화라고 할 수 있다.

보통 처음으로 알게 되는 단어는 안마사를 일컫는 단어인 '푸/우/위엔'이란 말이다. '푸우위엔'이란 단어를 한자로 쓰면 '服務員'이라 쓴다. 한국 발음으로 읽으면 복무원(服務員)이다. 복무, 어디선가 들어본 말 같지 않은가? 아마도 회사에서 일을 할 때 많이 들어본 말이다. 사원 복무 규칙. 즉 '회사원이 일을 할 때 지켜야 하는 규칙'을 일컬을 때 쓰인 단어인 '복무'란 단어이다. 다시 말해 복무원이라는 말은 '일을 하는 사람'을 일컬을 때 쓴다. 주로 서비스업에 종사하는 사람들을 복무원이라 부른다. 식당, 극장, 은행 등 서비스를 해주는 사람들을 부를 때 '服(푸)務(우)員(위엔)'이라고 부르면 된다.

'푸/우/웬'이라고 안마사를 부르면, 그 안마사는 '스(是)'라고 대답을 할 것이다. 이 '是'는 한국말로 '네'라고 대답하는 말이다. 스(是)의 한국 발음은 '시'이다. '네'라는 의미도 있지만, 또 다른 뜻으로 '~이다'의 뜻도 있다. 그래서 천자문에서는 '이 시(是)'라고 써있다. 영어로 하면 'is'에 해당된다. 그래서 '나는 한국 사람이다'라고 할 때 '我是韩国人(워/스/한/구어/런)'이라고 표현한다. 한국 발음으로 하면 '我是韓國人(아시한국인)'이다. 영어로 표현하면 'I am(is) Korean'이다. 즉 '스(是)'는 영어 'is'에 해당하는 말이다.

중국어의 어순이 영어와 비슷하다는 생각을 하게 될 것이다. 맞다. 중국어의 기본 어순은 영어와 매우 흡사하다. 거의 같다고 해도 과언은 아닐 것이다.

🐾중국어 기본문법 정리			
1형식	영어	주어+동사	I **go**
	중국어	주어+동사	我 去
2형식	영어	주어+동사+보어	He **is** Korean
	중국어	주어+동사+보어	我 是 韩国人
3형식	영어	주어+동사+목적어	I **sell** *goods*
	중국어	주어+동사+목적어	我 卖 *产品*
4형식	영어	주어+동사+간목+직목	I **give** you *this things*
	중국어	주어+동사+간목+직목	我 给 你 这个 东西

위따똥씨

중국어의 언어학적인 특징

세계의 많은 언어들은 여러 군의 어족으로 구분이 되어짐을 독자들은 알고들 계실 것이다. 한국어는 알타이어족이고, 영어는 인도유럽어족 등등 언어적 특성에 따라 언어의 어족이 구분된다. 기본적으로 어순(語順)에서의 중국어는 영어에 가깝다고 볼 수 있다. 어족의 구분은 지역마다 시대마다 조금씩 달라 결론은 내리기는 어렵지만, 중국어는 중국, 인도를 거쳐 유럽 지역까지 연결이 되는 '인도유럽어족'에 속한다고 말할 수 있다. 그래서 영어권의 언어와 기본 규칙 면에서는 닮았다고 볼 수 있다. 그래서 일부 중국어를 아시는 분들은 중국어는 영어와 어순이 같으니 영어를 잘하는 사람이 중국어를 빨리 배울 것이라고들 한다.

하지만 필자는 그렇게 생각하지 않는다. 다음에 자세히 서술하겠지만 중국어의 기본 형태는 영어와 같지만 깊게 들여다 보면 말하는 방법 등이 한국어와 너무나 닮아 있어 한국어를 할 줄 아는 사람이 영어권 사람보다 중국어를 더욱 빨리 배울 수 있다. 중국어에는 기본 어순보다 중요한 문화적 교류에서 오는 '언어문화적 동질성'이 더 많이 자리잡고 있기 때문이다.

복무원과 대화를 한마디 한마디씩 하다 보면 몇 가지 자주 쓰는 말들이 나온다. 안녕하세요? 당신 이름이 뭡니까? 잘 좀 해주세요 등등, 마치 소개팅에서 처음 만난 사람들처럼 주위에 있는 사물들을 가지고 말을 하기 시작하게 된다. 이때 가장 먼저 알아야 하는 말이 '나, 너, 우리, 가자, 와라, 먹자, 하자'와 같이 가장 기초적인 동사, 명사일 것이다. 어떠한 언어를 배우든, 가장 먼저 해야 하는 것이 이러한 기초적인 단어를 외우는 것이다. 이러한 단어를 안다는 것은 상대방에게 말을 걸어 볼 수 있다는 의미이므로, 친구에게 배우든 책을 통해서 배우든 미리 공부를 해둬야 한다.

필자 역시 시간날 때마다 나(我 워), 너(你 니), 우리(我们 워먼), 이것(这个 저거), 저것(那个 나거), 가다(去 취), 오다(来 라이) 등등, 기본이 되는 단어를 외우는 데 많은 노력을 기울였다. 이러한 기본 단어들은 소리만 들으면 도대체 이게 무슨 말인가 할 것이다. 하지만 한국 사람들은 한자를 보면 그 의미를 어렵지 않게 알 수 있다. 그래서 영어 외우듯 어렵게 외우지 않아도 그 단어의 뜻을 알 수 있다. '나'를 가리키는 '워(我)'는 한국 발음으로 하면 '아'이다. "어린 학생들은 스스로의 자아(自我)를 찾아야 한다."라는 말에서와 같아 자아(自我)라는 말을 많이 사용한다. 스스로의(自) 나 (我) 를 찾아라, 라는 의미를 가지고 있다. '我' 글자의 한국어 발음은 '아'이고, 중국어 발음은 '워'로 발음되어 서로 비슷하게 발음이 된다. 이렇게 서로 비슷한 발음을 가지고 있기 때문에, 전혀 다른 발음을 외우는 것에 비하면 외우기 쉽다.

'가다'라는 동사는 취(去), '오다'라는 동사는 라이(来)이다. '가고 오다'라는 한국말을 중국어로 옮기면 '취/라이(去来)'이다. '취/라이'를 한국 발음으로 하면 '거래(去来)'가 된다. 즉 서로 오고 가는 행위를 한국 사람들은 거래를 한다고 한다. 정리해 보면 '나는 간다'라는 말을 중국으로 옮기면 '워/취(我去)'이다. 반대로 '네가 와라'를 중국어로 하면 '니/라이(你来)'가 된다.

이렇듯 한국 사람이 흔히 쓰는 말들의 대부분 한자로 구성되어 있어, 한국 단어가 곧 중국 단어가 된다. 발음만 약간 틀릴 뿐 한국어가 곧 중국어이기 때문에 한국 사람들은 중국어를 배우기가 유럽 사람들에 비해 비교적 쉽다. 필자 역시 위에 나열한 몇 가지 단어만 가지고서도 발 마사지를 해주는 '푸/우/위엔 服务员'과 소소하지만 즐거운 대화를 할 수 있었다.

필자가 좀 불편한 곳이 있어, '여기 아파요'라는 말을 하고 싶었다. 하지만 필자는 '아프다'란 중국어를 알지 못했다. 한참을 고민하던 필자는 연구원 정신을 발휘해서 중국어를 스스로 만들어 말하기 시작했다.

🐢 필자가 처음으로 만들어 낸 중국어.				
필자	종업원~	나	이거	**아파요~**
	fú wù yuán 服务员	wǒ 我	zhè gè 这个	tòng 痛
	푸/우/위엔	워	쩌/거	통
fú wù yuán 服务员	그래요?	알았어요~		
	shì ma 是吗?	zhī dào le 知道了		
	스마?	즈/따오/러		

헉! 안마사가 알아들었다. 신기하게도 필자가 만들어낸 중국어를 알아듣고 그아픈 곳을 안마해주었다. 너무나 놀라운 반응이었다. 필자는 워(我), 쩌거(这个)는 알았지만 아프다는 말은 알지 못했다. 그래서 어떻게 할까 고민하다 한국 단어가 하나 생각이 났다. 한국말로 배가 아플 때는 복통(腹痛)이라고 하고 머리가 아프면 두통(頭痛)이라고 한다. 그래서 필자는 '통'이라는 말이 아프다는 말일 것 같아서 그냥 나름대로 만들어 붙여봤다. "나 여기 아파요."란 말을 하고 싶어 "워 쩌거 통"이라고 했는데 안마사가 그걸 알아듣고 그곳을 안마해주었다. 나 스스로도 놀랍고 대견스러웠고 자신감을 얻을 수 있는 한 번의 에피소드였다.

나중에 정확한 표현법을 알았지만 "나 이거 아파!(我这个痛)"나 "나 여기 아파!(我这里痛)"나, 한국에서도 이 두 표현이 가능하듯이 중국에서도 똑같이 의미가 통한다는 것이다. 영어, 일본어, 중국어 모두 다 언어의 체계를 정립하고 발전시키는 학문(學文)이 아니라, 우리가 일상생활에서 사용해야 하는 표현 방법 중의 하나임을 다시 한 번 확인하는 계기가 된 것이다.

⚠ 밑줄, **진한 글자**, *기운 글자*를 기준으로 어순을 확인해 봅니다

필자와 服务员과의 대화

필자	종업원~, 당신 *어디 사람*입니까?
	fú wú yuán nǐ shì *nǎ lǐ de*
	服务员~ 你 是 *哪里的*?
	푸/우/위엔 니 스 나 리 더
fú wú yuán 服务员	나는 *후난사람*입니다. 당신은 *어디*에서 왔습니까?
	wǒ shì *hú nán de* nǐ *cóng nǎ lǐ* *lái*
	我 是 *湖南的* 你 *从哪里* 来?
	워 스 후 난 더 니 총 나 리 라이
필자	나는 한국에서 **왔습니**다.
	wǒ cóng hán guó *lái* le
	我 从韩国 来了
	워 총 한 구어 라이/러
fú wú yuán 服务员	아~~ 한국 매우 *예쁘지요*.
	à hán guó hěn *piāo liàng*
	啊~ 韩国 很 *漂亮*
	아~ 한/구어 헌 피아오/리앙

푸/우/위엔(服务员)에게 안마를 받다 보면 자주 듣는 말이 "당신은 어디 사람입니까?"와 "당신은 어디에서 왔습니까?"이다. 외국 사람을 만날 때면 항상 묻는 말이기도 하다.

🐞 중국어를 순서 그대로 번역을 한다면?.

중국어	你^{nǐ} 是^{shì} 哪里的^{nǎ lǐ de} (당신은 어디 사람입니까?)
영어	You are where's ?
한국어	너는 입니까? 어디 사람?

중국어: 你 是 哪里的 (nǐ shì nǎ lǐ de) (당신은 어디 사람입니까?)

🐞 중국어를 순서 그대로 번역을 한다면?.

중국어	你^{nǐ} 从^{cóng} 哪里^{nǎ lǐ} 来^{lái} (당신은 어디에서 왔습니까?)
영어	You from where come
한국어	너는 에서 어디 왔니?

위에 번역된 문장을 보면 중국어는 영어보다는 한국어에 더 가깝게 해석된 것을 확인할 수 있다. '从哪里'는 '에서 어디'로 해석이 되지만 '어디 사람'이란 말과 전체적인 문맥은 한국어가 더 가깝게 해석이 된다. 여기서 보듯, 중국어는 기본적으로 영어와 어순이 비슷하지만, 표현하는 방법, 구문을 들여다 보면 한국어와 말하는 방법이 너무나 닮아 있다. 더욱 닮은 점은 향후 『한국어로 중국어 하기』에서 다시 언급할 생각이니 기대해도 좋을 것이다.

　중국에 있다 보면 일상생활에서 많이 쓰이는 말들이 있다.

🐞 일상생활에서 많이 쓰이는 글자

중국어	的	一点	为	对	是
발음	더	이/디엔	웨이	뚜이	스
영어	Of	a little	For	yes(correct)	is (yes)
한국어	~의	조금	~을 위해	맞다(정확하다)	~이다(네)

위따·뚱·싸

필자 본인의 경험상 일상생활에서 인칭대명사를 제외하고, 가장 많이 쓰는 말은 상기 표에 있는 말들이다. 그래서 좀 더 자세히 설명하려 한다.

你是哪里的? 이 문장에서 중요한 단어 중 하나는 '더(的)'이다. 한국 사람들이 중국 현지에서 중국어를 배울때 가장 먼저 배우게 되는 말은 '쩌거(这个)'와 '더(的)'이다. '이것(this)'이라는 의미의 '쩌거(这个)', 그리고 또 하나는 '더(的)'이다. 더(的) 글자의 한국 발음은 적(的)이다. '효과적(效果的), 선천적(先天的), 지능적(职能的)이다'라고 할 때 들어가는 '적(的)'이다. 즉 어떠한 동사나 형용사에 '적(的)'을 붙이면 '어떠한 것'이 된다. 다시 말해 동사나 형용사를 명사로 바꿔주는 역할을 한다. '먹다(吃)'라는 말에 더(的)를 붙여 츠더(吃的)라는 말이 되면 '먹는 것'이란 표현이 된다. 그래서 중국 현지에서 사업을 하신 일부 사장님들은 '쩌거'와 '더'만 가지고 모든 것을 설명하시는 분들도 있을 정도로 사용 빈도가 높다.

　"이거(这个)를 저쪽(往那里)으로 옮겨라"라고 표현하기 위해 "쩌거 쩌거 쩌거 쩌거"라는 말만으로 모든 처리를 하던 사장님의 모습은 우습지만 신기한 기억이다. 신기하게도 그렇게 설명을 하는 사장님의 말을 모두 다 알아듣는 중국인들을 보면 마냥 신기할 따름이었다. 또 사장님들은 동사 뒤에 的(더)를 붙이면 명사가 된다는 사실을 알고 모든 말에 的(더)를 붙여서 말을 하는 것도 자주 목격되는 모습이다.

🕷	저 버스를 타고 화창베이에 가라, 라는 말을 하기 위해				
사장님	这个的	巴士的	坐的	华强北的	去的
	쩌 거 더	빠 스 더	쭈어 더	화 창 베이 더	취 더
번역	이거의	버스의	앉는 것	화창베이의	가는 것

　위의 대화 중, 사장님의 중국어에서 보듯, 정확한 문장은 안 되지만, 대화가 통할 정도로 많이 쓰이는 말이 的(더)이다.

　더(的)의 또 다른 용도는 물건의 소유를 말할 때 사용된다. '나의 손, 너의 손'에서 '의'에 해당한다고 볼 수 있다. '나의 손'을 중국어로 표현하면 '나(我)의(的)손(手)'이 된다. 중국 발음으로는 '워/더/소우 我的手'. 이와 같이 너의 옷이란 표현은 '니/더/이/푸 你的衣服'이다. 이렇듯 더(的)는 어떠한 물건의 소유를 말할 때 사용되는 글자이다.

또 하나 많이 쓰는 말이 있다. '이/디엔(一点)'이라는 말이다. 한국 발음으로는 일점(一点)이다. 즉, 한 개의 점이란 말이다. 얼굴에 나있는 점일 수도 있고, 그림을 그릴 때 점을 찍다, 라고 할 때 쓰는 '점'이라는 뜻이기도 하다. 하나의 점. 즉 작게, 적게, 조금씩의 의미를 가진다.

⚠ 밑줄, **진한 글자**, *기운 글자*를 기준으로 어순을 확인해 봅시다

🐼 술자리에서의 대화	
필자	^{géi}给你 ^{jiǔ}酒 ^{yī diǎn}**一点** (당신에게 술 **좀** 드릴게요) 께이 니 지우 이 디엔
친구	^{géi}给我 ^{yǐ diǎn}**一点** (아주 **조금만** 줘) 께이 워 이 디엔/디엔

대화에서 보듯 일점(一点)은 '술 **좀** 더 드릴게요'에서와 같이 **좀**'에 해당되는 중국어이다. 또한 이에 대한 대답으로 예, 아주 조금만 주세요, 라고 하려면 给我 一点！(께이 워 이 디엔)처럼 대답을 할 수 있다.

한국 사람들은 외국에 나가면 예의를 지킨다는 생각에 사양하는 경우가 많다. 그래서 표현하는 방법도 '네, 네, 조금만, 아주 조금만!'이란 표현을 많이 쓰기 때문에 '이/디엔(一点)'이란 말을 많이 쓰게 된다. 어느 정도 익숙해지면 이/디엔/디엔(一点点)이라고 '点'을 두번 쓰게 된다. 디엔은 짧게 발음을 해야 하기 때문에 보통 '이/땐/땐'과 같이 말을 하게 된다.

그 말을 자주 쓰다 보면 바보처럼 보일 때가 참 많다.

위따·똥싸

🙇 안마사와 대화

^{fú wù yuán} 服务员	^{gòu bù gòu} 够 不够 (충분해, **안 충분해?**) 꼬우 뿌 꼬우
필자	^{gěi wǒ dà yì diǎn} 给我 大一点 (**조금 더 큰** 힘으로) 께이 워 따 이 디엔

안마사가 안마를 하다 보면 자주 물어본다. "고우(够)부(不)고우(够)?" 충분하십니까? 라는 의미이다. 이때 좀 더 세게 해주세요, 라고 말하고 싶으면 '따/이/디엔 大一点'이라고 대답하면 된다. '힘을 **좀 더 크게** 해주세요'라는 말이 된다. 반대로 좀 약하게 해달라는 말은 작을 소(小)를 써서 '시아오/이/디엔(小一点)'이라고 하면, 좀 작게 힘을 써주세요, 라는 말이 되어서 안마사는 약한 힘으로 안마를 하게 된다.

다음으로 많이 쓰이는 말이 뚜이(对)라는 말이다. 뚜이(对)의 한국 발음은 '대답(对答)하다' 할 때의 '대(對)'이다. 뚜이를 병음(拼音)으로 표현을 하면 'dui'다. 여기서 병음표기법 'ui'는 한국 발음으로 '우이' 혹은 '우/웨이'라고 발음된다. 그래서 '뚜이' 혹은 '뚜웨이'라고 읽혀지기도 한다.

뚜웨이는 성조 제4성에 해당이 되기 때문에 된소리로 빠르게 읽어야 한다. 그래서 한국 사람들이 듣기에는 '두웨이'가 아닌 '뛔이'라고 들리게 된다. 이 말은 중국 사람들하고 말을 하다 보면 나도 모르게 '뛔이' '뛔이' 하게 된다. 이 말의 뜻은 '맞습니다', '네'에 해당된다. 누군가와 대화를 하다 보면 '네네'라고 대답을 많이 하게 되는데 중국 사람들도 누군가에 대답을 할 때면 '뛔이, 뛔이'라고 대답을 하게 된다.

🙇 한국인이 중국 사람을 '**때놈**'이라고 부르는 이유는 뭘까?

"목욕을 안 해서 때가 많으니까 때놈이라고 부르지!"라고 말씀하시는 분도 계실 것이다. 필자 역시 그렇게 알고 있었으니 말이다. 하지만 이 생각을 바꾸게 되는 계기가 있었다.

필자가 횡단보도에서 신호를 기다리고 있는데 어떤 중국인이 필자 옆에서 전화를 받고 있었다. 그 중국 사람은 전화기에 대고 연거푸 "뒈뒈뒈" 하는 것이었다. 처음에는 그게 무슨 소리인가 귀를 기울여서 들었는데, 그것은 전화에 대고 '네, 네 맞아요'라면서 대답을 하는 모습이었다.

그때 필자의 머리를 스쳐 지나간 것이 한국 사람들이 중국인을 '때놈'이라고 부르는 이유가 혹시 여기 있는 것 아닐까 하는 생각이 들었다. 한국인과 중국인이 대화를 하다 보면 중국인들이 대답을 "뒈, 뒈이" 했을 것이고, 그걸 들은 한국인들은 "저 '뒈'라고 대답하는 놈"이라면서 중국인을 지칭했을 것이다. 그래서 그 '뒈놈'이라는 말이 나왔을 것으로 필자는 추측해 본다.

몸을 안 씻어 때가 많다는 의미 '때놈'보다는 무슨 말을 하든 '뒈뒈'라고 대답하는 중국 사람을 가리킬 때 '뒈놈!'이라고 부르지 않았나 생각한다.

뭐 의미야 어찌되었던 대답을 할 때는 '뚜웨이'라는 말로 대답을 한다. '뚜웨이'는 '네'라는 뜻과 함께 '맞다'라는 의미도 있다. 한국 사람이 "맞아 안 맞아?"라고 묻듯 중국 사람도 "뚜이/부/뚜이"라고 물어본다. 어떤 상황이 맞는지 묻기 위해서 "맞아(对) 안(不) 맞아(对)"라고 "뚜이 부 뚜이"라고 물어본다. 만약 맞는다면 '뚜이(对)'라고 대답하고 안 맞는다면 '부뚜이 (不对) '라고 대답하면 된다. 한국말과 표현 방법이 너무나 닮아 있지 않은가, 라고 필자가 매번 느끼는 부분이다.

다시 정리하자면 '뚜이'라는 말은 대답할 때 '네'라는 표현과 함께 '맞다'라는 의미를 가지고 있으니 너무나 자주 쓰이는 말이다.

참! 위에서 잠시 언급한 성조 및 병음 표기법은 성조 및 병음 챕터에서 다시 한번 자세히 서술하겠다. 지금까지 필자는 중국의 발음기호 병음 대신에 한글을 사용해서 발음을 표기하고 있다. 이는 중국의 발음은 **병음과 4개의 성조**가 상호 작용하여 조금씩 틀리게 발음되는데 병음으로 표기하기에는 독자의 이해가 적어질 수 있어 보다 완벽한 표현법인 한글로 발음을 표현했다. 병음 및 성조의 챕터를 설명하고 난 후에는 병음 및 성조 표기법으로 표현을 하게 될 것임을 미리 밝혀두는 바이다.

발 마사지 업소에서 '푸/우/위엔 服务员'과 마주앉아 얘기를 하다 보면 중국 친구들도 상대방에게 잘해준다. 고객이기에 잘해주는 것도 있지만 그들에게도 외국인을 보는 건 그리 흔한 일은 아니라, 신기해 하기도 하고 쑥스러워 하기도 하며 손님을 대하듯 잘해준다. 하지만 그들도 사람인지라 자주 얼굴을 보고 하다 보면 농담도 하게 되고, 장난도 걸어온다. 계속해서 안마 서비스를 해야 하기 때문에, 주로 말로 하는 장난을 치게 된다.

　그들도 외국인이 하는 중국어를 알아듣기 위해 노력도 하고, 자신들끼리 한국의 문화에 대해 얘기를 하기도 한다. 무엇보다 한국의 한류로 인해 그들 역시 한국에 대해 궁금한 점이 많은 듯했다. 특히 한국의 김희선, 장동건과 같은 연예인들이 가장 큰 관심사이고, 한국의 성형 기술에 관해서도 관심이 많다.

⚠ 밑줄, **진한 글자**, *기운 글자*를 기준으로 어순을 확인해 봅니다

안마사와 대화

fú wù yuán 服务员	김희선이	**정말로**	예쁘죠?	나	**정말**	*그녀*	*좋아하는데*
	jīn xǐ shàn 金喜善	zhēn de 真的	piào liàng 漂亮	wǒ 我	hěn 很	xǐ huān 喜欢	tā 她
	진 시 싼	쩐 더	퍄오/량	워	헌	시 환	타
fú wù yuán 服务员	한국의	**성형수술**	정말	대단해요.			
	hán guó de 韩国的	zhěng róng shǒu shù 整容手术	zhēn 真	bàng 棒			
	한 구어 더	정 롱 소우 수	쩐	빵			

　김희선을 아느냐며 자신은 김희선이 좋다는 얘기를 많이 한다. 여자 연기자 중에서는 김희선과 장나라를 많이 얘기하는데, 그 김희선의 중국어 발음을 알아듣기에 처음에는 상당히 힘들었었다. 김희선을 중국 발음으로 하면 진(金)시(喜)싼(善)이다. 진/시/싼을 아느냐고 물어보는 안마사를 멀뚱멀뚱 쳐다만 봐야 했던 필자는 진/시/싼이 김희선의 중국 발음이라는 것을 알고 활짝 웃으며 나도 좋아한다고 대답을 했었다.

　"니/즈/부/즈/따오/진/시/싼(你知不知到金喜善)？"이라고 물어본다. "너, 알아 몰라, 김희선?"이라고 하는 말이다. 처음 중국어 발음의 이름을 들으면 대부분은 못 알아듣는다. 한국어 이름도 대부분 한자라 중국에서도 그대로 통하기 때문에 중

국 사람들은 한자 이름을 그냥 중국 발음으로 읽는 경향이 있다. 필자의 이름은 최준권(崔準權)이다. 최준권의 중국어 발음은 '추이/준/취엔'이 된다. 이와 같이 최준권과 취준췐, 조금은 틀리지만 대체적으로 발음이 비슷하다.

이는 한자 문화권에서 살아온 동아시아의 사람들의 공통적인 특징 중의 하나라고 할 수 있다. 중국의 표준어인 보통화. 즉 보통 사람들이 쓰도록 만들어진 표준 중국어를 말한다. 중국에는 커다란 대륙과 수많은 민족이 어우러져 살기 때문에 한자를 읽는 방법에 기본적으로 차이가 있지만, 기본 발음에서는 서로 비슷하게 발음된다는 것을 알 수 있다.

이름뿐 아니라 일상생활에서 사용하는 단어에서도 발음이 매우 비슷하다. '학교'라는 단어를 중국 표준어인 보통화에서는 '学(쉬에)校(시아오)'라고 발음하지만, 어떤 지역에서는 '학꾜'라고 발음을 한다. 한국하고 거의 발음이 같다. 이렇듯 한국하고 틀린 발음, 비슷한 발음이 너무 많다 보니 표준화를 했고, 표준화를 하는 과정에 복잡한 발음들은 배제를 시켰다. 그러다 보니 보통화는 대체로 단순화된 발음이다. 단순화를 거쳤지만, 결국은 비슷한 발음의 체계에서 구축됐으므로 발음의 특징들만 알아낼 수 있다면, 중국어를 자연스럽게 발음할 수 있다.

다시 말해 김희선이라는 한국 발음을 중국 발음으로 그대로 옮긴다면 중국어 이름이 될 수 있다는 것이다. 중국의 전 국가 주석 '마오/쩌/뚱'은 한국 발음으로 하면 모택동이 된다. 대만의 초대 주석 '장/쩌/민' 역시 한국 발음으로 읽으면 장택민이 된다. 연세가 있으신 분들은 모택동, 장택민은 익숙하지만 마오쩌뚱과 장쩌민은 익숙한 이름은 아닐 것이다. 이는 중국과 교류를 시작하며 한국 정부에서 중국에서 사용하는 단어들을 한국 발음으로 쓰지 않고, 중국의 보통화 발음으로 표기하기로 결정한 후에 나타난 현상이라 할 수 있다.

만약 독자 본인이 중국 이름을 가지고 싶다면, 영어와 같이 새로 이름을 만들 필요 없이 한국 이름의 한자를 그대로 중국 발음으로 읽으면 된다. 이는 중국 현지 사람들의 이름 역시 한국 이름하고 구성 및 배치가 거의 같기에 가능한 일이다. '현빈'과 같은 두 글자 이름, 장동건과 같은 세 글자 이름으로 구분되는 것 역시 비슷하고, 이름 내에 쓰는 글자 중 여자에게 쓰이는 글자, 남자에게 쓰이는 글자

위따·뚱싸

의 구분도 같다. 성씨도 거의 같다고 보면 된다. 특수한 성이 있긴 있지만 김씨, 이씨, 박씨, 최씨, 장씨 등등 가문의 성을 나타내는 성씨 역시 대부분이 같다. (물론 중국은 지역이 넓기에 중국 서부 지역과 동부 지역의 차이가 있다.)

이렇듯 중국 사람들은 한국인한테 한국의 유명인들의 근황을 많이 물어본다. 한류열풍이라는 말을 느낄 수 있는 대목이라 하겠다.

이러다 보면 안마사는 또 다른 말을 덧붙이곤 한다.

"니/먼/더/쩡/롱/수/쩐/하오(你们的整容术真好)" 이를 한국말로 하면 "당신들의 성형기술은 정말 좋아요"라는 말이다. 쩝! 한류에는 성형기술도 포함되어 있는 듯하다. 아무튼 문장을 분석해 본다면.

'니먼(你们)'은 '당신들'이라는 의미이다. 여기서 먼(们)은 단수형을 복수로 만들어주는 글자이다. '당신'을 '당신들'로 바꿔주는 말이다. '우리'는 워먼(我们), '그들'은 타먼(他们)이라고 뒤에 먼(们)을 붙여서 말하면 된다. '사람들'이라는 표현 역시 런먼(人们)이라고 하면 된다.

쩡롱(整容)은 성형수술을 말한다. **정리미용(整理美容)**의 약자이다. 예쁘게 정(整)리하는 미용(容)으로 성형수술을 의미한다.

쩐하오(真好)는 참 진(真)과 좋을 호(好), 다시 말해 '참말로 좋다'는 말이 된다. 쩐하오(真好)와 비슷한 어순으로 우리나라에서 쓰이는 말들이 많다. "호기를 잡아야 한다"에서 호기(好機)가 좋은 예일 수 있다. 즉 '좋은 기회'를 말할 때 호기라고 말을 한다. 그렇듯 "니/먼/더/쩡/롱/수/쩐/하오 你们的整容术真好"는 "당신들 성형기술 진짜로 좋아요"라고 그대로 해석이 된다.

단어들의 위치가 똑같은 걸 보면 어순이 한국말하고 너무나 닮아 있다.

일반 중국인들은 한국 연예인들은 성형미인이라고 생각하는 경향이 꽤 많다. 오해의 여지도 있지만 한류열풍이 불러온 또 다른 영향이라 생각하면 될 듯싶다.

한류를 중국에서도 한류라고 부른다. 중국 발음으로 하면 한(韓)리우(流)가 된다.

이렇게 '한류, 한국 연예인'들에 대해 얘기하다 보면, 쉬운 말들을 제외하고는 服務員(안마사)가 말하는 내용을 못 알아 듣는 경우가 참 많다.

이때쯤 되면 안마사들은 한국말을 궁금해 한다. 주로 물어 보는 말이 '니하오'는 한국말로 어떻게 말하냐는 것이다. '니하오'는 한국 사람들도 흔히 알고 있는 중국어이기 때문에 대부분의 사람들이 웃으면서 "안녕하세요?"라고 대답해주곤 한다.

⚠️ 밑줄, **진한 글자**, *기운 글자*를 기준으로 어순을 확인해 봅니다

🐼 안마사와 대화

fú wù yuán 服務員	"니/하오" <u>nǐ hǎo</u> **어떻게** 말해요? *"你好"* **怎么** 说? 니 하오 쩐 머 수어
fú wù yuán 服務員	"씨에/씨에" **어떻게** 말해요? xiè xiè *"谢谢"* **怎么** 说? 씨에 씨에 쩐 머 수어

그 뒤로 물어보는 말은 '씨에/씨에 谢谢'는 어떻게 말하느냐고 묻는다. "씨에/씨에/쩐/머/수어?(谢谢怎么说?)"라는 말이 "'감사합니다'는 어떻게 얘기해요?"라는 말이다. '씨에/씨에'는 한국 발음으로 얘기하면 '사사(謝謝)'가 된다. 사(謝)는 '감사(感謝)하다'라는 말의 사(謝)이다. 즉 '감사합니다, 감사합니다'라는 말이 된다고 할 수 있다.

이렇듯 중국어에는 한 글자를 두 번 반복하는 경우가 상당이 많다. 이리 오라는 말의 라이(来)라는 말을 쓸 때도 '라이/라이(来来)'로 '라이 来'를 두 번 반복하는 경우가 많다. 그래서 한국 사람들이 중국어를 흉내낼 때 보면 "라라이~~~"라고 하는 경우가 많듯 중국어에는 두 번 반복해서 말을 하는 경우가 많다. 아마도 중국어는 표의문자이므로 한 글자로 사물을 표현하는 경우가 많다. 그러다 보니

말이 짧아진다. 말이 짧으면 잘 못 알아 듣는 경우가 많아서 두 번 반복하는 습관이 들었나 보다. 이유야 어떻든 한 글자를 두 번 반복해 말하는 경우가 많다.

본론에 보면 '쩐머(怎么)'라는 말이 있다. '쩐머'는 '어떻게'라는 말이다. 한국 발음으로 하면 '즘마'인데, 이 말은 한국에서 많이 쓰이지 않는 글자이다. 이건 그냥 외워야 한다. 마땅히 한국말에서 연관성을 찾을 수 없는 글자이기 때문에 이럴 경우에는 그냥 외워야 한다. 이번 기회에 육하원칙에 대해 기술해 보자.

🐝 중국어 육하원칙

누가	Who	谁 shuí	쉐이	
언제	When	什么时候 shén me shí hòu	썸/머/스/호우	**어떤+시간**
어디서	Where	哪里 nǎ lǐ	나/리	
무엇을	What	什么东西 shén me dōng xi	썸/머/똥/시	**어떤+물건**
어떻게	How	怎么 zěn me	쩐/머	
왜	Why	为什么 wèi shén me	웨이/썸/머	**어떤걸+위해서**

육하원칙은 영어 의문문의 'who, when, where, what, how, why'와 같이 모든 의문문이 다 있는 것은 아니고 주로 '어떤'이란 뜻의 '썸/머 什么'가 들어가 어떤 시기, 어떤 물건, 어떤 걸 위해, 라는 식으로 표현한다. 크게 나누자면 어떤=썸머(什么), 어떻게=쩐머(怎么), 왜=웨이(为), 누가=쉐이(谁), 어디에=날리(哪里), 이렇게 구분된다. 의문문에 사용되는 육하원칙의 단어들은 한국에서는 한자를 쓰지 않고 순순한 한국말로 사용하기 때문에 한국어로 쉽게 설명하기 힘든 단어들이다. 그러므로 본 단어들은 그냥 외워서 사용하자!

의문사의 사용 방법은 이 책을 읽고 있는 사이 자주 등장하게 될 것이니 그때마다 주의 깊게 읽어 나간다면 의문조사도 쉽게 익숙해질 것이라 생각한다.

다시 본론으로 돌아오면, 안마사들이 보통 이렇게 물어오면 그냥 "감사합니다" 라고 설명해 주면 된다. 서로 웃으면서 얘기하다 보면 어느덧 친해져 서로 약간 의 농담을 하기도 한다. 안마사도 자신들의 말을 못 알아 들으면 웃으면서 "우리 말 못 알아듣지요? 바보~" 하면서 약간의 농담을 건네 오기도 한다.

⚠️ 밑줄, **진한 글자**, *기운 글자*를 기준으로 어순을 확인해 봅니다

🐵 안마사와 대화

fú wù yuán 服务员	쌀라 쌀라 쌀라 쌀라			
필자	??????????			
fú wù yuán 服务员	하하	너 **들어도** <u>모르지</u>?	**백치**(바보)	
	hā hā 哈哈	nǐ tīng bù dǒng 你 听 不懂	bái chī 白痴	
	하 하	니 팅 부 동	바이 츠	

그때 안마사는 필자에게 "니/팅/부/동 바이/츠~ 你听不懂 白痴~"라고 했었다.

팅(听)은 한국 발음으로 하면 '청(聽)'이다. 듣는 사람이라는 뜻의 '청취자'라고 할 때의 '청'이다. 동(懂)은 한국에서 잘 쓰지 않는 글자인데 '알다'라는 의미를 가 지고 있다. 즉 팅동은 '들어서 알다, 알아듣다'라는 말이 된다. 동(懂)은 중국에서 대화할 때 자주 쓰는 말이다. 외워둬야 한다. 즉 '들어서 안다'라는 말의 '팅/동(听 懂)', '보아서 안다'라는 '칸/동(看懂)' , '공부해서 안다'라는 '쉬에/동(学懂)' 등등 '알 다'라는 말을 할 때 쓰는 말이다.

영어를 쓸 때도 "you know?"라는 말을 많이 쓰듯, 중국어를 쓸 때도 많이 나오 는 표현이다. "알아 몰라?"와 같이 "동/부/동 懂不懂?"이라고 표현한다. 다른 표현 으로는 '니/즈/따오/마 你知道吗?'란 표현이 있다. 이 역시 많이 쓰는 표현이다.

또 나온 말이 '바이/츠 白痴'라는 말이다. '바이/츠'는 바보란 의미로 한국 발음 으로 하면 '백치'이다. 한국 영화 '백치 아다다', '넌 백치미가 있다'라고 할 때 쓰 는 그 백치이다. 즉 바보라는 의미이다.

위따·뚱씨

정리해서 말하면 안마사는 자신들이 하는 말을 못 알아 듣기 때문에 "에이, 못 알아들었지? 바보~~~"라면서 간단히 던지는 농담이라고 봐도 된다. 그렇게 얘기하면 씨익~~ 하고 웃어주면 된다.

이렇듯 외국인과 얘기하는 것은 간단한 주변 사물에서부터 시작해서 얘기를 하게 되고, 관심사를 찾기 위해 끊임없이 상호 노력을 하게 된다. 손님과 안마사로서 만났지만, 서로 이해 관계가 없는 사람들과의 대화는 그들과 친해지는 계기가 될 수 있다. 외국에 나갔을 때 우호적인 대화 상대를 찾아 끊임없이 얘기를 시도한다면, 금방 언어에 친숙해지고, 그 어떤 외국어도 빠르게 습득할 수 있을 것이다.

나에게 우호적인 현지인은 내가 외국인임을 알기 때문에 나의 언어적 문제점을 모두 이해해 준다. 내가 말실수를 해도 전혀 창피하지 않다고 생각해라. 왜냐면 난 그들의 우호적인 외국인 친구이기 때문이다.

세 번째 이야기: 산업화 중국

문명의 이기(利器)를 이용하다.

필자의 중국어 발음은 꽤 괜찮다.

중국에 있는 내내 중국인 친구들로부터 "너의 보통화 발음은 너무 좋다. 중국 표준 발음이다."라는 말을 많이 들었다. 필자가 있던 지역은 중국의 "제2의 도시"라 해도 과언이 아닌 중국 경제의 심장부 심천(深圳)이다.

중국의 발전은 5개 도시를 주요 거점으로 해서 경제 발전을 이루어 왔다. 정치의 중심 베이징(북경 北京), IT의 중심 썬전(심천 深圳), 금융의 중심 상하이(상해 上海), 샹강(홍콩 香港), 문화의 중심 꽝조우(광주 广州), 기타 중소도시의 발전도 꾀하고 있지만 그중 가장 중심에 있는 도시는 심천일 것이다. 중국 부호(富豪)의 많은 사람들이 심천에서 경제활동을 하고 있다. 또한 전 세계에 전자제품을 공급하는 지역 역시 심천이라고 할 수 있다. 길거리의 택시가 폭스바겐, 토요타, 현대의 차량이고, 길거리에는 아우디, 롤스로이스, 볼보, 등 한국에서도 보기 힘든 차들이 거리를 질주하는 도시이다.

주요도시의 특징을 본다면 여러 지역의 많은 사람들이 들어와 같이 생활하고 있다는 것이다. 멀리는 중국 동북 지역의 흑룡강성, 가까이는 중국 중남부 지역인 강서, 상해, 중경, 광주 등등 전국 각지의 많은 사람들이 들어와서 돈을 벌고, 살을 비비며 같이 산다.

이는 마치 1970년대의 서울 모습이라 해도 된다. 경상도, 전라도, 경기도, 강원도의 사람들이 모여 아침이면 개미떼처럼 공장으로 출근해서 일하고, 돈 벌고, 저녁때면 삼삼오오 고향사람들끼리 모여 술 먹고, 난장 치던 서울의 모습을 닮은 지역이 바로 중국의 주요 도시들이다. 이렇듯 여러 지역 사람들이 모여 있어, 지방의 사투리를 가장 많이 들을 수 있고, 표준어를 해도 사투리가 섞여 있는 표준어를 들을 수 있는 곳이 바로 여기다. 시골동네에서 온 친구들은 표준어를 할 줄

위따뚱싸

은 알지만, 발음이 정확치 않은 경우가 많다. 그렇다 보니 그들 사이에서도 표준어를 제대로 하는 것은 커다란 관심사이다. 서로 표준어로 대화를 하지만 의사소통이 되지 않는 경우가 종종 일어나는 곳이 중국의 주요 5대 도시이다.

필자의 에피소드를 하나 얘기하자면

필자는 중국 생활 초창기 때는 항상 택시를 타고 다녔다. 중국어도 잘 못하고, 길도 모르다 보니 어쩔 수 없는 선택이었다. 택시에 오르면 가장 먼저 택시기사에게 명함을 주며, "여기로 갑시다"라는 말인 "저 비엔/얼/취바(这边儿 去吧)"라고 말한다. 명함을 받은 택시기사가 스스로 목적지 확인하고 필자를 목적지로 데려다 주곤 했다.

어느 날 필자와 동료는 중국과 홍콩을 연결해주는 항구인 '황/강/코우/안 黃岗口岸'으로 갈 일이 있어 택시를 탔다. 중국에서는 항구를 다른 이름으로 구안(口岸)이라고 부른다. 입구(入口)가 되는 해안(海岸)이란 말이다. 그래서 그 항구의 이름을 '황/강/코우/안(皇岗口岸)'이라고 부른다. '황/강/코우/안(皇岗口岸)'의 '황(皇)' 발음은 한국하고 같은 '황' 발음이 난다.

⚠ 밑줄, **진한 글자**, *기운 글자*를 기준으로 어순을 확인해 봅니다

🐟 택시기사와의 대화

필자	**"황강코우안"**으로 **갑**<u>시</u>다. qù huáng gǎng kǒu àn **去** 皇 岗 口 岸 취 황 강 코우 안
司机(기사) sī jī	**"왕**강코우안"이요?
필자	아니요, "황강코우안". bù shì　huáng gǎng kǒu àn 不是　皇岗口岸 부 스　황 강 코우 안
司机(기사) sī jī	그래요, **"왕**강코우안" duì la　　**gǎng kǒu àn** 对啦　**X**岗口岸" 뚜이 라　왕 강 코우 안

33

필자	(우씨~ 이놈 우리를 엉뚱한 데로 데려 가려고 하는 거 아냐?) 황제의 황!　　황강코우안! <small>huáng dì de huáng　huáng gǎng kǒu àn</small> **皇帝的皇!　皇岗口岸** 황　띠　더　황　　　황　강　코우　안
<small>sī jī</small> 司机(기사)	맞아요,　　**왕**제의 **왕**　　　"왕강코우안!" <small>duì la　　　di de　　　gǎng kǒu àn</small> **对啦　　X帝的X!　　X岗口岸**" 뚜이 라　　왕 띠 더 왕　　　왕 강 코우 안

　필자는 택시를 타고 "황강코우안으로 갑시다"라고 기사에게 말을 했다. 택시기사는 "네, 왕강코우안이요?"라고 '황' 자를 '왕' 자로 말하는 것이었다. 필자는 "왕강코우안이 아니고 황강코우안입니다."라고 다시 말해줬지만 기사는 역시 "네, 왕강코우안이요."라고 다시 말하는 것이었다. 필자는 택시기사가 길을 잘못 갈 것이 겁이나 긴장을 하고 "왕강이 아니고요, 황강입니다."라고 다시 말했지만 여전히 똑같은 '왕강'이었다. 그래서 필자는 회심의 한마디로 "황제의 황이요!"라면서 말을 해주었다. 그러자 기사는 활짝 웃으면서 "네~~~ 왕제의 왕이요~~"라며 필자에게 웃으며 다시 확인해 주었다. 그제서야 필자는 이 사람의 발음은 '황'이 아니고 '왕'이라고 하는구나, 라며 안심할 수 있었고, 안전하게 황강코우안까지 갈 수 있었다.

　이렇듯 심천이란 지역은 여러 지역의 사람들이 모여 살기 때문에 발음이 조금씩 틀리다. 그래서 중국 친구들하고 얘기하다 보면 표준어 발음이 얼마나 잘 되는가를 가늠할 수 있다. 지방 사투리를 하는 일반 중국인들은 필자의 정확한 중국어 발음에 모두 놀라며 중국어를 잘한다는 칭찬을 아끼지 않았다. 이렇듯 필자의 중국어 발음이 좋은 이유는 공부를 열심히 해서가 아니다.

**　중국의 표준발음을 꾸준히 볼 수 있었던 기회가 있어서였다.**

　그 기회는 현대사회 문명의 이기를 사용하면서 나타난 기회였다. 필자는 중국에 도착해 며칠 지나지 않아 중국의 핸드폰을 구매했다. 업무 차 중국에 들어갔지만 현지에서 2년 정도 있을 계획이었기에 핸드폰 구매는 필수였다. 한국 돈 3

만 원 정도를 주고 삼성 폴더폰 하나를 구매한 필자는 그 핸드폰을 너무나 유용하게 사용하게 된다.

현지에서 만나는 사람들의 핸드폰 번호를 받아내어 필자의 핸드폰에 등록을 하고 자주 연락을 했다. 이제 막 중국에 도착한 필자는 중국어를 모르니 전화로 대화를 하는 것은 불가능했다. 일반 한국 주재원들은 그래서 주로 한국 동료나 한국말이 익숙한 조선족하고만 통화를 한다. 하지만 필자는 중국 현지인을 직접 만나서 대화할 일이 많았기에 어떻게든 중국 현지인과 대화를 해야 했다.

중국 생활 한 달이 안 된 필자에게는 절대 해결할 수 없는 숙제였다. 동료도 있었지만 그 동료 역시 중국어가 안 되었고, 중요한 미팅은 "시간제 아르바이트로"로 조선족을 고용해서 미팅을 하는 형편이었으니 천상 중국인과의 대화는 시급히 해결해야 할 문제였다.

그래서 필자가 선택한 방법은 문자메시지였다.

중국에서의 문자메시지는 영문 알파벳을 타이핑해서 넣는 병음(拼音pinyin) 입력법과 한자와 같이 획의 방향을 입력해서 입력하는 획(劃) 입력법 등 여러 방법이 있다. 필자는 중국 글자를 모르니 천상 병음 입력법을 사용해야 했다.

 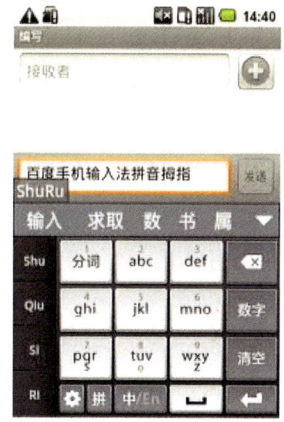

<중국핸드폰 병음 입력법>

세 번째 이야기 | 산업화 중국

필자가 문자를 보내기 위해서는 조금 복잡하지만 몇 단계를 거쳐서 해야 했다. 먼저 하고 싶은 말을 한중사전(韓中辭典)에서 찾아 그 병음(拼音)의 알파벳을 입력하는 것이다. 예를 들어, 한중사전에서 '안녕하세요?'를 치면 '니하오(你好)'가 나타난다. 거기엔 'ni hao'란 알파벳으로 된 병음이 같이 표시된다. 그럼 그 병음을 보고 핸드폰에 알파벳으로 'ni hao'를 치면 중국 글자 '你好'가 화면에 나타난다. 이렇게 하나 하나 찾아 문장을 만들어서 메시지를 보내야 하는 불편함이 있었다.

이렇게 만들어낸 문장을 필자의 핸드폰에 저장된 모든 중국 사람에게 보내면 된다. 그러면 잠시 후에 중국인 친구들은 어떠한 답변이든지 보내온다. 안마사는 "네 안녕하세요. 식사하셨어요? 오늘 저녁때도 오실 거죠?"라면서 중국어 답변이 오고, 또 호텔 지배인은 "앗! 안녕하세요? 어쩐 일로요?"라는 답변이 오고, 업무상 관계된 사람은 "네~ 안녕하세요. 샘플은 잘 가지고 가셨나요?"라는 답변이 오는 등, 필자가 중국에서 알고 있는 많은 사람들은 대부분 답변을 보내온다.

필자는 그때부터 바빠진다. 보내온 문자를 필자가 모두 알아 볼 수 있는 건 아니니, 결국 한중사전을 열심히 찾아서 해석을 유추해 낸다. 단순한 문자를 해석하는데도 보통 2시간 정도 걸린다. 창피한 일이지만, 어떤 답변은 해석을 하고 나면 "너 누구야? 글자도 이렇게 엉망으로 보내고~"라는 경우도 참 많았다. 문자를 받고서 답장을 안 하는 사람 중 대부분은 필자의 문자가 너무 엉망이라 스팸문자로 알고 응대도 안 하는 친구들이었을 것이다.

이렇게 한참을 해석을 하다 보면 똑같은 단어의 답변들이 꽤 많이 나온다. 단체 메시지를 보내다 보니 답변도 비슷한 답변이 많이 온다. 이렇게 저녁마다 숙소에서 한두 시간을 해석하다 보면 머릿속에 남는 단어들이 상당히 많게 된다. 이렇게 익숙해진 단어들은 다음 답변을 보낼 때 얘깃거리가 된다.

필자가 남자이다 보니 여성들의 답변이 많은 편이었다. 여성은 남성에게 더 애정을 느끼고, 남성은 여성에게 애정을 느끼는 것은 동서고금을 막론하고 일치하는 공통점이 아닌가. 남녀관계는 서로가 관심을 가지는 것이 기본 진리임을 느끼게 하는 경우였다. 여성분들이 답변을 해오면 또 열심히 중한사전을 찾아서 병음(拼音pinyin)을 이용해 농담을 섞은 답변을 보낸다. 그러다 보면 너무나 자연스러운 중국어 공부가 된다. 문장을 주고 받다 보면 중복된 단어를 계속해서 보내야 하고, 또 새로운 단어가 추가되어서 답변이 온다. 그 단어들을 다시 또 찾고 pinyin을 쳐서 답변하곤 했다.

이렇게 매일같이 문자를 주고받다 보니 일주일 정도 지난 어느 날부터는 pinyin 입력이 자연스러워졌고, 매일 일상생활에서 실제로 쓰이는 구어체 문장을 접하다 보니 그 단어들은 자연스럽게 외워졌다. 이렇게 하루가 다르게 중국어 실력이 늘어나는 것을 확인할 수 있었다. 문자메시지를 이용하니 구어체 문장들을 직접 받아볼 수 있었고, 그 구어체 문장들은 책을 통해서 습득되는 죽어 있는 문장이 아닌 살아서 반응하는 대화식 언어를 배울 수 있도록 도움을 주었다.

또한 중국어 발음을 다른 사람보다 정확하게 할 수 있는 이유는 문자메시지를 보낼 때 매번 pinyin으로 쳐야 하기 때문에 정확한 발음을 기억할 수 있었고 기억된 pinyin은 발음을 할 때 자연스럽고 정확한 발음을 연습할 수 있는 기회가 되었던 것이다.

정확한 발음을 하다 보니 중국 친구와 대화를 할 때 알아듣는 비율이 높아졌고, 이는 중국 친구들이 더 많은 실생활 용어들을 입 밖으로 나오게 하기에 충분했다. 더 많은 대화를 하다 보면 또 다시 모르는 말이 나오고 그러다 보면 또 대화가 불통이 되곤 했다. 이럴 때면 또 다시 문자를 보내고, 그 대답을 받아서 연습하고 또 연습을 했다. 이러한 과정을 통해 일반적인 대화가 점점 자연스러워지는 것을 느끼게 되었다.

필자의 중국어 실력은 초반 한 달에 좌우되었다고 할 만큼 초반의 문자메시지는 필자로 하여금 중국어에 자신감을 갖게 하는 커다란 계기가 되었다.

중국 친구들과의 대화가 늘어나다 보니, 필자와 대화하는 중국 친구들의 대화 방법이 바뀌는 것을 느낄 수가 있었다.

호텔 1층 식당에서 식사를 하다 보면 식당 '푸/우/위엔'과 대화를 할 일이 많다. 매일 아침을 호텔 식당에서 먹고, 간혹 손님을 모시다 보면 간단한 맥주와 식사를 1층 식당에서 대접할 때가 많았다. 그러다 보니 식당 종업원과 친하게 지내게 되었다. 한번은 식당 종업원이 감기 걸린 필자를 위해 오리고기 죽을 직접 만들어 필자에게 주기도 할 정도로 친하게 지냈었다.

호텔을 주점(酒店)이라 부르는 이유

중국에서 호텔은 지우디엔(酒店)이라고 한다. 한국 발음으로 하면 주점이 된다. 즉 술을 파는 점포라는 의미이다. 처음에는 왜 호텔을 주점이라 할까 했는데, 우리나라의 주막을 떠올리니 이해가 됐다. 우리나라에서 주막은 술도 먹고 밥도 먹고, 잠도 잤던 호텔의 역할을 했었다. 그래서 지우/디엔(酒店)이 호텔을 일컫는 것은 당연한 듯싶었다.

한국의 술집에 해당하는 곳은 '지우빠(酒吧)'라고 하며, PC방은 '왕/빠(网吧)', 노래방은 '가라오케(卡拉OK)'라고 부른다. '지우/빠(酒吧)'는 술(酒)+BAR(吧)를 중국어로 쓴 것이며, '왕빠(网吧)'는 인터넷망(网)+BAR(吧)이고, 노래방은 '카라오케' 발음을 중국어로 그대로 옮긴 것이다.

첫 번째 단계: 쉬운 말로 천천해 얘기한다.

이렇게 친해진 호텔 친구들과는 자주 얘기를 할 기회가 있었고, 퇴근 후 가끔 식사도 같이 하면서 많은 대화를 할 수 있었다. 20대 초반의 친구들과 필자가 격없이 지낼 수 있었던 것은 서로가 말을 잘 못 알아 듣기 때문에 어려운 말을 할 수가 없어서였을 것으로 생각이 된다. 우리들의 대화는 한국의 한류 문화에서 시작해 위에서 언급했던 밥 얘기, 음료수 얘기 등등 쉬운 주제로 말을 했기 때문에 대화를 이어 나갈 수 있었을 것이다. 처음 얘기할 때는 주로 "한국 사람들은 어떤 걸 먹죠?", "한국의 김치가 유명하던데 맛있어요?" 등등의 간단한 말만 할 수 있었다. 필자가 못 알아들으니 중국 친구들은 필자에게 아주 천천히 말을 해 주었고, 필자가 못 알아들으면 한자를 써줘서 필자가 읽을 수 있도록 했다. 이 단계가 중국 친구들이 필자를 대하는 첫 번째 단계가 되었던 것이다.

필자는 중국 친구들과 헤어지고 난 후 그날 대화했던 내용 중 몇몇 단어에 다른 말을 약간 보태어 문자메시지로 보내곤 했다. 그러면 중국 친구들은 거기에 대해 또 다른 답변을 보내왔다. 그러면 필자는 그걸로 또 다시 한밤중의 싸움을 시작한다. 전자사전을 뒤져 한국 발음을 찾고 중국 발음으로 한번 읽어보고, 뜻을 알기 위해 싸움 아닌 싸움을 또 다시 시작한다. 이때 필자는 연구원 정신이 발휘되어 음을 분석하고 의미를 분석을 한다. 분석을 하다 보면 어느덧 새로운 글자의 발음법을 알게 된다. 중국 발음과 한국 발음을 서로 비교 분석을 하면 상호 연관성이 보이게 되는데 그 연관성을 통해 알지 못하는 단어를 말을 할 수 있게 되었다.

식당에 관련된 이야기

식당을 말할 때는 '찬팅(餐厅)'이라고 한다. 찬(餐)은 반찬(饭餐)의 '찬(餐)'이며 팅은 대청(大厅)마루 할 때의 "청"이다. 즉 찬을 파는 대청이라는 뜻이다. 여기서 반찬의 의미도 한번 짚고 간다. 중국에서 밥을 의미하는 말은 '바이/판(白饭)'이다. 한국 발음으로 하면 '백반'이다. 백반은 흰쌀밥을 가리키는 말이다. 즉 밥은 쌀밥, 찬(餐)은 요리를 말한다. 즉 반찬이라는 말은 밥과 같이 먹는 요리를 가리키는 말이다. 하지만 중국 사람들은 밥 역시 요리에 포함된다. 그래서 중국에서는 쌀밥 역시 요리에 포함이 되어서, 중국 사람들은 밥을 안 먹고, 요리만 먹어도 식사를 했다고 한다. 한국 사람들은 식탁 위의 요리를 밥의 요리란 의미인 반찬이라고 하듯, 밥이 한국 음식문화의 중심에 있어서 한국 사람은 밥을 먹어야 식사를 했다고 말을 한다. 이렇게 중국과 조금은 다른 것을 보면 음식문화의 차이가 있구나 싶기도 하다.

하지만 중국 사람들도 식사를 했냐고 물어올 때 보면 "당신 밥 먹었어요?"라고 묻는다. 중국어로 하면 "니/츠/판/러/마(你吃饭了吗)?"라고 말한다. "밥을 먹었어요?"라고 하는 말이다. 이런 의미에서 보면 중국 사람도 쌀로 된 음식을 중요시했던 것은 한국과 같구나 하는 생각도 한다. 중국어로 먹다는 의미는 츠(吃)이다. 한국 발음으로 하면 흘(吃)이 되는데 한국어에서는 흘로 시작하는 단어가 없는 것을 보면, 기본 동사이므로 굳이 이 글자를 한국에서는 사용할 필요가 없었던 듯싶다. 이럴 땐 그냥 외운다. 글자를 보면 입 구(口) 자가 있으니 먹는 거라고 생각하면 좋을 듯싶다. 또한 마시다, 라는 의미로는 허(喝)를 쓴다. 한국 발음으로 하면 할(喝)이 되는데 할의 다른 발음은 갈(喝)이다. 우리가 갈증(渴症)이라고 할 때 쓰는 갈증은 물수 변이 앞에 있어 물이 필요하다는 의미가 되지만 마시다, 라는 의미의 할은 입 구(口)가 앞에 있으니 마신다는 의미가 된 듯싶다. 마신다는 물, 죽, 음료수 등등을 입에 넣는 행위가 되기 때문일 듯싶다. 그러니 갈증을 염두에 두고 외운다면 그리 어렵지 않지 않겠느냐, 라고 필자는 생각해 본다. 어찌 되었든 한국에서는 잘 쓰지 않는 말이니 이 역시 외운다. 그래서 술을 마시다, 라고 할 때는 허/지우(喝酒)라고 얘기하고, 물을 마실 때는 허/수이(喝水)라고 한다. 물론 죽을 먹을 때도 허/조우(喝粥)라고 한다.

필자가 중국 친구들과 대화를 하던 중 한국의 김치에 대한 얘기를 할 때가 있었다. 중국 친구들이 한국의 김치는 어떻게 만드냐는 것이 그 친구 질문이었다.

중국에서 김치를 얘기할 때 '파오/차이 泡菜'라고 부른다. 한국 김치는 맵기 때문에 '라/파오/차이 辣泡菜'라고 한다. 파오차이(泡菜)의 한국 발음은 포채(泡菜)가된다. 거품을 의미하는 포말(泡沫)의 포(泡)에 채소(菜蔬) 할 때의 채(菜)이다.

즉 발효 과정에서 나타나는 거품을 보고 발효 음식을 '파오/차이 泡菜'라고 부른다. 맵기 때문에 맵다는 의미의 라(辣)를 붙여 '라/파오/차이 辣泡菜'라고 한다. 중국에서는 맵다, 라는 의미로 라(辣)를 쓰는데 한국 발음으로 하면 랄(辣)이 된다. 랄은 '신랄(辛辣)하게 비판하다'라고 할 때 쓰는 말로 '아주 맵고 독하게 비판한다'는 의미를 가지고 있다. 그래서 중국어로 '아주 맵다'라는 말을 할 때는 '하오/라 好辣!'라고 한다.

아무튼 필자는 한국 김치를 소개하기 위해 말을 하던 중 "한국 김치는 발효음식이라 영양이 아주 풍부하다"는 말을 하고 싶어졌다. 그래서 발효라는 말을 해야하는데 발효를 중국어로 뭐라고 하는지를 몰랐던 필자는 발효를 그냥 중국어 발음으로 해보기로 했다.

발은 발신하다, 라는 '파/신/시 发信息'의 발음에서 파를 가지고 오고, 효는 만들기로 했다. 한국 발음 'ㅎ'은 주로 병음 X에 해당하는 시옷(ㅅ) 발음이 난다. 'ㅛ'의 발음은 일반적으로 '이아오' 발음이 난다. 그래서 그걸 합치니 '시아오'라는 발음이 만들어졌다. 그래서 필자는 '파/시아오'라는 말을 중국 친구들에게 얘기했다. "한/구어/더 라/파오/차이 스 파/시아오 쭈어/더(韩国的辣泡菜是发酵作的)" 한국 김치는 발효해서 만든 것이다. 그때 중국 친구들이 모두 다 알아들었다. 너무나 신기한 일이었다. 중국 친구들이 발효된 음식이라는 말에 대답해 주었고, 친구 하나가 '파/시아오(fa xiao)'가 아니고 '파/지아오(fa jiao)'라고 교정도 해주었다. 발음이 약간 틀리기는 했지만 중국 친구들이 한국말을 중국어로 그대로 옮겨 발음했는데도 충분히 알아들었다는 것이 내게는 신기한 일이었으며, 이것으로 인해 중국어에 대한 자신감을 가질 수 있었던 첫 번째 계기가 되었다.

술과 음료수에 대해...

중국에서는 술이라는 말은 술(주 酒)를 쓴다. 중국 발음으로 하면 '지우'이다 술 지우(酒)를 빨리 읽으면 '주'라고 발음된다. 맥주는 '피/지우(啤酒)'이다. 이는 영어의 BEER를 발음 비슷한 단어로 옮긴 것이다. 소주는 '싸오/지우(烧酒)'로 소주의 중국식 발음이다. 싸오를 빨리 읽으면 '소'라고 발음된다. 소주의 소는 '태우다'라는 의미가 있다. 그래서 우리가 쓰레기를 태우는 행동을 소각(烧却)한다고 하는데, 소주를 만들 때 술을 뜨거운 불에 끓여 그 증류수를 받아 알코올 도수를 높게 만들었다. 이 끓여서 만든 술을 '소주'라고 말한다. 즉 태워서 만든 술이라는 의미이다. 즉 증류 과정을 거쳐서 만들어진 술은 전부 다 소주라고 부른다. 꼬냑, 빼갈, 럼주 등등 세계의 거의 모든 유명한 술들은 대부분 소주에 해당하는 술들이다. 술을 끓여서 증류수를 뽑아내 만든 술이기에 색깔은 대부분 맑고 투명하게 된다. 그래서 소주를 다르게 부르는 것이 맑게 뽑아내서 하얗게(白) 만든 술이라는 의미로 '백주(白酒)'라고 부른다. 중국 발음으로 하면 '바이/지우 白酒'이다. 그래서 중국에서 '바이/지우 白酒'라고 하면 소주를 일컫는 말이다.

이렇듯 중국에서 태우는 행위를 싸오(烧)라고 하며, 그래서 중국에서 어떤 음식을 불위에 구워먹는 것을 '싸오/코우(烧烤)'라고 부른다. 한국의 구워먹는 삼겹살을 일컬을 때 역시 '카오/로우(烤肉)'라고 부른다. 또한 오겹살은 다섯 겹의 꽃으로 된 고기라는 의미로 '우/화/로우(五花肉)'라고도 부른다 .

중국의 음료(쫑/구어/더/인/랴오 中国的饮料)

오렌지주스, 망고주스 등등 과일의 즙으로 만든 음료수는 과즙(果汁)이라고 부른다. 중국 발음으로는 '구어/즈 果汁'라고 말한다. 사이다는 세븐업이 유명해서인지 일곱 가지 즐거움이라는 의미의 'SEVEN UP'을 중국어로 그대로 옮겨서 '치시(七喜)'라고 부른다. 중국에서 사이다를 먹고 싶을 때는 '께이/워/치시 给我七喜'라고 얘기하면 된다.

콜라는 코카콜라가 유명하기 때문에 '커/코우/커/러 可口可乐'라고 부른다. 코카콜라 역시 외국어를 중국에 맞도록 이름을 바꾼 것으로 그 발음을 본떠 '커/코우/커/러 可口可乐'라고 부른다.

한국 발음으로 하면 '가구가락(可口可樂)'이다. 가구가락의 의미를 보면 먹기에도 가능하고 즐거움도 가능하다, 라는 의미가 되어서 '먹기에 좋고 즐겁다'라는 의미를 가지게 된다. 중국은 표의문자라 음을 그대로 옮겨 적을 수 없기 때문에 비슷한 발음을 포함한 문자로 새로운 단어를 만들어서 사용하는 경우가 상당히 많다. 한국 사람들은 중국어 발음을 모르는 상태라면, '가구가락'과 같이 그 뜻을 도저히 알 수 없는 경우의 단어들을 중국의 길거리 간판에서 많이 보게 될 것이다. 이런 의미에서 보면, 세종대왕이 한글을 창제한 것이 세계화 시대를 맞아 얼마나 자랑스러운가 하는 생각을 하게 된다. 정말 자랑스러운 우리의 세종대왕 전하. 한국인으로 태어난 것이 너무나 자랑스럽다.

두 번째 단계: 말이 점점 빨라진다.

이렇게 필자는 중국 친구들과 얘기를 하면서 중국어의 실력은 차츰 차츰 나아졌다. 일주일 지나면 다른 얘기들이 나오고, 또 일주일 지나면 또 다른 얘기들이 나왔다. 그러던 중 어느 때부터인가 다시 중국 친구들의 말을 못 알아 듣기 시작했다. 중국 친구들이 내가 중국말을 알아듣기 시작하면서부터는 천천히 얘기하던 말들이 점점 빨라지기 시작했다. "니~ 츠~ 판~ 러~ 메이~ 요우~"라며 천천히 얘기해주던 친구들이 "니츠러메이요우"라면서 말을 빨리 했고, 빨라지면서 일부 단어들을 줄여서 "츠/러/메이"와 같이 짧게 말하기 시작했다. 필자는 점점 빨라지는 그들의 언어 속도에 적응을 해야 했다. 다행스러운 건 필자도 어느새 그들이 하는 빠른 말에 적응해서 그걸 알아 듣기 시작한 것이었다. 물론 처음 듣는 단어는 다시 물어보고 써보고 하는 과정을 반복해야 했지만 일주일 정도 지나니 그 빠른 말도 어느덧 익숙해져 있었다. 이것이 중국인 친구들이 필자를 대하는 두 번째 단계가 됐던 것이다.

이쯤 되니 필자는 자신감이 생겼다. 이때부터는 필자가 혼자서 택시를 타고 이동을 할 수 있었다. 심천의 전자제품 중심 '화/창/베이 华强北'도 혼자서 가고, 심천 최대의 짝퉁 시장인 '루어/후 罗湖'에도 혼자서 가고, 혼자서 어느 정도 움직일 수가 있었다. 필자는 중국에 도착한 지 두 달 지날 때쯤 어느덧 혼자서 움직일 수 있는 독립인간이 될 수 있었다. 그렇다고 필자가 중국어를 아주 잘하는 것은 아니었지만, 불편함 없이 움직일 수 있었던 것이다.

이 정도가 되니 필자는 자신감이 충만하여 택시 운전기사에게 말을 하기 시작했다. 이때쯤 또 다른 것을 알게 되었다. 앞에서 언급을 했지만 심천 지역 중국인들은 다양한 지역에서 들어와 다양한 억양이 존재한다는 것이었다.
택시를 타고 택시기사에게 말을 걸면 택시기사도 대답을 해주는데 어찌된 일인지 그 말이 약 5분가량은 들리지 않는 것이었다. 그래서 필자가 탑승 후 5분 정도는 "썸머(什么)?", "짜이/수어/이/츠 (再说一次)"와 같이 "뭐라고요?", "다시 한 번 말해주세요"라는 말을 되풀이해야 했다. 그 억양 적응 시간이 5분에서 10분 정도 걸리는 것이었다. 다행스러운 건 기사도 그때쯤 되면 천천히 얘기해주었고, 그 억양도 필자에게 익숙해질 수 있었다. 매일 타는 택시기사들과 대화는 필자로 하여금 서로 다른 억양에 적응할 수 있었던 중요한 기회를 제공해주었다.

위따꽁싸

하루가 다르게 발전하던 필자는 욕심이 생기기 시작했다. 이렇게 빠르게 습득할 수가 있다면 현지인처럼 얘기할 수도 있겠다. 지금 이 속도대로 발전한다면 1년 후쯤에는 중국 현지인처럼 중국어를 할 수 있겠다, 라는 생각이 들었다. 그래서 필자는 1년 이내에 모든 중국어를 다 마스터하고, 2년 후쯤에는 현지인인지 외국인인지 모를 정도의 중국어 실력을 키워보자, 하는 생각이 들었다. 그때부터 필자는 중국책을 구입해서 읽기 시작했다. 읽기 쉬운 만화책을 시작으로 소설, 골프교습서, 전자전문서적 등등, 서점에서 필자 고를 수 있는 책들을 마구 사들이기 시작했다. 필자는 일도 해야 하므로 많은 시간을 낼 수는 없지만 그래도 나름 열심히 해보자는 것이었는데, 1년쯤 지난 후에 필자의 집에는 약 40권 정도의 중국책이 책장에 꽂혀 있었다.

세 번째 단계: 은어/고사 성어를 말하다.

하지만 그 결심은 공부한 지 1년이 지나면서 포기하기로 했다. 현지인처럼 중국어를 한다는 것은 불가능하다는 것을 알았기 때문이다. 중국 친구들이 어느 순간부터 필자가 전혀 알아듣지 못하는 말을 하기 시작하는 것이었다. 어느 순간부터 은어를 쓰기 시작하고, 사자성어를 쓰기 시작하자 필자는 거의 딴 나라에 온 것 같은 느낌이 들었다. 은어 및 사자성어는 책에서 얻어지는 말들이 아닌 실생활에서 얻을 수 있는 말들이기 때문이었다.

은어를 다 알아들으면 좋겠지만, 땅이 워낙 넓은 중국에서는 은어도 많고, 은어 종류도 틀리고, 발음도 틀리고 해서, 중국 현지인들도 지역적 성향에 따라 말이 서로 틀린 은어를 사용하여 안 통하는 경우가 많다고 했다. 이쯤 되자 필자는 정말 현지인처럼 중국어를 한다는 건 문화적 일치가 이뤄졌을 때만 가능하겠구나 하는 생각이 들었다. 적어도 중국 현지에서 중국인들과 같이 10년 이상을 같이 살아야 겨우 모든 말을 알아듣는 현지 중국어가 나오겠구나 하는 생각이 들었기 때문이다. 그러니 필자가 2년 이내에 현지인처럼 말하려는 계획은 성공하기 힘들겠다는 결론이 나왔다. 어찌 보면 필자의 오만함에 경고를 가했다고 볼 수 있는 것이 중국의 사자성어와 은어들이다.

언어는 학문이 아닌 일상생활이라는 것을 다시 한 번 느끼게 하는 경험이었다.

다시 돌아와서, 핸드폰의 문자메시지를 통해 자신감을 얻은 필자는 3개월 뒤 중국의 메신저인 QQ라는 중국 메신저 프로그램을 쓰기로 결정하고 도전해 보기로 했다. 중국인들이 가장 많이 쓰는 컴퓨터 메신저 프로그램은 팽귄아이콘을 쓰는 QQ라는 메신저였다. 2007년도에 지금의 스마트폰의 개념이 태동하기 전부터 중국인 친구들은 컴퓨터 및 핸드폰을 이용해서 메신저를 사용하고 있었다.

한국에서 중국을 바라보는 시선은 후진국의 중국이라고 생각하지만, 중국에 있었던 필자에게는 선진적인 부분을 많이 볼 수 있었다. 그것이 지금 스마트폰에 해당하는 초기 모델인 윈도우폰이다. 윈도우CE라는 OS를 사용해서 핸드폰 및 기타 소프트웨어 서비스를 지원해주는 기기이다. 그 윈도우CE폰이 중국산 핸드폰 시장에 싼 가격으로 자리매김하고 있었다. 그래서 PC와 핸드폰, 등에서 모두 사용할 수 있는 메신저가 일반화되어 있었다. 모든 중국인들이 핸드폰을 통해 메신저를 사용할 수 있었고, 그러한 환경이다 보니 심천에서 만나는 사람들은 모두 QQ를 사용했다. 서로 QQ 아이디를 교환하는 것이 일반화가 되었던 것이었다. 중국 친구들이 모두 QQ번호를 필자에게 가르쳐 주었기에 필자 역시 QQ를 사용하기로 결정했던 것이다. QQ는 핸드폰의 문자메시지와 달리 빠르게 대화를 할 수 있어 보다 빠르게 중국어 습득을 할 수 있었다.

<PC용 QQ 메신저>

<핸드폰용 QQ 메신저>

컴퓨터 관련 용어들을 한번 정리해 보자

컴퓨터는 중국어로 디엔나오(电脑)라고 한다. 한국 발음으로 하면 전뇌(電腦)이다. 전뇌는 전자(電子) 두뇌(頭腦)를 약칭해서 쓰는 말이다.

모니터는 시엔/스/치(显示器)라고 하는데 한국 발음으로 하면 '현시기'이다. 한자 뜻을 보면 '나타날 현(显) 보일 시(示) 그릇 기(器)' 즉 '나타내 보여주는 기기'라 할 수 있다. 한국에서는 잘 쓰지 않는 한자지만, 의미적으로 보면 모니터를 정확히 표현한 말이다.

마우스는 '수/삐아오(鼠标)'라고 한다. 수(鼠)는 한국 발음으로 서(鼠)로 서생원의 서, 즉 쥐를 가리키는 말로 쥐는 중국말로 '라오/수(老鼠)'라고 부른다. 삐아오는(标)는 한국 발음은 표(標)로서 '표시하다'의 표이다. 즉, '수/삐아오(鼠标)'는 '쥐표시기'라는 말이 된다.

키보드는 중국어로 '지엔/판(键盘)'으로 한국 발음으로 하면 '건반'이다. 피아노 건반을 생각하면 된다. 즉 누르는 버튼을 건반이라고 한다. 그래서 초인종을 누를 때도 '안/지엔(按键)'이라고 해서 안마의 '안' 과 건반의 '반'을 써서, 버튼을 누른다는 말이 된다.

노트북 컴퓨터는 '비/지/번(笔记本)디엔/나오(电脑)'로 필기본(筆記本) 컴퓨터, 즉 공책컴퓨터, 노트북을 의미적으로 그대로 옮긴 것이다.

웹캠은 '서/샹/토우(摄像头)' 한국 발음으로 섭상두(攝像斗). 영상(像)을 섭(攝)취하는 머리(斗)라는 의미를 가진다. 두(斗) 자는 머리를 나타내는 말로 위쪽에 툭 튀어나온 부분은 말할 때 붙이는 글자이다. 한국 사람이 '마이크의 머리 부분을 잘 잡아서 돌려라'라고 하는 것과 같이 중국에서도 머리라는 말로 윗부분을 표현하는 경우가 많다. 노래방의 '마이크 볼'을 말할 때 '인/토우(音头)'라고 '음의 머리'라고 표현하는 것도 같은 이유에서이다. 웹캠이 모니터의 윗부분에 붙여놓고 사용했기 때문에 '서/샹/토우(摄像头)'라는 표현을 했지 싶다.

인터넷은 '왕/루어(网络)'로 한국 발음으론 망락(網絡) 즉, 그물로 연결되어 있다는 의미를 가진다. 한국 사람도 인터넷망(网)이라고 하듯 인터넷의 의미는 그물처럼 연결되어 있다는 의미를 가진다. PC방을 왕바(网吧)라고 하는 이유도 인터넷을 할 수 있는 BAR가 곧 PC방이기 때문이다. 랜케이블을 '왕/루어/시엔(网络线)'이라고 하는데 인터넷선(線)이라고 하는 말이다.

소프트웨어 프로그램을 '루안/지엔(软件)'으로 한국 발음으로 하면 연건(軟件)이다. 연한 물건을 줄여서 연건이라고 쓰는데 소프트(연하다) 웨어(물건)의 의미를 그대로 옮겨왔다고 보면 된다.

하드웨어는 '잉/지엔(硬件)'으로 한국 발음으로 경건. 즉 경도가 높은 물건이란 말이다. 이 역시 하드웨어의 의미를 그대로 옮긴 말이다.

컴퓨터에 관련된 용어들은 컴퓨터가 미국에서 먼저 개발했기 때문에 대부분의 단어가 영어를 의미적으로 그대로 옮긴 경우가 가장 많다. 그중 필자가 뽑은 최고의 작품은 '지딩허(机顶盒)'라고 말할 수 있다. 지딩허는 셋탑박스를 말하는 중국어이다. 셋탑박스(SETOPBOX)의 영어적 의미는 텔레비전 세트(SET) 위(TOP)에 있는 상자(BOX)라는 의미로, '신호 수신기를 텔레비전 위에 올려놓고 사용한다'에서 온 합성어이다.
이걸 중국어도 그대로 옮겨서 '기(机)기의 정(顶)상에 있는 함(盒)'이라는 의미로 한국 발음으로 하면 '기정함'이다. 셋탑박스의 의미를 그대로 옮겨와 한자로 옮겼다고 보면 된다.

한국인이 업무차 중국에 가면 가장 필요한 것이 핸드폰일 것이다.

핸드폰의 중국어 이름은 '소우/지(手机)'라고 부른다. 한국 발음으로 하면 '수기(手機)'이다. 손 수(手)에 기계 기(機)이다. 즉 손 안에 있는 기계란 소리로 핸드폰(Hand Phone)이라는 의미를 그대로 옮겨 왔다. 한국의 핸드폰이 정확한 영어 표현이 아닌데, 어쩜 한국의 표현 방법을 그대로 옮겨갔을까 하는 생각이 든다.
핸드폰 이름에도 한류가 있는 건가? 꼭 그렇지는 않겠지만 아마도 의미적으로 정확히 전달하기 위해 지어진 이름이 아닌가 한다.

'전화를 하다'라는 중국어 표현은 '따/디엔/화 打电话'라는 표현을 쓴다. 한국 사람들이 "전화 한번 때려봐~"라는 표현을 쓰는데, 중국에서도 똑같이 '전화를 때리다'라는 표현으로 '따/디엔/화 打电话'란 말을 쓴다. 그래서 "전화를 했는데 왜 안 받아?"라는 말을 할 때 "워/따/꾸어/니/더/디엔/화(我打过你的电话), 웨이/썸머/뿌/지에/러/마 为什么不接了吗?"라고 얘기한다.
전화를 통해 문자를 보낼 때는 '파/신/시(发信息)'라는 표현을 쓴다. 한국 발음으로 하면 '발신식'이 되는데 소식(消息)을 발신(發信)하다, 라는 의미가 된다. 한국 사람들이 발신자, 수신자라는 말을 많이 쓰는데 여기서의 발신이 된다. 그럼 수신도 바로 나올 것이다. '수신(受信)'을 이용해 '문자를 받다'를 표현하면 '소우/따오/

니/더/신시 受到信息'가 된다. 받을 '수'에 도달의 '도'를 더해 '받아 도착했다'라는 표현을 쓴다.

이쯤에서 '도착하다'의 '도(到)'에 대해 설명을 해야겠다. 중국 발음으로 하면 '따오(dao)'라고 읽는다. 한국에서 많이 사용하는 단어로는 '도달(到達)하다. 도착(到着)하다. 당도(當到)하다'에 쓰이는 '도'이다. 즉 어떠한 일의 마무리에 도달했을 때 사용하는 말로서 중국에서 많이 쓰이는 글자이다. 앞에서 설명한 '받았어요?'에서와 같이 '받아서 나의 손에 도달했다'와 같이 명확하게 어떠한 행위를 매듭지을 때 사용된다. 어떠한 말을 들었어요? 라고 표현할 때 "니/팅/러/마(你听了吗)?"라는 표현도 가능하지만, 명확하게 하기 위해 "니/팅/따오/러/마(你听到了吗)？"라고 따오(到)를 붙여 얘기한다. 동사 뒤쪽에 붙여 "듣는 것이 정확하게 너한테 도착했냐?"라고 명확하게 표현을 할 때 사용한다.

또한 자체적으로 동사의 역할을 해서 '니/따오/러/마(你到了吗)?'처럼 '당신 도착했어요? 목적지에 도착했느냐? 물건이 도착했느냐?'와 같은 표현에서는 '따오(到)' 한 글자만 사용해서 표현도 한다.

이러한 세세한 표현은 일반 책에서는 흔히 놓칠 수 있는 표현으로 일반 중국어 책을 통해서는 이해하기 힘든 표현들이다. 이러한 표현들을 필자는 문명의 이기인 핸드폰 문자메시지와 컴퓨터의 메신저를 통해 일상적인 대화를 할 수 있었고, 이로 인해 알아낼 수 있었던 표현이다. 이러한 세세한 표현이 외국인과의 대화에서 얼마나 중요한지를 알 수 있는 계기가 되었다.

이렇듯 필자는 현지에서 핸드폰을 구매해서 핸드폰 문자메시지를 사용하였다. 이를 통해 빠른 중국어 습득이 가능했으며, 병음(拼音)을 연습하면서 발음을 교정할 수 있었다. 이를 더 발전시켜 컴퓨터의 메신저 기능을 습득함으로써 현지인과의 명확한 의사소통이 가능해졌고, 이는 향후 중국 신문, 서적 등을 읽을 수 있는 기초가 되었다.

이 글을 읽는 독자께서도 새로운 문명의 이기에 대해 부담을 조금 덜 가지고, 이러한 문명의 이기를 최대한 이용한다면 보다 빠른 현지적응 및 현지 언어의 습득에 많은 도움이 될 것이라고 필자는 확신한다.

네 번째 이야기: 한국과 닮은 나라 중국

한국과 중국의 공통점을 알다

필자는 한국어 표현 중에 가장 싫어했던 표현이 있다. '죽겠다'라는 표현이다. 배가 불러도 '배불러 죽겠다', 배가 고파도 '배고파 죽겠다', 심심해도 '심심해 죽겠다', 아주 웃겨도 '웃겨 죽겠다', '행복해 죽겠다', '불행해 죽겠다' 등등.

필자는 이 '죽겠다'라는 표현을 들을 때마다 왜 한국 사람들은 뭘 해도 죽겠다고 할까. 행복하면 행복한 거고, 사랑스러우면 사랑스러운 거고, 배부르면 배부른 거지 왜 좋건 싫건 모든 죽겠다는 표현을 쓸까, 라고 생각했었다.

혹자는 한국의 지형적인 영향, 역사적인 배경으로 인해 너무 힘들어서, 너무 고달파서 평소에도 죽겠다, 라는 표현을 많이 쓴다고 하는 사람도 있다.

『외부의 침입으로 항상 전쟁을 해왔고, 전쟁을 할 때마다 목숨이 왔다 갔다 했으니 자연스레 입에 붙은 표현이다. 우리나라의 대표 민요 "아리랑"만 봐도 너무 힘든 삶을 살아온 애환을 그대로 가지고 있다. 이렇듯 한민족은 너무 힘들게 산 나머지 입에 "죽겠다"를 달고서 산다』고 해석을 해오기도 했다.

그래서 필자는 그 표현이 더욱 싫었다. 즐겁게 살기도 바쁜 짧은 인생, 왜 인생 밑바닥에 "죽겠다"라는 표현을 깔고서 살아야 하는가, 라는 생각에서이다.

중국에서 만나 사람들 역시 다들 죽은 사람들이다. 중국 사람들 역시 배고파 죽었고, 배불러 죽었고, 행복해 죽었고, 또 사랑스러워 죽었다. 그래도 한국 사람들은 "죽겠다"라고 미래 상황으로 표현을 하지만 중국 사람들은 벌써 다 죽어버렸다. '어/쓰/라(饿死啦)', '씽/푸/쓰/라(幸福死啦)', '빠오/쓰/라(饱死啦)' 등등, 이미 굶어 죽었고, 행복해 죽었고, 배불러 죽었다. 왜 다들 죽어 나자빠졌는지…… 한국보다 더 죽은 사람들이 많았다.

이렇듯 중국 사람들 역시 극한까지 간 상황에는 죽었다, 라는 말을 쓴다. 한국 사람들과 표현법이 너무나 같다. 이 사실을 안 필자는 어떤 상황의 극한적 표현을 할 때면 동사 뒤에다가 죽을 '사(死)'를 붙여서 얘기했다. 중국어로 귀찮다는 표현을 할 때는 마판(麻烦)이란 말을 쓴다. 마(麻)는 삼베옷을 얘기할 때 쓰는 마이기도 하지만 '마비(麻痹)되다' 할 때 쓰는 '마'도 된다. 판(烦)은 한국 발음으로 하면 '번잡(煩雜)하다'의 번(煩)으로 '일이 많아 번잡스럽다'라는 의미를 가지고 있다. 즉 '귀찮게 하다'라는 표현을 할 때는 '마/판/쓰/라 麻烦死啦'라는 표현으로 '귀찮아 죽겠네'라는 표현을 쓴다.

'사랑스러워 죽겠다'라고 표현할 때 역시 '아이/쓰/라(爱死啦)'라고 말하고. '더워 죽겠다"는 '러/쓰/라(热死啦)', 추워죽겠다 '렁/쓰/라(冷死啦)'라고 모두 다 '죽었다'를 뒤에 붙여서 얘기한다.

이렇게 한국과 중국이 같은 표현법을 쓴다는 것은, 오랜 시간 동안 역사를 같이 한 아시아 민족들의 특성이지 않을까 하는 생각이 든다. 왜 '죽겠다'를 뒤에다가 붙이는지는 모르겠지만 말하는 방법이 같다는 것은 참으로 특이한 일이라 하겠다. 이렇듯 필자는 5천 년 이상의 교류를 통해 형성된 서로의 공통점을 소개하려고 한다.

필자가 한중(韓中) 공통점을 말하기 전에 먼저 알려줘야 할 것이 있다. 중국어와 한국어의 차이에 대해서 말을 하는 것이 후에 공통점을 설명하기에 많은 도움이 될 듯싶어 먼저 차이점을 얘기하려 한다. 한국은 자유민주주의, 중국은 공산주의, 한국은 단일민족, 중국은 다민족 국가 등등, 일반화된 다른 점도 있지만, 이것은 본 책과는 거리가 있기에 본 책의 본 의도인 언어의 다른 점만을 언급하기로 한다.

앞에서도 언급했지만 한국어와 중국어는 서로 어족이 틀릴 정도로 어순이 틀리다. 기본적으로 한국은 알타이어족에 해당이 되고, 중국어는 중국티벳어족, 혹은 인도유럽어족으로 구분된다. 『중국티벳어족』의 특징은 여러 가지가 있지만, 한국어와 비교하자면 가장 큰 것은 주어 다음에 동사가 바로 나온다는 것이다. 한국어는 주어 다음에 목적어, 보어가 먼저 나오고 마지막에 동사가 나온다는 것이다. 그 차이를 예를 든다면 한국말로 '나는 이 물건을 너에게 준다'라는 말을 중국어로 말하면 '我给你这个东西'이다. 이를 어순으로 번역을 하면 '나는 준다 너에게 이 물건을' 같은 말이 된다. 이렇듯 한국어와 중국어의 어순은 서로 틀리다. 즉 중국어의 어순은 영어와 비슷하다고 말할 수 있다. 우스갯소리지만, "한국말은 끝까지 들어봐야 한다"라는 말은 아마 동사가 제일 끝에서 나오는 것에서 기인한 것이 아닐까?

또한 한국의 글자는 소리, 즉 음(音)을 표현하도록 만들어진 표음문자(表音文字)이지만, 중국의 글자는 뜻을 적어 놓은 표의문자(表意文字)이다.

이것은 많으신 분들이 알고 있는 내용이겠지만, 표의문자(表意文字)에 대해 간단히 설명을 하면 이렇다. 재미있고 의미 있는 설명이 될 것이다.

원시시대 문자가 없을 때 그 물건을 표시하는 방법은 그림을 그려 물건을 표시하는 방법이었다. '산속에 나무가 있다'라는 말을 다른 사람에게 전하기 위해서는 산과 나무 그림을 그려야 했다. 보이는 대로 산을 그리다 보면 ⋔⋔이렇게 산을 그렸을 것이다. 나무를 표현하기 위해 ⋏ 를 그렸을 것이다. 이 글자를 간략히 그리다 보니 한자 산(山)과 목(木)이 나왔다. 처음의 글자는 형태를 본떠서 글자를 만들었던 상형문자의 시대였다. 상형문자로 표현을 하기 시작하면서 점점 더 표현해야 할 내용이 많아졌다. 특히 사람들의 심리, 즉 형태를 지니지 않은 것들을 표현하고 싶어했고, 이렇게 형태가 없이 의미를 표현하기에는 상형문자는 적합하지 못했다. 그렇기에 의미를 표시해주는 표의문자가 생겨나게 되었다.

필자가 생각하기에 그 대표적인 표의문자는 벼 화(禾)를 이용해 만들어진 글자이다. 나무의 가지 및 뿌리를 상형화시킨 글자가 나무 목(木)이다. 벼는 익으면 머리를 숙인다고 했듯 나무의 머리 부분을 숙여서 만든 글자가 벼 화(禾)이다. 벼는 쌀을 의미하는 것으로 '쌀로 밥을 해 먹을 수 있다'라는 의미의 벼 화(禾)+입 구(口)가 합쳐져서 만들어진 표의문자가 '화목(和睦)하다'라는 의미의 화목할 화(和)이다. 즉 먹을 것이 입에 들어가서 배가 부를 때에야 화목함이 온다는 의미를 가지고 있다. 모두가 평등하게 먹고 살자고 해서 만들어진 글자가 평화(平和)라는 글자이다. 또 벼(쌀)를 불로 익혀 먹을 수 있었던 계절은 가을이다. 벼(禾)에 불을 의미하는 화(火)를 더한 글자가 추수를 해서 배불리 먹을 수 있는 가을, 즉 가을 추(秋)이다. 밥을 먹을 수 있는가를 항상 걱정을 했기 때문에 가을 추(秋) 아래쪽에 마을 심(心)을 붙여 가을(먹을 것)을 걱정하는 마음을 표현한 근심 수(愁).

또한 벼(禾)를 칼(刀)로 벤다. 즉 수확을 하면 이익이 발생을 하게 되어 이윤의 이(利)는 벼(禾)+칼(刀)를 합친 리(利)가 된다.

표의문자(表意文字)는 이런 식으로 여러 글자의 의미를 합쳐 새로운 뜻을 표현하는 방법으로 만들어진 글자로서 '의미를 표시하는 문자'란 뜻이다. 이러한 상형문자와 표의문자가 두루 정립이 된 글자가 중국에서 정립한 한자(漢子)이다.

중국 한나라가 전국에 흩어져 발전한 '상형+표의문자'를 표준화 정립하여 발표한 글자라 해서 '한나라 글자' 즉 '한자'라고 했다.

한글을 한민족의 글자라 해서 한글이라 하는 것과 같이 한자는 '한나라의 글자다'라는 의미를 가지고 있다. 한자의 원형은 갑골문자(甲骨文字)라 해서 뼈에 새겨진 상형문자에 있다고 하듯이 한자의 발전은 아시아 전역에 걸쳐서 발전을 한 글자이다. 이를 체계화해서 발표를 한 것이 한자이고, 발표 이후에도 많이 발전을 해왔다. 그렇듯 한자의 발전에는 중국의 한나라가 발전의 중심에 있기에 중국의 한족들은 이 한자에 커다란 자부심을 가지고 있다. 하지만 한자가 꼭 한나라의 글자만이 아니라는 것은 한국에서 사용하고 있는 논 답(畓)에서 찾을 수 있다. 한국에서는 벼를 재배하는 논을 한자로 표기할 때 답(畓)이라는 글자를 쓴다. 하지만 중국에서는 "수웨이/티엔(水田)"으로 한국 발음으로는 수전(水田)이다. 물을 담고 있는 밭이라는 의미로 논을 표현한다. 이렇게 옆으로 늘어 썼던 글자를 한국에서는 밭 위에 물을 담고 있다는 의미로 밭(田) 위에 물(水)를 얹어 논 답(畓)이라 표현해 더 정확히 논을 표현하는 글자로 사용했다. 이 글자는 중국에서는 사용하지 않는 글자이므로 한국에서 만든 글자라고 할 수 있다. 이렇듯 한자는 한나라에서 만든 글자가 아닌 전 아시아 지역에 분포되어있던 글자를 한나라 때 정립하고 발전시켜온 글자이다.

한자보다 더 우수한 철학이 들어있는 한글을 만들어낸 우리 민족이 얼마나 대단하고, 자랑스러운 민족인가! 필자는 감히 한글을 철학이 들어 있는 존철문자(存哲文子)라고 부르고 싶다!.

역사야 어떻든 중국에서 정립되고 발전되어온 한자는 우리 민족과 역사적, 지리적, 문화적으로 교류를 할 수 있었던 토대가 되었고, 이러한 교류를 통해 언어적, 정치적, 철학적인 한중(韓中) 공통점을 많이 만들어 냈다. 중국의 한자는 한국과의 교류에 있어 중심에 있었으며, 그로 인해 한국 언어의 상당 부분이 중국에서부터 유입되었다. 한국에서 사용하는 한국어 60% 이상이 한자로 되어있음은 한중 간의 관계를 알 수 있는 명백한 증거이다. 지금 필자가 쓰고 있는 이 문장을 가만히 들여다 보면 대부분 한자로 표현이 가능하다는 것을 독자들께서는 느끼실 수 있을 것이다. 한국인들이 알게 모르게 쓰고있는 일상생활 용어의 60% 이상이 한자로 기록 가능한 단어들임이 이를 뒷받침해 준다. 그 예로 '우리는 근근이 살아간다', '점점 더 멀어진다'라고 표현할 때의 근근(僅僅)과 점점(漸漸) 역시 한자라는 걸 보면 세세한 표현까지 한자를 쓰고 있었구나 느낄 수 있다. 점점의 중국 발음은 "지엔/지엔(漸漸)"이다.

한자는 '학문'이 아닌 '말'이다.

이렇듯 한국어와 중국어는 밀접한 관계를 가지고 있는데 한국과 중국의 단어 차이는 분명히 있다. 필자는 중학교, 고등학교에서 '한문' 과목이 있어 한자를 공부했다. 그때 공부할 때 느낀 필자의 느낌은 한문은 어렵다, 라는 느낌이었다. 하늘 천, 따 지, 검을 현, 누를 황, 하며 배우던 그때의 한문은 그 말대로 학문(學文)이었다. 책을 통해 의미를 알고, 의미 속에서 철학을 알아내는 그 차체가 학문이었다. 그래서 한문시간에는 한시를 배우고, 넓은 의미가 함축된 한시는 필자에게 끝없는 학문의 어려움을 느끼게 해줬다. 하지만 필자가 중국에 도착하고 어느 정도 중국어가 익숙해지자 한자는 '학문'이 아닌 '말'이구나, 라는 것을 느낄 수 있었다.

한자는 의미를 전달하기 위해 만들어진 학문이 아니고, '중국 사람들이 일상생활에서 항시 말하고 노래하는 말 그 자체구나'라는 생각을 하게 되었다. 한국 사람들은 한자를 학문으로 공부한다. 하지만 중국에서는 한자는 학문이 아닌 말이다.

한국에서는 한자가 학문으로 쓰인다는 좋은 예는 학문(學文)이다.

학문(學文)이란 말 자체만 봐도 그렇다. 한국에서는 '학문'이라는 말 자체가 명사화되어 사용된다. 그래서 '학문을 한다'라며 뒤에 '한다'라는 동사를 덧붙여 말을 한다. 하지만 중국에서는 학문(學文) 자체가 말이다. '쉬에/원(学文)'이라고 하면

'글(文)을 공부(學)한다'라는 말이다. 즉 글을 공부한다는 의미의 한 문장이 된다. 하지만 한국은 조선시대, 아니 그 이전부터 한자를 학문 공부하듯 했기 때문에 문장이 아닌, '학문' 그 자체를 명사화해서 사용한 것이다.

요즘 젊은이들이 '우리 스터디(study) 하자'라고 말하는 것과 같이 'STUDY' 자체가 "공부하다"라는 동사인데 그걸 목적어처럼 명사화해서 말하는 것과 같은 이유이다. 이렇게 언어를 학문으로 공부하게 되면 어렵게 느껴지고 실증이 나기 마련이다. 그래서 필자는 중국어 혹은 영어를 말할 때, 학문이 아닌 일상생활에서 쓰는 "말"이다, 라는 말을 꼭 하고 싶었다.

중국어는 학문이 아닌 '말(언어)'이다.

우리가 평소에 명사로 써왔던 단어를 그대로 분리하면, 우리가 하고자 하는 말, 즉 '하나의 문장이 된다'라는 것을 독자 여러분께 알려주고 싶어 언어적 차이점을 기술한 것이다.

그 대표적인 단어는 '과거(過去)'이다.

한국 사람들은 '과거의 일' 혹은 '이미 지나간 과거'라는 표현을 자주 한다. 여기서의 과거는 '지나간 시간'이란 의미로 쓰인다. 과거의 중국어 발음은 '꾸어/취(过去)'이다. 이 말은 한국에서와 같이 과거라는 의미도 가지고 있지만, '가(Go)'란 의미로 더 많이 쓰인다. 꾸어는 '지나다(Pass)'라는 의미로 과거는 '어디를 지나서 어디로 가다'라고 말할 때 쓰인다. 그래서 '여기를 지나서 가'라는 말을 중국어로 하면, '쩌/비엔/꾸어/취 这边过去'라고 표현한다. 한국 발음으로 하면 '저변과거'라는 말이 된다. 이렇듯 '꾸어/취'라는 말은 현지에서 아주 많이 쓰이는 말이다. 어디를 갈 때 '가다'라는 의미, 취(去)라고 말을 할 때는 대부분 앞에 '과(過)'를 붙여서 '과거' 즉 '꾸어/취'라고 얘기한다. 한국에서는 '과거(過去)'와는 달리 '과래(過來)'라는 말은 쓰지 않는다. 하지만 중국에서는 '이리로 와'라고 얘기할 때는 올래(來)를 써서 과래(過來)라고 말을 한다. 중국 발음으로 '꾸어/라이(过来)'라고 얘기한다.

이렇듯 중국에서는 '과거(過去)'가 '지나가다'라는 동사로 쓰이는데 한국에서는 완벽하게 명사화되어 지나간 날을 표시하는 '과거'라는 학문(學文)만 남았다.

한국에서 명사화된 중국어의 동사를 예로 들겠다.

한국에서 명사화된 중국어 동사

내한	来韩	내한(來韓)하다	来: 올 래 : '오다'라는 동사
거취	去就	거취(去就)를 밝히다	去: 갈 거 : '가다'라는 동사
탁월	卓越	탁월(卓越)하다	越:넘을 월 : '넘다'라는 동사 '탁자를 넘다'라는 표현으로 월(越)은 '담을 넘다'의 '월담', '북으로 넘어가다'의 '월북' 등에 쓰이는 월(越)이다. 이는 '넘다'라는 의미를 가지고 있어 '탁월'은 탁자를 넘다. 즉 공부를 할 때 탁자(책상)에 놓고 공부를 하는데, 이 '탁자를 뛰어 넘다'라는 의미는 뛰어남을 일컫는 말이다.
기마	騎馬	기마를 타다	騎: 올라탈 기. '타다'라는 동사 '자전거를 타다'는 '치/쯔싱처(骑自行车)'라고 말한다. 뭐든지 올라타는 말을 할 때는 탈 기(骑)를 쓴다.
좌석	坐席	좌석에 앉다	'자리에 앉다'라는 의미이다. '앉다'라는 의미의 좌. 그래서 '의자에 앉다'는 '쭈어/이/즈(坐椅子)'라고 말한다. 어디든 앉으라고 말을 할때는 앉을 좌(坐)를 쓴다. '쭈어/처(坐车)'라고 '차에 앉다'라는 의미로 '차를 타다'와 같은 의미로 쓰인다. '쭈어/이/시아(坐一下)' '앉으세요'.
학습	學習	학습하다	배워서(學) 습관화(習)하다. 즉 학습하다. (중) '쉬에/시(学习)' '공부하다'라는 의미이다. 공부하다, 라는 의미를 쓸 때는 '쉬에/시(学习)'를 붙여서 많이 쓰는데 '중국어를 공부하다'라고 할 때는 '쉬에/시/쫑/원(学习中文)'이라고 말한다. '영어 공부 해 봤니?'라고 말을 할 때는 '니/쉬에/꾸어/잉/원/마(你学过英文吗?)'와 같이 '쉬에(学)' 한 글자만 쓰기도 한다.

작업(作業): 일(業)을 하다(作).

'일을 하다'라는 의미이다. 작(作)은 중국에서 가장 많이 쓰이는 글자 중의 하나이다. '무엇을 하다'라고 할 때는 거의 모두 '쭈어(作)'를 쓴다. '밥을 하다'는 '쭈어/판(做饭)', '행동을 하다'는 '쭈어/씽/동(做行动)', '빨리 해라'는 '콰이/쭈어(快做)' 등등, 특정한 표현 없이 해야 하는 모든 행위에는 '쭈어(做)'를 붙여서 표현한다. 우리나라 말의 '하다'에 해당한다고 볼 수 있다. '노래를 불러라'도 되지만 '노래를 해라'처럼 '하다'라는 표현을 할 때 사용되는 말이다. 또 '하다'의 다른 표현으로 '깐(干)'이라는 표현을 쓴다. 한국에서는 자주 쓰지 않는 글자이지만 중국에서는 '무엇을 하다'라는 의미로 깐(干)을 많이 쓴다. '뭐하냐?'란 표현을 '니/쭈어/썸/머(你做什么)?'라고도 하지만 '니/깐/마(你干吗)?'라고도 많이 쓴다. 특히 싸울 때나 친구같이 격 없이 말할 때 이 깐(干)을 쓴다.

건배(乾杯): 잔(杯)을 마르게(乾) 하다. (중) '깐/뻬이(干杯)'

술잔을 마르게 한다는 의미로 술이 담겨 있는 잔을 다 마셔 술이 없도록 한다는 의미이다. '빨래를 건조(乾燥)하다'라는 말의 마를 건(乾)이다.

기상(起床): 침대(床)에서 일어나다(起). (중) '치/추앙(起床)'

'기상하다'의 상(床)은 침상(寢床), 평상(平床) 할 때의 상으로 평평한 장소를 의미한다. 그래서 '침대에서 몸을 일으키다'라는 의미가 된다. 즉 몸을 일으켜 세우는 행동에는 일어날 기(起)를 쓴다. 그래서 '일어나'라는 말을 할 때 '치/라이(起来)'라고 말을 한다.

창가(唱歌): 노래(歌)를 부르다(唱). (중) '창/꺼(唱歌)'

'노래를 부르다'라는 의미이다. '니가 제일 좋아하는 곡으로 노래해 봐'라고 할 때는 '니/창/이/소우/아이/니/더/꺼(你唱一首爱你的歌)'이라고 말할 수 있다.

천공(穿孔): 구멍(孔)을 뚫다(穿). (중) '추안/콩(穿孔)'

'구멍을 뚫다'라는 의미이다. 구멍이란 의미로 중국에서는 주로 똥(洞)을 쓰지만,

구멍 '공' 자를 쓰기도 한다. 천공의 '천'은 뚫다는 의미를 가지고 있어 '위에 구멍이 뚫렸다'라는 말을 할 때에 '웨이/추안/이/거/콩(胃穿一个孔)'처럼 표현할 수 있다.

작곡(作曲): 곡(曲)을 만들다(作)

예를 통해서 본 것과 같이 한국에서는 한자를 명사화해서 쓰는 경향이 있다. 일반적으로 쓰고 있는 단어들이 중국에서는 말이라는 개념 하나만 있으면 중국어를 공부하는 데 있어서 많은 도움이 될 것이다.

한국 사람들은 외국어를 배우기에 아주 커다란 장점을 가지고 있다. 세상에 있는 거의 모든 소리를 글로 표현할 수 있고, 그 소리들을 발음할 수 있도록 어려서부터 지속적으로 연습을 해왔다. 그 소리들을 표현할 수 있는 한글이라는 세상에서 가장 좋은 기록 수단을 가지고 있어 소리를 기록할 수 있고, 그 기록된 소리들을 읽을 수 있는 한국 사람들은 다른 어느 지역의 사람들에 비해 풍부한 표현이 가능하게 했다.

일본 사람들은 '드라이버'라는 발음을 제대로 하지 못해 '도라이바'라고 발음한다. '으' 발음이 일본어에는 없기 때문에 'ㅡ'가 들어가는 발음을 하지 못한다. 또한 '김치'라는 발음을 할 수 없어 '기무치'라고 발음을 한다. 언어학적으로 '순비음'이라고 해서 입술을 닫아서 내는 발음을 할 수가 없다.

외국어를 공부할 때는 그 나라의 발음을 소리 낼 수 있을 때 그 외국어를 빠르게 습득할 수 있다. 외국어는 학문이 아닌 말, 즉 언어이기 때문에 글로 전달되는 것보다 말로 표현하는 것이 언어의 근본이기 때문이다. 이러한 면에서 한국 사람들은 세상에서 가장 완벽한 글자와 말을 가지고 있는 민족이다. 한국인들은 미국인들이 말하는 발음은 거의 모두 할 수 있다. 소리 전달에 기본이 되는 발음과 말을 할 때의 음률, 즉 억양을 흉내낼 수 있는 한국인이야 말로 가장 복 받은 민족이라 할 수 있다. 한국인처럼 세상의 거의 모든 소리를 흉내낼 수 있는 외국인은 별로 없다. 你好는 '니이 하오~'라고 발음을 표기할 수 있고, 그 발음을 한국 사람들은 할 수 있다. 강아지의 짖는 소리를 미국 사람들은 '왕왕', 중국 사람들도

'왕왕'이라고 표현하지만, 한국 사람들처럼 '멍멍', '왈왈', '웡웡', '깨갱' 등 다양하게 표현할 수 있는 민족은 많지 않다. 이것이 가능한 것은 한글의 우수성에 기인한다. 다양하게 쓰여진 소리들을 어려서부터 연습해 온 한국 사람들은 그 발음을 후세에 자연스럽게 넘겨주어 발음을 발전시켜 나갈 수 있었던 것이다. 그러다 보니 다양한 발음을 한국 사람들은 할 수가 있다.

다양한 발음을 할 수 있다는 것은 미세한 발음을 구분할 수 있는 능력을 키우는 것이 되고, 미세한 발음을 구분할 수 있다는 것은 미세한 발음을 표현할 수 있다는 것이다.

다양한 발음을 말할 수 있을 때, 다양한 발음을 들을 수 있다.

필자가 초등학교 시절 처음으로 영어 발음을 들을 수 있었다. "Good Morning, Fine Thank you? And you?"라는 문장이었다. 필자가 처음 들어보는 발음이라 필자에게는 "굿모닝 퐈인 땡큐 에쥬?" 이렇게 들렸다. 그중 'And you'라는 발음은 필자에게 '에주'라고 들렸다. 그래서 친구들끼리 '에주?'라고 하면서 웃었던 기억이 있다. 필자가 초등학교 5학년이었던 그 당시 친구들과의 대화에는 '에주?'라는 말을 넣어 말하는 것이 유행이었기 때문이다. 황당하다는 의미의 '어쭈구리?'를 줄여서 '에주?'라는 은어로 사용을 했다. 그렇기 때문에 친구들과의 대화에는 항상 '에주'라는 말을 넣어서 말하곤 했다. 그랬더니 '엔쥬(And you)'라는 발음이 필자에게는 '에주'로 들린 것이다.

이 예에서 보듯 소리는 듣는 사람이 알고 있는 단어를 중심으로 발음이 들린다는 것이다. 그래서 똑같은 강아지 소리를 미국 사람들은 'Wang Wang'이라고 듣고, 중국 사람들은 '왕왕(旺旺)'으로 듣는다.

중국어 발음의 차이점을 알자

한국 사람들은 다른 나라 사람에 비해 많은 발음을 할 수가 있다. 중국 사람들은 발음할 수 있는 수가 한국 사람에 비해 현저히 적다. 대표적인 예로 일본 사람들이 김치의 밑받침 'ㅁ'을 발음할 수 없어 '기무치'와 같이 발음하듯 중국의 포준어인 '보통화'에는 밑받침 소리가 적다. ㅇ, ㄴ, ㄹ을 제외하고 다른 발음을 하지 못한다. '국가'라는 발음은 할 때 '구어/지아'라고 읽듯이 밑받침 글지는 '쫑/구어', '쩐/더', '날/리', '나/얼'과 같이 ㅇ, ㄴ, ㄹ의 소리만을 발음할 수 있다. 즉 '낙', '낫', '낳' 등과 같이 소리를 끊어서 발음해야 하는 발음은 하지 못한다. 그래서 '굿모닝'이라는 영어를 발음할 때 '구드모닝' 하는 식으로 발음을 한다. 이러한 특징은 일본과 비슷하다 할 수 있다. 그래서 일반 중국인들이 일본과 같이 영어 발음을 잘하지 못하는 이유가 이러한 이유에서 비롯된 것으로 생각된다.

혹, 이에 이의를 제기하시는 독자가 있을 듯싶다. 한국 사람도 영어의 'F', 'V'와 같은 순치음을 잘하지 못한다고 말이다. 맞는 말씀이다. 한국 사람들이 못하는 영어 발음과, 중국어 발음이 있다는 것은 필자도 인정을 한다. 그래서 그 발음은 한국 사람도 연습을 해야 한다. 그래서 이를 인정하는 바이다. 하지만 필자가 이에 약간의 항변을 한다면 초성의 발음을 못하는 것과 종성의 발음을 못하는 것은 천지 차이가 난다. 입술을 닫아서 소리를 내는 종성은 연습의 난이도가 초성의 'F', 'V'를 연습하는 것보다 훨씬 어렵다고 말하고 싶다. 한국 사람이 'F나 'V'의 발음은 정확히 발음하기는 힘들지만 비슷한 발음인 피, 비를 사용해서 발음하면 외국인에게 어눌하게나마 전달이 되지만 종성을 발음하지 않고 말을 하면 '기무치'처럼 전혀 의미가 전달되지 않기 때문이다.

한국인이 내기 힘든 중국어 발음을 알자.

중국어에서 한국인들이 발음하기 힘든 글자는 'F', 'L'과 'ZH', 'CH', 'SH'와 같은 권설음이다. 순치음인 'F' 발음은 영어를 공부하면서 많이 연습했으니 필자는 설명하지 않겠다. 하지만 PinYin의 'ZH'와 'CH', 'SH'처럼 혀를 말고 얘기하는 권설음은 한국 사람들이 연습하기 힘든 발음이니 필자가 간단히 설명을 하려 한다. 권설음은 혀를 안쪽으로 말아서 발음을 하는 발음이다. 권설음(捲舌音)이란 글자 그대로의 의미처럼 혀를 안쪽으로 말아 올리고 말을 해야 한다. 그래서 처음 연습하는 사람들은 정말로 혀를 위쪽으로 말아서 연습을 한다. 필자 역시 그렇게 연습을 했다. 하지만 연습을 하다 보니 꼭 말고서 발음을 할 필요가 없었다.

필자의 방법은 다음과 같다.

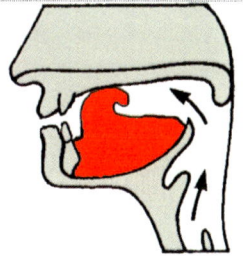

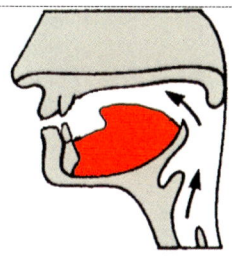

| 일반적인 권설음 설명법 | 필자의 권설음 발음법 |

혀를 위로 말아 올리지 않고, 혀를 목구멍 안쪽으로 당긴다. 이렇게 당긴 상태에서 '스'라고 발음을 한다. 그림과 같이 일반적인 설명으로 혀를 말아 올려서 '스'라고 발음을 하면 혀끝이 입천장을 막아서 소리가 잘 나오지 않는다. 하지만 필자의 발음법처럼 혀를 안쪽으로 바짝 당기고 '스'라고 하면 입천장에 공간이 만들어진 상태라 '스'라는 발음이 나온다. 그 발음이 권설음 'SH'의 '스' 발음이다. 이 방법은 중국에서 권설음을 가르칠 때도 이렇게 발음하라고 가르친다.

PinYin(拼音)을 SH라고 한 것은 '스흐'를 빠르게 한 발음으로 읽으면 권설음의 '스' 발음과 비슷하게 발음된다. 그리고 혀가 안쪽으로 당겨지는 느낌도 들 것이다. 그래서 PinYin에 SH는 '스흐'와 같이 S + H로 표현한다. 중국어 '이다'라는 의미인 '스(是)' 발음이 권설음 스(SHI)이다. '말을 하다'라는 의미인 소설(小說)의 설(說)도 '수어(说:shuo)' 역시 권설음의 발음이다.

똑같은 방법으로 혀를 목구멍 안쪽으로 당기고 '츠'라고 발음을 한다. 그러면 그게 권설음 'CH(츠)'가 된다. '밥 먹다'라는 의미의 '츠판(吃饭:chi fan)'의 '츠(吃)' 발음이 권설음의 발음이다.

'쯔(ZH)' 발음 역시 혀를 안쪽으로 당기고 '즈'라고 발음하면 중국이라는 의미인 '쫑/구어(中国:zhong guo)' 발음인 중국의 '쫑(中)'이 된다.

또 한국 사람들이 잘 안 되는 발음이 'L' 발음이다. 'La'를 한글로 표기하면 '라'

이다. 이 표기는 'Ra'로 했을 때도 '라'라고 표기한다. 그래서 'R'과 'L'의 발음을 잘 구분하지 못한다. 라디오라고 할 때의 '라'는 일반적으로 'Radio'의 발음인 'Ra' 발음이 나온다.

하지만 'La' 발음을 할 때는 '몰라' 혹은 '칼라'를 발음할 때의 '라' 발음이 'La' 발음이다. 일반적으로 혀를 윗니에 붙였다 띠면서 '라'를 발음하라고 하면서 설명을 하는데 사실 그걸 연습하기는 쉽지 않다. 하지만 '몰라'라고 발음을 해보면 자연스럽게 혀가 위 천장에 붙었다가 떨어진다. 그때 나는 '라' 발음이 'La'의 라 발음이다. 그래서 한글로 'L'을 표시하려면 'ㄹㄹ'로 표시하면 될 듯싶다. 쌍자음 'ㄹㄹ'이 'L'의 발음이라고 필자는 생각한다. 조선시대 문헌 중에는 'ㄹㄹ'을 사용한 흔적이 있었고, 조합형 한글에서도 'ㄹㄹ'을 표기할 수 있었는데 한글이 완성형으로 오면서 글자를 조합할 수가 없어 아쉬운 부분이다. 필자가 완성형 글자에서 또 아쉬운 부분은 'F'를 한글로 표시할 수 없음이다. 'F' 발음은 'Fighting'을 '화이팅' 혹은 '파이팅'으로 표현했던 것과 같이 'ㅍ'과 'ㅎ' 발음이 동시에 나는 발음이다. 그래서 영어의 Photo의 'PH'가 'F' 발음이 나오는 것처럼 'ㅍㅎ'이란 자음을 쓸 수 있으면 그것이 'F"의 발음을 한글로 표시할 수 있는 방법일 텐데 하면서 아쉬움을 가진다. 훈민정음 반포 후에 나온 천자문책을 보면 지금은 쓰지 않은 복합자음들이 많다.

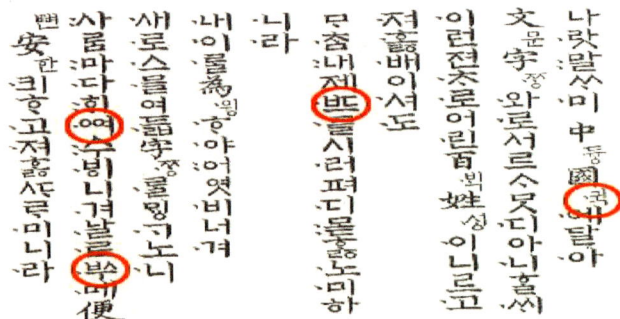

현재는 쓰지 않는 자음 (훈민정음 中)

이렇듯 현재는 쓰고 있지는 않지만 자음이 있었다는 말은 그때 당시에는 이러한 발음들이 구분되었고 발음되었다는 의미가 된다. 현재의 언어와는 다른 발음이 그 당시에는 존재했을 것이다.

위따똥싸

지금은 없어진 다양한 발음이 존재했다.

지금은 없어졌지만 예전에는 발음이 있었던 대표적인 예가 '달걀'일 것이다. 달걀은 닭이 낳은 알이다. 즉 '닭+알'. 지금 발음으로 읽으면 '닥알'로 읽어야 한다. 하지만 우리 어머니들 세대에서는 닭을 부를 때 지금처럼 '닥'이라고 발음하지 않고 '달기'라고 발음하셨다. 즉 닭의 발음에서 'ㄹㄱ'의 발음을 모두 했다. 달걀은 '닭+알'에서 연음법칙에 의해 '달갈' 이것이 '달걀'이 된 것이다. 또한 땅을 의미하는 '흙' 역시 한 발음으로 '흘그'를 빨리 읽고 '그'를 경음화나 묵음으로 읽으면 이전에 필자가 어렸을 때 듣고, 말하던 '흙' 발음이 나온다. 현대에 와서는 어려운 발음을 점점 단순하게 표준화하는 경향이 있어 이전의 그 발음들이 없어졌지만, 이전에는 이러한 발음들이 존재했었다고 필자는 믿고 있다. 이러한 사항은 어려서부터 필자가 배우고 발음해온 것을 바탕으로 한 필자 개인의 소견임을 밝히는 바이다.

한중 간의 5천 년 이상의 교류를 통한 공통점

이렇듯 한국과 중국에는 근본적인 차이점들이 많이 있지만, 5천 년 이상의 교류를 통한 공통점도 많은 부분에서 나타난다. 습관적인 공통점, 언어적인 공통점 등이 차이점 이상으로 많은 부분에서 나타난다.

중국의 재래시장을 가보면 한국하고 너무나 똑같은 음식 재료들을 만날 수 있다. 한국의 대표적인 음식인 김치, 물김치, 고추김치, 심지어는 무말랭이까지 소금에 절여먹는 한국의 대표적인 발효식품을 중국에서도 똑같이 볼 수 있으며, 시금치, 무, 배추, 상추, 고춧가루, 고추장, 간장, 된장 역시 중국의 시장에서 똑같이 볼 수 있다. 필자가 어렸을 적 설, 추석 명절이면 동네 소매점이나 문방구에서 볼 수 있었던 딱총, 불꽃놀이 역시 중국의 명절에 동네 소매점에 나타나는 물품들이다. 이 대부분이 한국의 문화와 너무나 닮아 있다. 동네 작은 공원에 가면 팔각정에 앉아 장기를 두고, 제기를 차는 모습 등등은 한국하고 너무나 닮아 있다. 그중 가장 닮은 것은 외모일 것이다.

중국 발효식품

　한국 사람들의 기본 외형이 중국 사람들과 똑같다. 사천성 서부 지역, 운남성, 티벳 등 중국의 서부 지역의 사람들은 필리핀, 아랍권의 사람들과 닮아 있지만, 중국 사람들이 주로 생활하고 있는 북경, 청도, 상해, 홍콩, 중경 등 주요도시의 사람들은 한국 사람과 외모에서 전혀 구분이 되지 않는다. 한국 사람이 중국에서 아무 말도 안 하고 길거리를 걸어 다니면 아무도 한국 사람을 외국인으로 보지 않는다. 한국의 조선족이 말만 하지 않으면 한국 사람과 구분이 안 가듯이 전혀 구분이 되지 않는 것이다.

　필자가 어느 농촌을 갔을 때 한 노인에게 길을 물었다. 그 노인은 필자에게 "아이고 죄송합니다. 제가 보통화를 제대로 못해서요"라면서 필자에게 죄송하단 표현을 하셨다. 필자가 노랑머리 외국인이었거나, 아랍 사람처럼 생겼다면 그렇게 미안해 하지 않으셨을 텐데, 이분은 내가 외국인인 걸 모르시는구나, 라고 혼자 생각했다. 그렇듯 기본 외모가 너무 닮아 있다.

　그래서 필자는 중국인과 한국인의 구분법을 머리 모양으로 확인했다. 필자가 처음 중국에 갈 당시 중국 남자들은 대부분 까까머리를 하고 있었다. 양복을 입건, 운동복을 입건, 캐주얼 복을 입건, 중국 남자들 대부분은 스포츠 형으로 짧게 깎고 다녔다. 한국 사람들이 보기에는 어색한 머리 스타일을 하고 다녔고, 그 외 한국 사람들은 그 당시 유행하는 머리 모양을 하고 다녔다. 즉 입고 있는 옷, 머리 스타일, 등 외모를 제외한 분위기로 한국 사람과, 중국 사람을 구분할 수 있었다.

　참 홍콩, 대만의 사람들은 이 구분법에서 제외된다. 그들은 한국 사람처럼 입고, 가방을 등에다 메고, 모자를 머리에 쓰고 다니는 중국 사람들이니까 특별히 제외하고 본토 중국인들은 충분히 구분이 가능했다. 요즘은 한류를 타고 중국 남자들 역시 머리를 기르고 다니면서부터는 이 구별법 또한 정확히 통하지 않게 되었다.

말하는 방법에도 비슷한 것들이 많다

이렇게 닮은 점이 여러 곳에서 나타나듯 말하는 방법에도 비슷한 것들이 많다. 길을 가다 똥을 밟으면 한국 사람들은 한쪽 발로 깽깽이 뜀박질을 하고, 그날은 운이 좋을 수 있으니 복권을 사야 한다고 한다. 중국에서도 똑같은 행동으로 똑같이 한 발로 깽깽이를 하고 복권을 산다.

또한 연인들의 과도한 애정 표현을 보았을 때 "오~~ 닭살 돋아~~"라고 표현한다. 이 또한 중국 사람들 역시 '지/피/추/라이(鸡皮出来)', 한국 발음으로 하면 '계피출래' 즉 닭의 피부가 나온다, 라는 말로 표현을 한다.

'나오다'라는 말을 '출래(出來)'라고 표현하는 것에도 언어적 비슷함을 알 수 있다. '나'는 날 '출(出)', '오다'라는 말은 올 '래(來)' 즉 둘을 합치면 '밖으로 나와서 오다'라는 말이 된다. '추/라이(出来)'는 '나오다'를 그대로 번역한 말이라고 할 수 있다. 영어로는 'out come'이라 표현하지 않고 'out'으로 '나가다'라는 말로만 표현을 한다. 이러듯 언어적 특성을 보면 중국어는 한국어와 너무도 흡사하다고 할 수 있다. 그래서 '나가다'라는 말 역시 '추/취(出去)'로 표현을 한다. 이 역시 '나(出)가다(去)'로 그대로 번역이 된다. '들어와'는 역시 '진/라이(进来 jinlai)', 들어가는 '진/취(进去 jinqu)'로 표현한다.

기본적으로 중국어는 영어와 어순이 같다. "만약 네가 이 문제를 생각한다면"이라는 문장을 영어로 표현을 하면 "If you think this problem"이 된다. 또한 이 문장을 중국어로 표현하면 "루/구어/니/샹/쩌/거/원/티(如果你想这个问题)"라고 할 수 있다. 중국어와 영어 두 다른 언어를 문법적으로 구분을 하면 '의문조사 + 주어 + 동사 + 목적어'란 어순으로 똑같다. 그래서 기본 어법이 같다.

하지만 다음 한국어 "너, 이 물건 가(서) 사와."라는 문장을 영어로 하면 "you go to there, and buy this things, and return to here."가 될 것이다. 다음과 같은 "you this things go buy return to here."라고 한국말같이 사용하면 알아듣지 못할 것이다.

하지만 중국어로는 "니/쩌/거/똥/씨/취/마이/후이/라이(你这个东西去买回来)"라는 문장이 가능하다. 즉 가다(去), 사다(买), 돌다(回), 오다(来)를 연속해서 "취/마이/후이/라이(去买回来)"로 사용해도 된다는 말이다. 한국말 '가 사와'라는 말처럼 '가다+사다+오다'의 동사를 서로 연결해서 사용을 많이 한다는 것이다.

언어적 문법이 아닌 언어적 습관은 오랫동안 교류를 했을 때 형성되는 것으로 이는 대표적인 언어문화적인 공통점이라 말할 수 있다. 이렇듯 중국어와 한국어는 말하는 습관에서 많은 공통점을 찾을 수 있다. 또한 사용하는 단어에서는 우리나라 말의 60% 이상을 중국과 같이 사용하고 있어 이러한 특징을 이해한다면 보다 쉽게 중국어를 습득할 수 있을 것이다.

발음적인 부분에서 살펴보자.

필자가 어려서부터 배워왔던 천자문을 보면 '하늘 천(天), 땅 지(地), 검을 현(玄), 누를 황(黃), 집 우(宇), 집 주(宙)'와 같이 읽는다. 하지만 조선시대 천자문을 보면 '하늘 텬', '따 디', '가믈 현', '누를 황', '집 우', '집 듀'와 같이 발음되었다. 현재의 한국어 발음과 차이를 보인다.

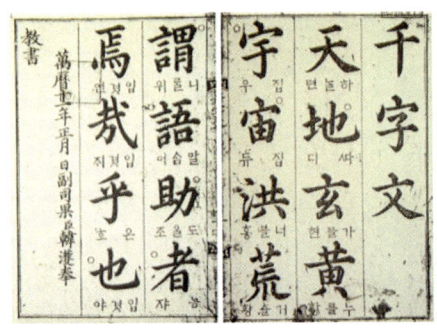

석봉천자문 초본

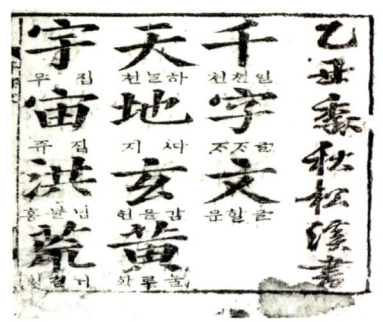

조선시대 중후기 천자문

현재의 한국어 대신 조선 초·중기의 발음으로 천자문을 읽으면 중국어와 발음이 비슷해진다.

위따똥씨

天 하늘 **텬**, (중)**티앤**(tian)   =➔ 천안문(天安門) (중)**탠**안먼

地 따 **디**, (중)**디**(di)   =➔ 지하철(地下鐵) (중)**디**샤테

玄 가믈 **현**, (중)**쒸엔**(xuan)   =➔ 현무(玄武) (중)**쒼**우

黃 누를 **황**, (중)**황**(huang)   =➔ 황우(黃牛) (중)**황**뉴

國 나라 **궉**, (중)**궈**(guo)   =➔ 국가(國家) (중)**궈**쟈

 위에서 보는 바와 같이 훈민정음이 창제됐을 조선 초·중기만 해도 현재의 중국어와 비슷한 발음을 볼 수가 있다. 하지만 조선 중기를 넘어 후기에는 현재 한국어와 비슷한 발음 형태로 바뀌는 과정을 볼 수가 있다.

 중국의 한자와 한국의 한자 읽는 법이 틀린 현상은 각 나라별로 조금씩 자국화를 거치면서 바뀌었을 것이란 생각이 든다. 한국은 긴 시간 동안 한국화된 발음으로 한자를 읽어 나갔고, 중국 역시 지역적으로 발전해 나갔을 것이다. 이러한 다양한 발음을 근대에 접어들며 중국어 발음 표준화 작업을 하면서 지금의 발음이 완성됐을 것이다. 이전 발음 중에는 퇴화된 발음들이 있을 텐데, 중국의 남부 광동성 지역의 사투리를 들으면 퇴화하기 이전의 발음들을 확인할 수 있다. 광동성 지역의 사투리에는 한국의 종성처럼 밑받침 발음을 들을 수 있다.

 그 대표적인 홍콩, 등 광동 지역의 대표적인 언어인 '광동화(广东话)/위에화(粤话)'이다. 광동화(广东话)의 숫자 발음을 보면, 랭(0), 얏(1), 이(2), 삼(3), 쎄이(4), 음(5), 록(6), 찻(7), 빳(8), 까우(9), 쌉(10), 빡(백), 친(천), 만(만), 익(억)과 같이 한국의 종성을 들을 수 있다. 종성의 종류도 다양하다. 이렇듯 지역적으로 다양했던 발음을 표준화라는 과정을 거치면서 채택, 퇴화하는 과정에서 한국의 발음과 차이를 발생하게 됐을 것이다. 홍콩 발음을 잘 관찰하면 한국 발음과 매우 비슷한 부분이 많이 보일 것이다. 특히 0, 3, 6, 10의 발음은 중국 보통화에 비하면 한국어와 매우 비슷하다. 근대 이전의 한국이 중국과의 교류를 많이 한 지역이 광동 지역이었음을 생각한다면 비슷한 발음은 당연한 결과이지 않을까 생각된다. 이렇듯 다양한 발음이 표준화를 거치면서 지금의 한국 발음과 차이를 많이 보이게 됐지만 한국 사람들이 중국 표준화의 발음을 이해하고 연습한다면 별 어려움 없이 중국어를 습득할 수 있을 것이다.

앞쪽에서 발음하기 힘든 중국어 발음을 잠시 얘기했었다. 이쯤에서 중국어 발음 중 발음 하나를 더 소개하려고 한다. '중국'이란 의미의 '쫑/구어(中国)', 한국의 임시정부가 있었던 '중경'의 중국 발음 '총/칭(重庆)'의 발음을 얘기하고 싶다.

'쫑/구어'의 병음(PinYin) 표기는 'ZhongGuo'이다. 이 병음 중 '쫑'에 있는 '옹(ong)' 발음을 설명하자면 중국에서 '옹' 발음은 한국의 '옹'과 약간 틀리게 'ㅗ' 발음과 'ㅜ' 발음이 동시에 난다. 입술의 모양은 'ㅗ' 모양을 하고 입 속에서는 'ㅜ'로 소리를 내면 중국의 '옹' 발음이 된다. 이 발음을 설명을 하는 이유는 한국 사람들이 '중국' 글자의 발음을 중국인으로부터 들으면 어떤 사람은 '쫑'으로 들리고 또 어떤 사람은 '쭝'으로 듣는다. 그래서 '쭝'이나 '쫑'으로 발음이 나눠지기 때문이다. '총칭' 역시 '충칭'과 '총칭' 두 가지의 발음으로 들려서 한국 신문에 보면 상황에 따라 다르게 기록되는 것을 볼 수 있다.

또 다른 어려운 발음은 형(오빠)의 의미의 '꺼/거(哥哥)'라는 발음이다. '꺼거'의 발음을 중국인의 발음으로 자세히 들어보면 '끄어/거'라고 발음을 한다. 즉 발음을 시작할 때 '으' 발음을 아주 짧고 약하게 발음해주고 그 뒤에 '어' 발음을 한다. 이와 비슷한 또 다른 예는, 배가 고파 굶어 죽은 귀신을 아귀(餓鬼)라고 하는데, 그 중국어 발음은 '어/꾸이(饿鬼)'이다. 배고프다는 의미의 어(饿) 발음 역시 '으어'라고 '으' 발음을 살짝 넣어줘야 정확한 발음이 된다.

이렇듯 약간씩의 다른 발음들은 연습을 해두면 좋다. 하지만 꼭 그렇게 발음하지 않아도 별 문제는 없다. 중국은 다민족 국가이며 땅이 넓어 발음이 조금 틀려도 별 문제가 되지 않는다. 한국 사람을 보지 못하는 지역에 가면 한국말을 해도 그들은 외국인이라는 것을 전혀 모르는 경우가 많다. 한국말을 못 들어 본 사람들에겐 한국말이 마치 타 지역의 방언 정도라고 생각할 만큼 지역 사투리가 심한 나라이기 때문이다. 이렇듯 발음이 틀려도 별문제 없으니 걱정할 필요는 없다. 하지만, 이왕 하는 연습, 조금 더 정확히 발음하는 습관을 가졌으면 하는 필자의 노파심 때문에 이렇게 언급한 것이다.

중국이 한국과의 공통점 중 노인을 공경하는 사상 역시 한국하고 비슷하다.

필자는 중국에서 버스를 타고 시내를 많이 돌아다녔다. 필자가 중국에 있던 2010년까지를 기준으로 하면, 중국의 버스에는 우리나라 1980년대 이전의 버스처럼 차 안에 안내양이 있다. 버스마다 틀리지만 안내양 복장을 입고 있기도 하고, 일반 복장을 하기도 했다. 버스를 탈 때는 차표를 안내양에게 구입을 해야 한다. 중국에서 버스는 '빠/쓰(巴士)'라고 부른다. 택시는 TAXI를 중국 발음화한 '디/스 的士'라 하고, 또 다른 말로는 '빌려 타는 차'란 의미인 '추/주/처 出租车'라고 한다. 불법택시(나라시)는 '검은색(어둠의) 택시'라는 의미인 '헤이/디(黑的)'라고 부른다. 버스와 택시는 영어 발음과 비슷한 발음으로 옮겨 만든 단어이다.

그리고 운전기사는 '스/지(司机)'라고 하는데 이는 '기사'의 앞뒤 글자를 반대로 읽은 것이다. 즉 '기사'를 반대로 적은 '사기'라고 하고 '사기'의 중국 발음이 '스지'이다. 택시기사라고 하고 싶으면 '디/스/스/지(的士司机)'라고 하면 된다.

다시 돌아와서 필자가 버스를 타서 보면 자주 보는 광경이 연세가 있으신 노인이나 임산부가 버스에 올라타면 자리를 양보를 한다. 이 광경도 한국과 비슷하다. 여성보다는 노인이 우선이다. 중국은 워낙 넓다 보니 모든 지역이 다 이럴지는 모르겠지만 필자가 본 중국의 "노인 공경"은 한국과 마찬가지였다.

이는 중국어의 늙을 노(老)의 쓰임새에도 나타난다. 중국에서의 '老'의 쓰임새는 아주 중요한 것을 말할 때 주로 쓰인다. 남편을 부를 때는 '라오/꽁 (老公) ' 즉 노공(老公), 아내를 부를 때는 '라오/포(老婆)' 즉 '노파(老婆)'라고 부른다.

회사의 사장님을 부를 때 '라오/빤(老板)', 즉 '오래된 명판'이라는 의미인 '노판(老板)'이라고 부른다. 또한 '태어난 고향'을 의미할 때도 고향(故鄕)이라 안 하고 늙을 노(老), 시골 향(鄕)을 써서 '라오/시양/(老乡)' 혹은 '라오/지아(老家)라 말한다.

이 외에도 늙을 '노(老)'가 들어가면 대부분 소중한 사물을 말한다. 한국의 '늙었다', '낡았다'란 표현이 아닌 '오래된', '소중하다'라는 표현에 늙을 '노' 자가 사용된다. 달빛 아래 노인이란 의미인 '월하노인(月下老人)' 줄임말로 '월로(月老)'란 말은 중매쟁이를 일컫는 말인데, 이는 인류지대사를 논할 때 역시 노인의 역할이 중요했다는 표현이 된다. 중국어 발음으로는 '위에/시아/라오/런(月下老人)'이라고 발음한다. 이렇듯 중국 역시 노인을 공경하고 사랑하는 사상은 한국과 비슷한 정서를 가지고 있다.

이렇듯 한국과 중국은 오랜 문화 교류를 통해 비슷한 문화적 공통점이 많이 있다. 먹는 것, 입는 것, 자는 것, 생각하는 방법 등에서 비슷한 부분을 많이 가지고 있다. 그 많은 부분 중 필자는 언어상에서의 비슷한 부분을 집중적으로 집필하려 한다.

다섯 번째 이야기: 중국의 사투리 정복기

중국어 발음과 억양

필자가 이전 장에서 간간이 발음 및 억양에 대해 언급을 했다. 본 장에서는 중국의 PinYin(拼音)을 중심으로 발음 및 억양에 대해 언급을 하겠다. 발음 및 억양은 외국어를 공부할 때 아주 중요한 사항 중에 하나이다. 그 나라의 말을 알아듣는 데 발음 및 억양에 대한 이해가 없을 때는 전혀 알아 들을 수 없는 것처럼 언어의 발음 및 억양은 상당히 중요하다.

본 챕터를 통해 중국어 발음을 필자의 눈으로 비교·정리해 보려 한다.

필자가 첫 장에서 언급했듯이, 중국은 광대한 땅 크기와, 다민족 국가의 영향으로 각 지역, 각 민족들의 발음이 서로 얽혀 살다 보니, 서로가 말이 통하지 않아 언어 소통에 문제가 참 많았던 국가이다. 좁게는 몇십 킬로 이내에서도 서로 말이 통하지 않을 정도로 언어 소통에는 문제가 있었다.

의사소통의 어려움은 다민족 국가의 영향도 있지만 한자가 표음문자가 아닌 표의문자라서 발생한 문제가 더 크다고 할 수 있다. 한자는 의미를 표현하는 "표의문자"다 보니, 어떤 뜻인지는 알지만 어떻게 발음하는지는 정확하게 전해지지 않는 단점을 가지고 있었다. 그러다 보니 글자의 읽는 방법은 입에서 입으로 전해지는 구전을 통해 전해졌고, 그 전해지는 과정에서 각 민족 및 지역 언어의 발음 특징에 따라서 읽는 방법이 조금씩 달라졌다고 할 수 있다.

한국어를 사용하는 대한민국에서도 각 지역에서 사용하는 단어들이 조금씩 틀린 것만 보아도, 그 광활한 중국대륙에는 얼마나 많은 민족이 얼마나 많은 사투리들을 말하면서 살았을 것인가는 짐작해 볼 만하다. 이렇다 보니 국가의 통치역시 각 지역에 통역관을 두어 국가의 정책을 펼칠 수밖에 없는 어려움을 가지고 있었다.

청나라 멸망 후 중국의 국민당 정부 시절 북경어를 기반으로 표준어를 정립, 시행시켰고, 1949년 중국 건국 이후 바로 문자개혁위원회를 두어 1958년 2월 비준안을 통과시켰고, 이를 보통화라 칭하였다. 또한 알파벳을 기반으로 하는 발음 표기법인 '拼音(PinYin)'을 발표해 발음을 통일시켰고, 현재까지 꾸준히 발전시켜

오고 있다.

지금의 대만으로 간 국민당 정부의 사람들은 이를 국어(国语)라 칭하고, 한자를 간략화한 주음부호(注音符號)라는 읽는 법을 발표하였으며, 지금까지 개정 발전시키고 있다. 그래서 중국의 보통화(普通话)와 대만의 국어(国语)는 같은 근원을 가지고 있어 미세한 차이만 보일 뿐 모두 같으므로 중국어로 칭해도 무리가 없다.

중국의 표준어가 중국의 오랜 수도인 북경을 기반으로 만들어진 이유로 '북경 중국어', '북경 표준어' 등으로 불리며 중국 동북 지역 사람들의 자랑거리로 여겨지고 있다. 한국에서 1990년도 이전에 중국어를 공부한 사람들은 지금의 PinYin(拼音)이 아닌 주음부호로 중국어를 배웠다. 이는 대만이 한국과 수교를 이루고있는 국가이기 때문에 대만의 주음부호를 통해 중국어를 배웠다고 할 수 있다.

대만의 주음부호와 중국의 병음을 비교 설명을 하자면 다음과 같다.

성모(聲母)

주음부호		拼音(병음)	한글
중순성 (重脣聲)	ㄅ	B	ㅂ
	ㄆ	P	ㅍ
	ㄇ	M	ㅁ
순치성*	ㄈ	F	ㅍ
설첨성 (舌尖聲)	ㄉ	D	ㄷ
	ㄊ	T	ㅌ
	ㄋ	N	ㄴ
	ㄌ	L	ㄹ
설근성 (舌根聲)	ㄍ	G	ㄱ
	ㄎ	K	ㅋ
	ㄏ	H	ㅎ

성모(聲母)

주음부호		拼音(병음)	한글
설면성 (舌面聲)	ㄐ	j	ㅈ
	ㄑ	q	ㅊ
	ㄒ	X	ㅅ
교설첨성 (翹舌尖聲)	ㄓ	zh [zhi]	ㅈ [즈]
	ㄔ	ch [chi]	ㅊ [츠]
	ㄕ	sh [shi]	ㅅ [스]
	ㄖ	r [ri]	ㄹ [르]
설치성 (舌齒聲)	ㄗ	z [zi]	ㅉ [쯔]
	ㄘ	c [ci]	ㅊ [츠]
	ㄙ	s [si]	ㅆ [쓰]

< 병음 주음부호의 비교 >

위따뚱싸

운모(韻母)				운모(韻母)			
주음 부호		拼音(병음)	한글	주음 부호		拼音(병음)	한글
단운 (單韻)	ㄚ	A	아	제치류 (齊齒 類)	ㅣㄞ	Yai	야이 (아이)
	ㄛ	O	오		ㅣㄠ	Yao(iao)	야오 (이아오)
	ㄜ	e	어		ㅣㄡ	You(ou,iu)	요우 (오우,이우)
	ㄝ	Ê	에		ㅣㄢ	Yan (ian)	옌 (이엔)
	ㅣ	yi (i)	이		ㅣㄣ	Yin (in)	인
	ㄨ	wu (u)	우		ㅣㄤ	Yang(iang)	양 (이앙)
	ㄩ	yu (u)	위		ㅣㄥ	Ying (ing)	잉 (이잉)
복운 (複韻)	ㄞ	Ai	아이	합구류 (合口類)	ㄨㄚ	Wa (ua)	와 (우아)
	ㄟ	Ei	에이		ㄨㄛ	Wo (uo)	워 (우어)
	ㄠ	Ao	아오		ㄨㄞ	Wai (uai)	와이 (우아이)
	ㄡ	Ou	어우		ㄨㄟ	Wei (ui)	웨이(우이,우웨이)
권설운 (권설운)	ㄦ	er (r)	얼		ㄨㄢ	Wan(uan)	완 (우안)
					ㄨㄣ	Wen(un)	원 (운)
결합 운모 (結合 韻母)	ㅣㄚ	Ya (ia)	야(이아)		ㄨㄤ	Wang(uang)	왕 (우앙)
	ㅣㄛ	Yo	요		ㄨㄥ	Weng(ong)	웡 (옹)
	ㅣㄝ	Ye (ie)	예(이에)	촬구류 (撮口類)	ㄩㄝ	Yue(ue)	위에 (우에)
	ㄥ	eng	엉		ㄩㄢ	Yuan(uan)	위안 (우안)
					ㄩㄣ	Yun(un)	윈 (운)
					ㄩㄥ	Yong(iong)	용 (이옹)

<병음 주음부호의 비교>

표에서 보는 바와 같이 중국어에는 발음의 숫자가 상당히 적다.

한글은 자음과 모음이 서로 독립적으로 결합하면서 다양한 소리를 내지만 중국어
는 결합모음이 정해져 있을 정도로 정해진 발음 이외의 발음은 소리 내지 않는다.
이는 자음과 모음의 결합에서도 한정적인 발음을 낸다는 말이다. '슈어(Shuo)'란
발음은 있지만 '쉬에(Shue)'란 발음은 존재치 않는다. '쒸에(Xue)'란 발음은 있지만
'쓔어(Xuo)'란 발음은 존재치 않는다.
즉, 중국 한자가 표의문자(表意文字)이다 보니 표음문자(表音文字)와 같이 모든
발음의 병합이 가능하도록 정해 놓으면, 그렇잖아도 글자수도 많은데, 발음 수 역

시 무한정 늘어날 수가 있다. 그러다 보면 또 다시 사투리가 생기게 될 것이다. 그렇다 보니 拼音(PinYin)으로 정해놓은 글자 이외에는 발음이 존재치 않도록 규정을 해 놓은듯 하다. 그래서 중국어를 어느 정도 공부하다 보면, 이 소리는 없는 소리다. 라고 하는 느낌을 받을 때가 있다. 그때쯤 되면 중국어의 발음을 거의 다 배웠다고 말할 수 있다.

중국 사람 중에는 拼音(PinYin)을 모르는 사람들이 상당히 있다.

필자가 중국에서 놀란 것 중의 하나는 중국인 중에는 拼音(PinYin)을 모르는 사람들이 상당히 있다는 것이다. 학교에서 보통화(普通话)를 배울 때 병음도 같이 배우기는 하지만, 그들에게는 이미 익숙한 발음들이다 보니 굳이 발음을 따로 배울 필요가 없어 拼音(PinYin)을 쓰지 않고 그냥 평소 발음하는 대로 읽는다.

한족의 경우가 대부분 그렇다. 그렇다 보니 발음을 제대로 교정 받지 못하고, 약간씩 틀리게 발음하는 한족도 상당수 있다. 그러니 중국 현지인들로부터 필자의 발음이 표준발음이라는 칭찬을 들을 수 있었던 것이다. 중국이 개혁개방 이후 외국과의 많은 교류로 외국어 사용이 늘어나면서 발음 수가 점점 늘어나고는 있지만, 아직까지도 발음의 숫자는 현저히 적은 편이다.

중국인에게도 보통화(普通话)는 외국어이다.

또 하나 중국 사람들에게 놀랐던 것은 그들에게 표준 중국어는 외국어와 같다는 것이다. 어느 날 필자는 약 10여 명의 중국 친구에게 물어봤다.
『당신은 평소 생각할 때 보통화로 생각을 합니까? 아니면 자신의 고향 말로 생각을 합니까?』.

이 질문을 하자 중국 친구들의 대답은 반반으로 나왔다. 평소 생각을 할 때 "고향 말로 먼저 생각을 하고 표준어로 바꿔서 대답한다"와 "표준어로 항상 생각한다"란 답이 반반이었다. 타지 생활을 오래한 친구일수록 "표준어로 생각을 한다"가 많았다.

이렇듯 중국 사람들에게도 표준어는 외국어 수준에 가까울 정도로 어려운 말이다.

위따·똥·싸

한번은 중국 친구의 친척을 만날 기회가 있어 고향에 같이 갔는데 그곳에서 몇십 킬로 떨어져 있는 친척 집에 갔다. 그곳에서 친척 할머니를 뵈었다.

그 할머니는 필자에게 '뭐라 뭐라' 말씀을 하셨다. 하지만 필자는 그 말을 못 알아들었고 친구에게 번역을 부탁했지만 친구 역시 못 알아듣겠다는 대답이었다. 왜 못 알아듣냐 필자가 묻자, 그 친구는 대답은 의외였다.

어르신들의 말은, 젊은이들의 말하고 너무나 달라서 그런 못 알아듣는 경우가 자주 있다고 했다. 젊은 친구들은 학교에서부터 보통화를 배워 그 말이 일상화가 많이 되었지만, 어르신들은 보통화를 배우지 못해 젊은이들과 대화가 안 된다는 말을 해주었다. 세대 간의 의사소통에 문제가 될 정도로 중국 사람들에게도 표준어는 외국어 같은 존재이다. 이렇게 의사소통이 어렵다 보니 표준어의 발음을 많이 만들어 낼 수 없었던 것이 지금 중국의 현실이라 해도 될 것이다.

중국어는 성조라는 음률이 있어 표현 방법을 늘렸다.

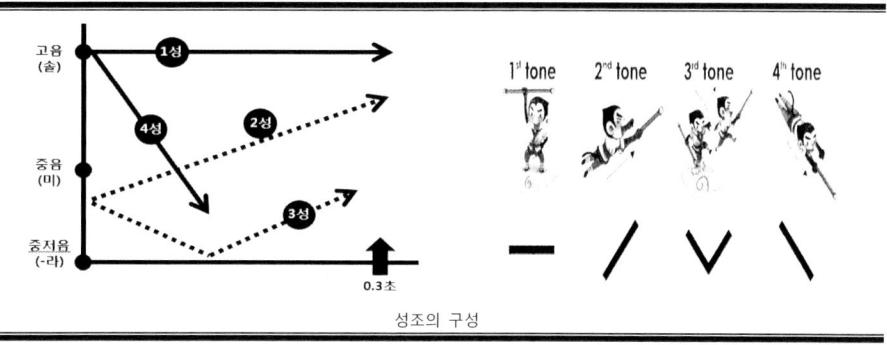

성조의 구성

이렇듯 발음의 수가 많지 않아, 성조라고 하는 음률을 덧붙여 말함으로써, 표현하는 의미의 종류를 몇 배로 늘렸다.

중국어에는 4개의 성조가 있다. 경음이라고 하여 영어의 묵음소리와 같은 발음도 포함되면 5개의 성조도 된다.

중국어에는 그림에서와 보듯이 4개의 성조가 있다.

다섯 번째 이야기 | 중국의 사투리 정복기

제1성: 아이가 엄마를 부를 때 "엄마~~~"라고 할 때의 '마~'와 같이 높고 길게 늘어뜨리는 발음이다. 중국어의 엄마라는 의미의 '마마(妈妈)'를 발음할 때 '마~마'라고 부른다. 사랑스러운 말로 엄마를 부를 때 같이 '솔'의 음역대로 길게 늘려 부르는 발음이 된다.

제2성: 애인을 약간 느끼한 어투로 "가까이 와~아" 할 때의 '와~아'와 같이 1성과는 조금 달리 약간 조심스러우면서 사랑스럽게 애인을 부르는 것과 같이 발음한다. 중간 음에서 뒤를 살짝 올려서 말하는 발음이다. 중국어로 오다, 라는 의미의 '라이(来)'의 발음이 2성이다.

제3성: '내가 어릴 적에'의 '내가' 단어를 아버지가 아들에게 훈계를 하기 위해 내는 '내~에~가'처럼 근엄한 목소리로 읊조리며 말을 할 때의 발음이다.

이 발음을 하기 위해서는 단어를 천천히 읊조리면서 말을 한다. 또한 근엄한 중음에서 시작해 목구멍을 완전히 막고 발음하는 중저음을 거쳐 끝소리를 살짝 올려서 말하는 3단 음률이 들어있는 발음이다. 중국어로 '나'라는 의미의 '워(我)'의 발음이 3성이다.

제3성은 중국어 4성 중 가장 어려운 발음이지만 한국 사람에게는 그리 어려운 발음이 아니다. 한국 사람들이 트로트를 부를 때의 나타나는 꺾기의 목소리라고 할 수 있다. 천천히 꺾는 트로트의 기교가 바로 그것이다. 대표적으로 아리랑에서 볼 수 있다. 아리랑을 시작할 때의 '아~리~라~앙'에서 '라~앙'처럼 '랑'을 발음할 때와 같이 운율을 두고서 발음을 할 때 3성이 발음이 된다.

제4성: 동생이 형의 과자를 뺏어 먹을 때 "야! 안 돼~~~" 할 때의 '야!'와 같이 동생을 훈계할 때 나는, 높고 짧게 하는 발음이다. 중국어로 동생을 부를 때 '띠디(弟弟)' 할 때의 '띠'가 4성으로 발음된다. 이렇듯 높은 음에서 시작해 짧게 끊다 보니 일반적으로 발음이 딱딱하게 들리는 경음화 현상이 발생하게 된다. 이는 1성에서도 나타나는 현상이다. 높은 음에서 시작하다 보니 경음화 현상이 발생한다. 그 부분은 1성과 비슷하지만 1성은 길게 끌면서 사랑스럽게 얘기하고, 4성은 짧게 끊어 호통치듯이 얘기한다.

또한 앞에서 필자가 설명을 했듯이 중국에서는 똑같은 글자를 두 번 반복하는 경향이 많다. 그래서 엄마의 마마(妈妈)와 아빠의 빠바(爸爸), 누나의 지에/지에(姐姐), 여동생의 메이/메이(妹妹), 남동생 띠/디(弟弟) 등 한 글자로 된 명사를 두 번 반복한다. 이때의 두 번째 발음은 영어의 묵음처럼 약하게 발음을 하게 된다. 첫 발음에 힘을 너무 써서 그런지 두 번째 발음은 약하게 발음을 하게 되는데 이때 나오는 발음이 가벼울 경(經), 소리 음(音)을 써서 경음이라고 부른다.

제5성(경음): 4성에는 존재하지 않지만 연속되는 발음의 뒤 발음은 작고 짧게 발음하는 소리가 나온다. 이때는 된소리가 아닌 원래 拼音(PinYin)의 음이 나오게 된다. 예를 든다면 띠디(弟弟)를 PinYin으로 쓰면 'DiDi'이다. 이 발음을 한국 방식으로 그대로 읽으면 '디디'가 된다. 하지만 성조가 더해지면 이 발음은 '띠디'가 된다. 원래 4성인 글자를 연속해서 '띠띠'라고 발음하기에는 발음이 세다 보니 뒤 발음은 약하게 경음으로 소리를 내게 된다. 이렇게 나는 발음이 1성의 '마-/마(妈妈)', 2성의 '라~이/라이(来来)', 3성의 '지에~/제(姐姐)', 4성의 '빠/바(爸爸)'가 뒤의 한 글자는 경성으로 발음이 난다.

경음에서 보는 바와 같이 PinYin은 발음과 함께 성조가 덧붙여서 약간의 발음이 변화를 한다. 그래서 성조를 정확히 하지 않으면 중국 사람들은 말을 알아 들을 수 없다고 얘기한다. 성조는 일종의 억양과 같다고 할 수 있다. 영어를 공부할 때도 억양을 같이 공부하면 영어권 사람과의 말이 잘 통하듯이 중국어를 할 때도 운율을 따라서 얘기하면 현지인과의 대화가 더 쉬워진다. 영어도 악센트를 발음해야 하듯 중국어도 1성과 3성을 잘 발음하면 대화가 훨씬 쉬워진다.

한국에서 중국어를 가르칠 때 보면 성조를 매우 중요하다고 설명한다. 맞는 말이다. 억양은 언어를 알아듣는 데 아주 커다란 영향을 미치기 때문에 반드시 중요하게 다루어져야 한다. 하지만 필자는 생각이 약간 다르다.

한국에도 성조에 해당하는 억양이 있다.

"눈에 눈이 들어가면 눈물이냐? 눈물이냐?"가 그 대표적인 예가 될 것이다.

이 말을 발음할 때는 한국 사람도 원래는 "눈에 누—운이 들어가면 눈물이냐? 누—운물이냐?"라고 얘기를 해야 한다. 즉 한국말에도 '누-운물'과 같이 중국어 1, 2, 3성에 해당하는 장음이 있고, 눈물과 같이 4성과 경성에 해당하는 단음이 있다. 우리 옛말을 보면 이러한 장음과 단음의 구분이 명확했음을 알 수 있다.

하지만 한국어로 다음 문장을 말한다면. "하늘에서 눈이 내려서 나는 오랜만에 정말로 아름다운 눈을 봤다"와 같이 말을 한다면, 그 안에서 말하는 눈이 '눈'인지 '누—운'인지 아무도 헷갈려 하지 않는다. 이와 같이 억양이 약간 다르다고 해도 문장이 만들어졌을 때는 그 뜻을 헷갈려 하지 않고 모두 다 알아듣는다.
중국어 역시 정확한 발음은 아닐지라도 문장을 만들어 말을 한다면, 중국 사람도 모두 알아듣는다.

그러니 너무 4성 및 발음에 목을 맬 필요는 없다는 게 필자의 생각이다.

하지만 정확한 문장이 됐더라도 못 알아듣는 경우가 있다. 한국에서의 예를 든다면 다음과 같다.
서울에서 택시를 타고 "아저씨, 신촌이요."라고 말을 했는데, 택시기사분이 '신천'으로 가는 경우가 있다. 한국말 역시 신촌과 신천은 약간의 발음 차이라 못 알아듣는 경우가 있다. 이럴 때면 "연세대 옆 신촌이요."라고 하면 기사아저씨는 틀림없이 그 신촌으로 간다.
중국에서도 역시 그렇다. 필자가 중국 심천에서 살 때의 일이다. 동네 이름이 쑨강(笋岗)이라는 동네였는데, 한국 발음으로 하면 순강이다. 그리고 심천에서 얼마 멀지 않은 동관시(东莞市)에도 순강이라는 동네가 있었다. 필자는 택시를 타면 택시기사가 실수로 동관의 순강으로 가는 것이 걱정되어 '쑤~운/강 笋岗'이라는 우리 동네 이름을 일주일 내내 연습하면서 다닌 적이 있다. 그 발음을 연습하는 데 일주일이 걸린 것으로 기억한다. 만약 기사가 정확히 못 알아들을 때는 필자가 전에 언급했던 에피소드처럼 '황제의 황'과 같이 먼저 단어를 얘기하고 그 안의 글자를 다시 설명했었다. '황제의 황'을 중국어로 설명하려면 '황/띠/더/황(皇帝的皇)'과 같이 중간에 '더(的)'를 붙여서 설명하면 된다.

필자가 강조하고 싶은 말은 평소 일상생활에서 말을 할 때 문장을 다 만들어

읽따·퐁 씨

말을 하면 대부분 다 알아들을 수 있기에 너무 겁을 낼 필요는 없다. 하지만, 지역 이름같이 한 단어만을 말을 해야 할 때는 성조가 무척 중요해진다. 그때를 위해서 성조의 연습은 꼭 필요하다.

　그래서 필자가 하고 싶은 말은 중국어를 할 때 성조에 너무 겁은 먹지 말고 말을 하되, 꾸준히 발음 연습을 하는 것이 아주 중요하다는 것이다.

　처음부터 성조 연습에 너무 많은 시간을 보낼 필요는 없다. 필자가 앞에서 설명한 4성의 예를 가지고 연습하다 보면 어느 순간 완벽한 성조의 운율을 탈 수 있을 것이다.

다시 한 번 중국어의 발음 및 성조에 대해 정리하자면 이렇다.

1. 중국어의 발음은 표의문자다 보니 발음 수가 많지 않다.

2. 중국어에는 성조라고 하는 4+1의 운율이 있어, 발음 수가 적은 단점을 보완해 준다.

3. 발음 및 성조의 중요성보다는 어느 정도의 문장을 만들어 말을 하면 발음 및 성조를 완벽히 못해도 의사를 전달할 수 있다.

4. 그러니 중국어를 말하는 데 겁을 먹지 말자.

중국어를 공부할 때 성조 다음으로 중요한 것은 단어의 발음일 것이다.
그래서 필자가 중국에서 단어들을 공부하고, 발음을 연습하면서 겪었던 경험을 바탕으로 한국과 중국의 발음을 비교해서 설명하기로 한다

필자의 중국어 발음 공부법

첫 번째: 원하는 단어를 **중국어 사전을** 통해서 찾는다.

두 번째: 원하는 단어의 **한국어 발음을** 확인한다.

세 번째: 원하는 단어의 **중국어 발음을** 확인한다.

네 번째: 한국어 발음과 중국어 발음의 **차이점을 비교 분석**한다.

다섯 번째: 중국어 **발음을 연습**한다.

이렇게 중국어 단어를 한국어 발음과 비교하여 공부하면, 한국어와 중국어의 공통점 및 차이점 찾아낼 수가 있다. 이렇게 공부를 하면 한국어를 가지고 중국어를 말을 할 수 있게 된다.

 한국어와 비교한 중국어의 특징

1. 중국어의 발음은 표의문자다 보니 발음 수가 많지 않다.

2. 중국어는 ㄴ, ㅇ을 제외하고는 종성이 존재하지 않는다.(얼 발음의 ㄹ은 제외)

합법적, 학교, 방학, 법률 등과 같이 한국어에는 종성에 해당하는 받침글자가 존재한다. 하지만 중국어에는 합법적은 '허/파/더 合法的', 학교는 '쉬에/샤오 学校', 방학은 '팡/쉬에 放学', 법률은 '파/뤼 法律'와 같이 받침 발음이 존재하지 않는다. 대신 손문은 '쑨/원 孙文', 중국은 '쫑/구어 中国'와 같이 'ㄴ', 'ㅇ'의 발음은 존재하고, 어린아이를 말하는 아동은 '얼/퉁 儿童'과 같이 '얼'에만 'ㄹ' 발음이 존재한다. '출발'은 '추/파 出发'와 같이 '얼' 발음을 제외하고는 받침 'ㄹ'이 존재하지 않는다.

이런 몇 가지 중국어의 특징을 기억하고 한국어의 한자음을 어떻게 중국어의 발음으로 변환을 시키는지를 비교 분석해 본다.

현재 두통이 있으신 독자가 있다면?　　　헉! 표가 많이 나오네~~ >..<

다섯 번째 이야기는 순수한 언어적 설명이 될 것 같다. 그렇기 때문에 독자분께 두통을 유발시킬 수도 있다. 독자께서 현재 두통이 있으시거나, 복잡한 설명이 싫으시다면 여섯 번째 장으로 바로 넘어가셔도 별 무리가 없다. 여섯 번째 장부터는 특정 장소 및 상황을 통한 이야기가 본격적으로 시작이 되니 가볍게 접근할 수 있을 것이다. 본 장은 모든 것을 다 읽으신 후 다시 읽어도 되니, 두통이 있으시다면 그냥 넘어가셔도 된다. 하지만 두통이 없으시다면 독자께서는 한국어와 중국어 사이에 재미있는 연관 관계를 확인할 수 있는 본 장을 반드시 읽어 보시기 바란다.

자음 변환.

자음의 발음은 한국어와 중국어 거의 비슷하게 발음이 된다. 대표적인 기본 발음은 한국과 같으며, 일부 약간 다른 변화도 있다. 한국말 'ㄱ'의 발음이 'ㅈ'이 날 때가 있고, 'ㅈ'과 비슷한 'ㅊ' 발음이 날 때도 있다. 하지만 기본적인 발음은 한자나, 중국어나 비슷하게 난다는 것을 기억하고 다음 각 발음 별 중국어 변환 발음을 보기 바란다.

 'ㄱ'은 拼音 G, J, Q로 발음.

한국(韓國)은 "韩国 한(han)/구어(**G**uo)"
고구려(高句麗)은 "高句丽 까오(**G**ao)/꼬우(**G**ou)/리(li)"
가정(家庭)은 "家庭 지아(**J**ia)/팅(ting)"
가격(價格)은 "지아(**J**ia)/꺼(**G**e)"
금자탑(金字塔)은 "金子塔 진(**J**in)/즈(zi)/따(da)"

 'ㄴ'은 拼音 N으로 발음 (구개음화로 인한 'ㄴ'은 구분 필요)

난제(難題)은 " 难题 난(**N**an)/티(ti)"

 'ㄷ'은 拼音 D, T로 발음된다

무대(舞臺)은 "舞台 우(wu)/타이(**T**ai)"
기대(期待)는 "期待 치(qi)/따이(**D**ai)"
도리(道里)는 "道理 따오(**D**ao)/리(li)"
도덕(道德)은 "道德 따오(**D**ao)/더(**D**e)"

다섯 번째 이야기 I 중국의 사투리 정복기

'ㄹ'은 拼音 L로 발음 (구개음화로 인한 'ㅇ'은 구분 필요)

난(란)간(欄干)은 " 랑(**L**ang)/간(gan)"

오락(娛樂)은 "娱乐 위(yu)/러(**L**e)"

노인(老人)은 "老人 라오(**L**ao)/런(ren)"

한류(韓流)는 "韩流 한(han)/류(**L**iu)"

이발(理髮)은 "理发 리(**L**i)/파(fa)"

청룡(青龍)은 "青龙 칭(qing)/롱(**L**ong)"

'ㅁ'은 拼音 M, W로 발음

무대(舞臺)은 "舞台 우(**W**u)/타이(tai)"

무술(武術)은 "武术 우(**W**u)/수(shu)"

마술(魔術)은 "魔术 모(**M**o)/수(shu)"

모친(母親)은 "母亲 무(**M**u)/친(qin)"

동대문(東大門)은 "东大门 동(dong)/따(da)/먼(**M**en)"

멸망(滅亡)은 "灭亡 미에(**M**ie)/왕(**W**ang)"

모멸(侮蔑)은 "侮蔑 우(**W**u)/미에(**M**ie)"

'ㅂ'은 拼音 F, B, P로 발음

부모(父母)은 "父母 푸(**F**u)/무(mu)"

행복(幸福)은 "幸福 씽(xing)/푸(**F**u)"

양보(讓步)은 "让步 랑(rang)/뿌(**B**u)"

'ㅅ'은 拼音 X, S, SH로 발음

소설(小說)은 "小说 시아오**X**iao/슈어**SH**uo"

산수(算數)는 "算数 쑤안(**S**uan)/수(**S**hu)"

소녀(小女)는 "小女 시아오(**X**iao)/뉘(nv)"

백설공주(白雪公主)는 "白雪公主 바이bai/쉬에**X**ue/꽁gong/주zhu"

'ㅇ'은 拼音 R, Y로 발음 (구개음화로 인한 'ㅇ'은 구분 필요)

양보(讓步)은 "让步 랑(**R**ang)/뿌(bu)"

여의(如意)는 "如意 루(**R**u)/이(**Y**i)"

발열(發熱)은 "파(fa)/러(**R**e)"

여의봉(如意棒)은 "如意棒 루(**R**u)/이(yi)/빵(bang)"

미용(美容)은 "美容 메이(mei)/롱(**R**ong)"

의자(倚子)는 "椅子 이(**Y**i)/즈(zi)"

회의(會議)는 "会议 후이(hui)/이(**Y**i)"

용감(勇敢)은 "勇敢 용(**Y**ong)/깐(gan)"

용안(容顏)은 "容颜 롱(**R**ong)/옌(**Y**an)"

 'ㅈ'은 拼音 D, T, ㅈ(J, Z, ZH) , ㅊ(Q, CH, C) 발음

지방(地方)은 "地方 디(**D**i)/팡(fang)"

문제(問題)는 "问题 원(wen)/티(**T**i)"

자전(字典)는 "字典 즈(**Z**i)/디엔(**D**ian)"

전원(電源)은 "电源 디엔(**D**ian)/위엔(yuan)"

백화점(百貨店)은 "百货店 바이(bai)/훠(huo)/디엔(**D**ian)"

전자제품(電子製品)은 "电子产品 디엔(**D**ian)/즈(**Z**i)/찬(chan)/핀(pin)"

중심(中心)은 "中心 쫑(**ZH**ong)/신(xin)"

 'ㅊ'은 拼音 ㅊ(Q, CH, C), ㅈ(Z , ZH)로 발음.

청색(靑色)은 "青色 칭(**Q**ing)/써(se)"

출발(出發)은 "出发 추(**CH**u)/파(fa)"

최고(最古)는 "最高 쭈이(**Z**ui)/까오(gao)"

 'ㅌ'은 拼音 T로 발음

태권도(跆拳道)은 "跆拳道 타이(**T**ai)/취엔(quan)따오(dao)"

토지(土地)는 "土地 투(**T**u)/디(di)"

투자(投資)는 "投资 토우(**T**ou)/즈(zi)"

'ㅍ'은 拼音 P, B로 발음.

편의점(便宜店)은 "便利点 삐앤(Bian)/리(li)/디엔(dian)"

포장(包藏)은 "包装 빠오(Bao)/주왕(zhuang)"

포말(泡沫)은 "泡沫 파오(Pao)/모(mo)" (거품은 한자로 포말이다)

파멸(破滅)은 "破灭 포(Po)/미에(mie)"

 'ㅎ'은 拼音 X, H로 발음

효과(效果)는 "效果 시아오(xiao)/꾸어(guo)"

효자(孝子)는 "孝子 시아오(xiao)/즈zi)"

출현(出現)은 "出现 추(chu)/시엔(xian)"

현명(賢明)은 "贤明 시엔(xian)/밍(ming)"

음향(音響)은 "音响 인(yin)/시앙(xiang)"

혁대(革帶)는 "鞋带 시에(xie)/따이(dai)"

학생(學生)은 "学生 쉬에(xue)/성(sheng)"

황색(黃色)는 "黄色 황(huang)/써(se)"

황제(皇帝)는 "皇帝 황(huang)/띠(di)"

은행(銀行)은 "银行 인(yin)/항(hang)"

행동(行動)은 "行动 씽(xing)/동(dong)"

이와 같이 'ㅎ'은 X나 H로 발음된다. 주로 'ㅎ' 뒤에 ㅑ, ㅕ, ㅛ와 같은 이중 모음이 들어가면 'ㅅ'에 해당하는 'X' 발음이 나오는 경우가 많고, 단모음이 나오는 경우에는 주로 'ㅎ'에 해당하는 'H' 발음이 나는 경우가 많다. 작을 소(小)의 경우 '시아오'인데 이를 빨리 읽으면 '샤오', 더 빨리 읽으면 '쇼' 발음이 나기 때문에 한국어와 거의 비슷한 발음이 난다.

한국 발음을 중국 발음으로 변환할 때 자음의 모든 변환이 반드시 이렇게 일어나지는 않는다. 해결(解決)에서의 해(解)는 '하이'로 발음하지 않고 '解 지에(Jie)'로 'ㅈ(J)' 발음이 나서 해결은 '解决 지에(jie)/쥐에(jue)'로 발음을 한다.

그래서 8·15 해방의 해방은 '解放 지에(Jie)/팡(fang)'으로 읽는다. 또 회계(會計)의

'회'는 일반적으로 '후이(hui)'로 읽지만 회계에서는 '会计 쿠아이(kuai)/지(ji)'와 같이 '콰이(kuai)'로 전혀 다른 발음이 나기도 한다. 이렇듯 모든 발음이 정확히 기술한대로 변하지는 않지만, 많은 수의 한자가 필자가 기술한 내용처럼 변환해서 사용하면 대부분 통한다고 보면 된다.

모음 변환

모음의 변환은 자음의 변환보다 복잡하다.

모음은 자음을 도와줘 발음을 다양하게 만드는 역할을 하다 보니, 자음에 비해 변화가 다양하게 나온다. 모음의 변화는 한국어에서 받침글자가 어떤 글자가 들어가는가에 따라 많은 변화를 가져온다. 바다 해(海), 올 래(來), 열 개(開)는 'ㅐ' 발음이 'ㅏ + ㅣ'로 바뀌어 '하이(海), 라이(来), 카이(开)'로 발음되지만 핵(核), 객(客)과 같이 종성 'ㄱ'이 더해지면 '허(核 he), 커(客 ke)'와 같이 'ㅓ로 발음을 한다.

이와 같이 모음의 변화는 자음보다 규정이 힘들 정도로 다양하게 변화를 한다. 하지만 이 역시도 여러 단어들을 연습하다 보면 그 공통점을 찾을 수 있다. 그 중에 대표적으로 나오는 변화에 대해 기술을 하겠다.

∴ 표가 나왔다고 당황해 하지 말기 바란다. 공통점만 따로 설명할 것이다.

모음	종성	대표음	변환발음	한자		중국어
ㅏ		아	"이아(ia) , 아(a)"	가짜(假字)	假的	지아(jia)/더(de)
				가정(家庭)	家庭	지아(jia)/팅(ting)
				나포(拿捕)	拿捕	나(na)/부(bu)
	ㄱ	악	"어(e), 워(wo), 위에(ue)"	악수(握手)	握手	워(wo)/소우(shou)
				감각(感覺)	感觉	간(gan)/쥐에(jue)
				악심(惡心)	恶心	어(e)/신(xin)
	ㄴ	안	"안(an)","우안(uan)"	안마(按摩)	按摩	안(an)/모(mo)
				단결(團結)	团结	투안(tuan)/지에(jie)

모음	종성	대표음	변환발음	한자	중국어
				란화(蘭花)	兰花 란(lan)/화(hua)
				반대(反對)	反对 판(fan)/뚜이(dui)
	ㄹ	알	"아(a)"	발표(發表)`	"发表 파(fa)/삐아오(biao)"
	ㅁ	암	"이엔(yan,ian)"		
	ㅂ	압		압력(壓力)	压力 야(Ya)/리(li)
	ㅇ	앙	"앙(ang)", "이앙(iang)"	방문(房門)	房门 팡(fang)/먼(men)
				한강(漢江)	汉江 한(han)/지앙(jiang)
				강약(强弱)	强弱 치앙(qiang)/루어(ruo)

모음	종성	대표음	변환발음	한자	중국어
ㅑ		야	"이에(ye)", "이아(ia)"	야채(野菜)	野菜 예(ye)/차이(cai)
	ㄱ	약	"야오(yao)", "위에 (yue)"	약방(藥房)	药房 야오(yao)/팡(fang)
				약속(約束)	约定 위(yue)/딩(ding)
	ㄴ	얀	없음		
	ㄹ	얄	없음		
	ㅁ	얌	없음		
	ㅂ	얍	없음		
	ㅇ	양	"양,이양(yang,iang)"	향수(香水)	香水 시앙(xiang)/수이(shui)
				양육(養育)	养育 양(yang)/위(yu)

모음	종성	대표음	변환발음	한자	중국어
ㅓ		어	ㅣ(i), ㅜ(u), ㅟ(u)	저항(抵抗)	抵抗 디(di)/캉(kang)
				저지대(低地帶)	低地带 띠(di)/디(di)/따이(dai)
				선거(選擧)	选举 쑤안(xuan)/쥐(ju)
				과거(過去)	过去 꾸어(guo)/취(qu)
				서점(書店)	书店 수(shu)/디엔(dian)
	ㄱ	억	"어 (e), 이 (i, yi)"	십억(十億)	十亿 스(shi)/이(yi)
				도덕(道德)	道德 따오(dao)/더(de)
				적금(積金)	积金 지(ji)/진(jin)
				척도(尺度)	尺度 츠(chi)/두(du)
	ㄴ	언	안(an),얜(yan),언(en),	언어(言語)	语言 위(yu)/얜(yan)

위따풍싸

모음	종성	대표음	변환발음	한자	중국어
			우엔(uan),이엔(ian)	전술(戰術)	战术 짠(zhan)/수(shu)
				번뇌(煩惱)	烦恼 판(fan)/나오(nao)
				선량(善良)	善良 싼(shan)/리앙(liang)
				천기(天氣)	天气 티엔(tian)/치(qi)
				전자(電子)	电子 디엔(dian)/즈(zi)
	ㄹ	얼	이에(ie),아(a),위에(ue)	걸출(傑出)	杰出 지에(jie)/추(chu)
				벌금(罰金)	罚款 파(fa)/콴(kuan)
				백설(白雪)	白雪 바이(bai)/쉬에(xue)
				절약(節約)	节约 지에(jie)/위에(yue)
				지하철(地下鐵)	地铁 디(di)/티에(tie)
	ㅁ	엄	이엔(ian),앤(yan)	검찰(檢察)	检查 지엔(jian)/차(cha)
				엄중(嚴重)	严重 앤(yan)/쫑(zhong)
				첨가(添加)	添加 티엔(tian)/지아(jia)
				점점(點點)	点点 디엔(dian)/디엔(dian)
	ㅇ	엉	엉(eng),잉(ing)	한성(漢城)	汉城 한(han)/청(cheng)
				성감(性感)	性感 씽(xing)/깐(gan)
				정부(政府)	政府 정(zheng)/푸(fu)
				청소(淸掃)	清扫 칭(qing)/사오(sao)

모음	종성	대표음	변환발음	한자	중국어
ㅕ		여	"이(li)" or "위(yu)"	화려(華麗)	华丽 화(hua)/리(li)
				여분(餘分)	余量 위(yu)/량(liang)
	ㄱ	역	"어 (e)" or "이 (i)"	격식(格式)	格式 꺼(ge)/스(shi)
				역사(歷史)	历史 리(li)/스(shi)
	ㄴ	연	"이엔(ian) 옌 (yan)"	연변(延邊)	延边 이엔(yan)/비엔(bian)
				현대(現代)	现代 시엔(xian)/따이(dai)
				연결(連結)	连接 리엔(lian)/지에(jie)
				단련(團練)	锻炼 뚜안(duan)/리엔(lian)
	ㄹ	열	"이에(ie)"	결과(結果)	结果 지에(jie)/구어(guo)
	ㅁ	염	"이엔(yan,ian)"	염전(鹽田)	盐田 옌(yan)/티엔(tian)
	ㅇ	영	"잉(ing)"	현명(賢明)	贤明 시엔(xian)/밍(ming)
				유명(有名)	有名 요우(you)/밍(ming)
				유령(幽靈)	幽灵 요우(you)/링(ling)

모음	종성	대표음	변환발음	한자		중국어
ㅗ		오	오(o), 아오(ao), 우(u),이아오(iao)	호불호(好不好)	好不好	하오(hao)/부(bu)/하오(hao)
				고발(告發)	告发	까오(gao)/파(fa)
				구미호(九尾狐)	九尾狐	지우(jiu)/웨이(wei)/후(hu)
				호수(湖水)	湖水	후(hu)/수이(shui)
				소녀(小女)	小女	시아오(xiao)/뉘(nv)
				모양(模樣)	摸样	모(mo)/양(yang)
	ㄱ	옥	위(yu)	옥수수(玉수수)	玉米	위(yu)/미(mi)
				감옥(監獄)	监狱	지엔(jian)/위(yu)
	ㄴ	온	원(wen, en),운(un)	온수(溫水)	温水	원(wen)/수이(shui)
				평온(平穩)	平稳	핑(ping)/원(wen)
				피곤(疲困)	困	쿤(kun)
				담론(談論)	谈论	탄(tan)/룬(lun)
				근본(根本)	根本	건(gen)/번(ben)
				영혼(靈魂)	灵魂	링(ling)/훈(hun)
				농촌(農村)	农村	농(nong)/춘(cun)
	ㄹ	올	우(u)	뼈 골(骨)	骨头	구(gu)/토우(tou)
				돌연(突然)	突然	투(tu)/란(ran)
				졸도(卒倒)	卒倒	주(zu)/따오(dao)
	ㅁ	옴	없음			
	ㅇ	옹	옹(ong), 엉(eng)	공자(孔子)	孔子	콩(kong)/즈(zi)
				홍수(洪水)	洪水	홍(hong)/수이(shui)
				밀봉(密封)	密封	미(mi)/펑(feng)

모음	종성	대표음	변환발음	한자		중국어
ㅛ		요	야오(yao),이아오(iao)	요구(要求)	要求	야오(yao)/치우(qiu)
				요괴(妖怪)	妖怪	야오(yao)/과이(guai)
				교실(敎室)	教师	교(jiao)/실(shi)
				뇨실금(尿失禁)	尿失禁	니아오(niao)/스(shi)/진(jin)
				음료(飮料)	饮料	인(yin)/리아오(liao)
				표시(表示)	表示	삐아오(biao)/스(shi)
				효과(效果)	效果	시아오(xiao)/구어(guo)
	ㄱ	욕	위(yu)	목욕(沐浴)	沐浴	무(mu)/위(yu)
				욕망(慾望)	欲望	위(yu)/왕(wang)

위따·퐁씨

	ㄴ	욘	없음		
	ㄹ	욜	없음		
	ㅁ	욤	없음		
	ㅇ	용	없음		

모음	종성	대표음	변환발음	한자	중국어
ㅜ		우	이우(iu),우(u), 오우(ou),우이(ui)	우육(牛肉)	牛肉 니우(niu)/로우(rou)
				누전(漏電)	漏电 로우(lou)/디엔(dian)
				수도(水道)	水道 수이(shui)/다오(dao)
				두발(頭髮)	头发 토우(tou)/파(fa)
				두부(豆腐)	豆腐 또우(dou)/푸(fu)
				투자(投資)	投资 토우(tou)/즈(zi)
				황후(皇后)	皇后 후왕(huang)/호우(hou)
	ㄱ	욱	우(u),위(u), 우어(uo),오(o)	국가(國家)	国家 구어(guo)/지아(jia)
				국화(菊花)	菊花 쥐(ju)/화(hua)
				묵묵(默默)히	默默 모(mo)/모(mo)
				숙지(熟知)	熟知 수(shu)/즈(zhi)
				죽순(竹筍)	竹笋 주(zhu)/순(sun)
			특별한 발음(ei)	북경(北京)	北京 베이(bei)/징(jing)
	ㄴ	운	운(un),윈(un), 언(en),원(wen)	운명(運命)	命运 밍(ming)/윈(yun)
				준법(準法)	准法 준(zhun)/파(fa)
				문자(文字)	文字 원(wen)/즈(zi)
				분리(分離)하다	分离 펀(fen)/리(li)
				순수(純粹)한	纯粹 춘(chun)/추이(cui)
				훈련(訓練)	训练 쉰(xun)/리엔(lian)
				군대(軍隊)	军队 쥔(jun)/뚜이(dui)
	ㄹ	울	우에(ue),우(u),위(u)	발굴(發掘)	发掘 파(fa)/쥐에(jue)
				동물(動物)	动物 똥(dong)/우(wu)
				식물(植物)	植物 즈(zhi)/우(wu)
				수술(手術)	手术 소우(shou)/수(shu)
				기술(技術)	技术 기(ji)/수(shu)
	ㅁ	움	없음		
	ㅇ	웅	옹(ong),이옹(iong)	중국(中國)	中国 쫑(zhong)/구어(guo)
				중요(重要)	重要 쫑(zhong)/야오(yao)

		특별한 발음 엉(eng)	충분(充分)	充分 총(chong)/펀(fen)
			영웅(英雄)	英雄 잉(ying)/슝(xiong)
			붕우(朋友)	朋友 펑(peng)/이오우(you)

모음	종성	대표음	변환발음	한자	중국어
ㅠ		유	요우(you),이우(iu),	유명(有名)	有名 요우(you)/밍(ming)
				유행(流行)	流行 리우(liu)/씽(xing)
				유학(留學)	留学 리우(liu)/쉬에(xue)
				휴식(休息)	休息 시우(xiu)/시(xi)
	ㄱ	육	위(yu),우(u)	교육(敎育)	教育 지아오(jiao)/위(yu)
				대륙(大陸)	大陆 따(da)/루(lu)
	ㄴ	윤	운(un)	윤리(倫理)	伦理 룬(lun)/리(li)
				평균(平均)	平均 핑(ping)/쥔(jun)
				병균(病菌)	病菌 삥(bing)/쥔(jun)
				사륜차(四輪車)	四轮车 쓰(si)/룬(lun)/처(che)
	ㄹ	율	위(v)	법률(法律)	法律 파(fa)/뤼(lv)
	ㅁ	융	없음		
	ㅇ	융	옹(ong)	금융(金融)	金融 진(jin)/롱(rong)
				융합(融合)	融合 롱(rong)/허(he)

모음	종성	대표음	변환발음	한자	중국어
복합모음	ㅡ	으	이(i),어(e)	황금(黃金)	黄金 황(huang)/진(jin)
				금일(今日)	今天 진(jin)/티엔(tian)
				긍정(肯定)	肯定 컨(ken)/딩(ding)
				증거(證據)	证据 쩡(zheng)/쥐(ju)
	ㅣ	이	이(i)	이발(理髮)	理发 리(li)/파(fa)
				기업(企業)	企业 치(qi)/예(ye)
				공기(空氣)	空气 콩(kong)/치(qi)
				이익(利益)	利益 리(li)/이(yi)
	ㅚ	외	우이(ui)	회의(會議)	会议 후이(hui)/이(yi)
				회전(回轉)하다	回转 후이(hui)/주안(zhuan)
				죄인(罪人)	罪人 쭈이(zui)/런(ren)
				최신(最新)	最新 쭈이(zui)/신(xin)

			후퇴(後退)	后退 호우(hou)/투이(t**ui**)
		와이(wai)	외면(外面)	外面 와이(**wai**)/미엔(mian)
			외가(外家)	外家 와이(**wai**)/지아(jia)
		우아이(uai)	괴물(怪物)	怪物 구아이(g**uai**)/우(wu)
		아오(ao)	뒤뇌(頭腦)	头脑 토우(tou)/나오(n**ao**)
		에이(ei)	우뢰(雨雷)	鱼雷 위(yu)/레이(l**ei**)
ㅟ	위	**우이(ui)**	귀빈(貴賓)	贵宾 꾸이(g**ui**)/빈(bin)
			지휘(指揮)	指挥 즈(zhi)/후이(h**ui**)
ㅢ	의	**이(i)**	의견(意見)	意见 이(y**i**)/지엔(jian)
			희박(稀薄)	稀薄 시(x**i**)/보(bo)
			희망(希望)	希望 시(x**i**)/왕(wang)
ㅐ	애	**아이(ai)**	애정(愛情)	爱情 아이(**ai**)/칭(qing)
			해변(海邊)	海边 하이(h**ai**)/비엔(bian)
			개념(概念)	概念 까이(g**ai**)/니엔(nian)
			요대(腰帶)	腰带 야오(yao)/따이(d**ai**)
		우이(ui)	대면(對面)	对面 뚜이(d**ui**)/미엔(mian)
			대답(對答)	对答 뚜이(d**ui**)/따(da)
ㅖ	예	**이(i)**	예제(例題)	例题 리(l**i**)/티(ti)
			예술(藝術)	艺术 이(y**i**)/수(su)
			계획(計劃)	计划 지(j**i**)/화(hua)
		이에(ie)	세계(世界)	世界 스(shi)/지에(j**ie**)

한국 발음과 중국 발음의 모음에 대해 비교해 봤다. 보기에는 복잡해 보이지만 그 특성을 알면 모음의 변화도 쉽게 이해할 수 있다.

정리 1. 중국어에는 모음의 수가 적다.

표를 가만히 훑어보면 중국어 모음의 발음 수가 적다는 것을 알 수 있다. 'a, e, u, o, I' 즉 '아, 어, 우, 오, 이'와 같이 5개의 기본 모음을 가지고 있다. 이 5개의 기본 모음이 한 개 이상 연결해서 발음을 하면 'ua'와 같이 붙어서 '우아'이다. 이 발음을 빨리 읽으면 '와' 발음이 만들어진다. '와'의 발음과 같이 만들어진 복합모음의 발음을 확인해 보면 발음 수가 현저히 적다는 것을 확인할 수 있다.

'a(아), e(어), u(우), o(오), i(이,으), ao(아오), ai(아이), ei(에이), ua(와), ui(위), uo(워), ie(예), ia(야), iu(유), uai(와이), ou(오우, 요)'와 같이 18개의 모음 발음이 있다. 한국말에서 있는 '여, 으, 에, 애, 의, 웨, 왜' 등의 발음이 없다.

정리 2. 중국어에는 종성의 종류가 'ㄴ', 'ㅇ' 이외에는 없다.

중국어에는 종성이 'ㄴ', 'ㅇ' 이외에는 발음이 나지 않는다. 그래서 '중국'의 '중'은 '종(zhong)'으로, '공장'은 '工厂 꽁(gong)/창(chang)'으로, 산수(山水)는 '山水 산(shan)/수이(shui)', '준비'는 '准备 준(zhun)/베이(bei)'로 종성이 'ㅇ'과 'ㄴ'은 중국발음이나 한국 발음이나 차이가 많이 나지 않는다.

  하지만 앞에 표에서도 확인할 수 있듯, '법률'의 한국말은 종성이 'ㅂ'과 'ㄹ'이 있다. 하지만 중국어에는 없는 종성이기 때문에 종성이 없는 '法律(파뤼)'라고 발음을 한다. 상점(商店)의 점(店)과 숫자의 삼(三)과 같이 'ㅁ을 종성으로 가지고 있는 소리는 '点 뎬(dian)', '三 싼(san)'과 같이 'ㄴ'으로 종성이 바뀌어서 발음한다.

정리 3. 중국어에는 자음과 모음의 조합을 이룰 수 없는 발음이 있다.

중국어에는 '버'나 '퍼' 발음이 존재치 않는다. 중국어에 '어(e)' 발음은 있지만 자음과의 만남에 따라 발음이 없을 수도 있다. '거(ge), 너(ne), 더(de), 러(le), 머(me)' 발음은 있지만 '버, 퍼'의 발음은 없다. 그렇다 보니 '법률'의 단어가 '버뤼'나 '퍼뤼'가 될 수 없고, 파(fa) 발음을 사용해서 '파뤼'로 소리를 내는 것이다.
이렇듯 위의 경우처럼 중국어의 모음이 모든 자음과 연결이 되지는 않는 것이다.

정리 4. 한국어의 복합모음은 중국어 i 발음을 포함한다.

  한국어의 모음 발음 중 'ㅑ'는 'ㅣ'와 'ㅏ' 발음을 동시에 소리 낼 때 나는 발음

위따·똥싸

이다. 즉 '이아'를 빠르게 발음하면 '야' 소리가 난다. 이와 같이 '향'이라는 글자를 천천히 길게 읽으면 '히앙'이라는 발음이 된다. 즉 'ㅑ'는 'ㅣ+ㅏ' 발음이 연결되어서 만들어진 발음이라고 봐도 된다. 이렇게 만들어진 'ㅑ, ㅕ, ㅛ, ㅠ, ㅟ'의 모음을 가지는 한국말은 중국어에서는 i 발음을 가지게 된다.

향(香)은 시앙(xiang), 효(孝)는 시아오(xiao)로, 교(敎)는 지아오(jiao)로 이(i) 발음을 포함하고 있다. '위'의 발음은 '우+이'인 것처럼 'yu'를 가지고 있다.

정리 5. 한국어의 단어와 반대로 사용하는 단어가 있다.

앞에 예제에서 보았듯, 운전기사를 의미하는 '스지(司机sījī)'는 한국말 기사를 거꾸로 한 '사기'를 중국 발음으로 읽은 단어이다. 또한 한국어에서 '평화(平和)'라고 쓰는 단어가 중국에서는 '화평(和平)'으로 거꾸로도 쓴다. 이렇듯 한국에서와 달리 거꾸로 읽는 단어들이 많다.

정리 6. 한국어를 중국어로 바꿔서 말할 수 있다.

한국에서 쓰는 단어 중 60% 이상이 한자로 이뤄진 단어들이다. 이 단어들을 중국어 발음에 맞춰서 연습을 한다면 단어가 부족해 말을 하지 못하는 경우는 별로 없을 것이다.

한국어로 '정'이라는 발음은 중국어로 '쩡, 정 혹은 딩, 팅'과 같이 '정' 발음과 비슷한 발음 중 하나가 발음된다. 가정의 '정'은 '팅', 바를 정(正)은 '쩡 zheng'으로, 팔각정의 머무를 정(停)은 '팅'으로 발음이 난다. 한국어의 발음 중 '커', '턱'과 같이 아주 동떨어진 발음이 나는 경우는 거의 없다.

행복(幸福)의 중국어 발음은 '씽/푸'이다. 행복의 '복' 발음은 주로 '푸 fu'로 발음된다. 그래서 웨이터를 일컫는 복무원(服務員)의 발음도 '푸/우/위엔'으로 '푸 fu'로 발음을 한다.

이렇듯 이러한 몇몇 중국어의 특징을 이해한 후, 한국어를 중국 발음으로 바꿔서 발음한다면 중국어의 많은 단어를 말할 수 있다.

<『워따똥싸』를 익힘으로써 중국어 발음 번역기가 될 수 있다.>.

주의: 필자가 기술하는 내용은 절대적인 내용은 아니다.

필자가 기술하는 내용은 절대적인 내용은 아니다. 단 일반적인 변화이다. 하늘 천(天)의 발음이 조선 초기에는 '텬'에서 후기에는 '쳔'으로 바뀌고 현재에 와서는 '천'으로 발음이 바뀌는 것처럼, 글자의 발음은 계속해서 변화를 해오는 것이고, 그 발음은 지역에 따라, 시간의 흐름에 따라, 그 민족의 기본 발음에 따라 조금씩 다르게 변화해 왔다. 그로 인해서 한국어의 발음이 중국어의 발음으로 완벽하게 변환되지는 않는다. 하지만 필자는 한국과 중국의 언어가 같은 한자를 써서 발전한 언어이기 때문에 비슷한 발음, 비슷한 억양으로 발전한 부분들이 아주 많다는 것을 강조하고, 그 동질성을 연구하고 분석하는 과정에 얻어진 결과를 독자들과 공유함으로써 이 책을 읽는 독자들로 하여금 보다 빠르고, 쉽게 중국어를 습득할 수 있었으면 하는 바람을 안고 기술하는 것이다. 다시 한 번 강조하지만 본 기술 내용은 한자의 한국어 발음을 어떻게 중국어 발음으로 옮기는지에 대한 분석 결과임을 강조한다. 모든 한국 발음이 중국 발음으로 바뀌는 것이 아니고, 대부분의 발음이 이렇게 바뀐다는 것이다. 정확한 발음은 본 책의 뒤에 수록된 부록 『워따똥싸 중국어 천자문』을 익힌다면 보다 정확한 발음을 할 수 있을 것이다. 본 기술 내용은 혹 독자가 알지 못하는 단어를 말하고자 할 때 추론해서 말을 할 수 있는 중국어 언어, 팁이라고 생각했으면 한다.

여섯 번째 이야기: 한중 말 융합기(韓中 말 融合记)

한국말로 중국어 하기

　필자가 중국에서 6개월 정도 있다 보니 어느 정도 하고 싶은 말을 할 수 있는 정도가 됐다. 일반 중국 친구들과의 대화에는 별 문제는 없었고, 가게에 가서 사고 싶은 것 역시 사는 데는 전혀 문제가 없었다. 택시를 타고 가고 싶은 곳도 다 갈 수 있을 정도가 되었으니 생각보다 빨리 적응한 것이라 볼 수 있다.

　하지만 필자가 또 다른 난관에 부딪친 건, 필자가 점점 건방져진다는 것이었다. 어느 정도 의사소통이 되기에 이곳저곳 돌아다니기 시작했다. 돌아다니다 보면 새로운 사람을 만나고, 만나서 얘기를 하다 보면 하고 싶은 말이 많아지기 마련이다. 그러다 보니 또 다시 만나게 되는 난관은 "아는 단어"의 부족 현상이다.

　회화학원에서 외국어를 배워보신 분들은 한 번쯤 느껴보았으리라 생각되는 "단어 부족" 현상이다. 무슨 말을 하고 싶은데 그 단어를 알지 못해 표현하지 못하는 그 답답함이 필자가 또 다시 만나게 되는 난관이었다. 가까운 친구들과의 대화는 아는 쉬운 단어 위주로 말을 하기 때문에 그 범위만 알면 문제가 없는데, 새로운 곳을 계속 찾아 다니던 필자는 그 답답함을 만날 수밖에 없었다.

　그렇다고 길거리에서 전자사전을 찾아가며 이것저것 묻기도 애매했다. 이렇게 되자 필자는 조금은 무모한 짓이지만 한국말로 중국어를 하기 시작했다. 순간순간 모르는 단어를 한국말에서 차용해 중국어로 말을 하기 시작했다.

　필자가 중국의 짝퉁시장인 '罗湖商场 루어(Luó)/후(hú)/쌍(shāng)/창(chǎng)'에 갔을 때의 일이다. 홍콩과 경계를 이루고 있는 罗湖(Luóhú)는 홍콩과 중국을 연결하는 지하철<地铁 디(dì)/티에(tiě)>이 있는 곳이다.

　홍콩 및 해외의 관광객들이 이곳에 들러 짝퉁 물건을 사가지고 돌아가는 곳으로 유명한 곳이다. 홍콩과 바다를 사이에 두고 그 사이에 그물처럼 호수들이 많다. 그래서 그물호수라는 의미로 罗湖(Luóhú)라고 부르는 곳이다. 한국에서도 지역 명을 지을 때는 그 지역의 특성을 이용해서 이름을 짓듯. 지역의 특성을 따서 이름을 부여하는 것 역시 중국하고 한국하고 같다.

이곳에는 홍콩과의 교류 지역으로 여러 종류의 상점들로 가득 찬 광장이 있다. 상점광장(商店廣場)이란 의미로 상장<商場 쌍(shāng)/창(chǎng)>이라고 부른다. 이곳에 가면 없는 물건이 없다. 필자는 이곳에서 장난감을 하나 사고 싶었는데 장난감 가게를 찾을 수가 없어, 구멍가게 아저씨에게 물어보기로 했다.

하지만 장난감이란 단어를 중국어로 어떻게 말하는지 몰랐다. 고민을 하던 필자는 문득 한국어 단어인 '문구점, 완구점'이라는 한국말이 생각났다. 필자는 완구점을 말하기 위해 생각을 돌려봤다. 이전 장에 설명한 표에서 설명한 방법으로 발음을 만들어 냈다.

완구점의 세 글자 중 '완(玩)'은 친구랑 놀 때 '놀다'라는 의미로 이미 알고 있었고, '점(店)'은 '백화점(百货店 Bǎi huò diàn)'이란 단어를 이미 알고 있어 문제가 안됐다. 하지만 '구(具)'가 문제였다. '구(具)'의 발음을 어떻게 해야 할지 고민을 하던 필자는 비슷한 발음을 말해보기로 했다. 한국어에서 '완구'의 '구'와 같은 발음, 숫자 '9(九jiǔ)'의 발음을 이용하기로 했다. 그래서 만들어 낸 말이 '완/지우/뎬'이었다.

⚠️ 밑줄, **진한 글자**, *기운 글자*를 기준으로 어순을 확인해 봅니다

🕷️ 한국 발음을 중국 발음으로 만들어서 했던 대화

필자	(구(具)의 발음을 모르니, 숫자 9의 발음인 '지우'를 이용해서 말을 해보자.)
필자	사장님 '완지우뎬' *어디* **있어요?** 老板 玩(지우)店 在 哪里? lǎo bǎn wán diàn zài nǎ lǐ 라오/빤 완 지우 디엔 짜이 나 리
老板(사장) lǎo bǎn	뭐라구요? 什么? shén me 썸 머
필자	(음, 못 알아들었군... 그럼 지구(地球) 할 때의 발음인 '치우'를 써보자)
필자	'완치우뎬' *어디* **있어요?** 玩(치우)店 在 哪里 wán diàn zài nǎ lǐ 완 치우 디엔 짜이 나 리

| 94 |

위따 똥씨

老板 (사장)	뭐라구요? *shén me* 什么? 썸 머
필자	(이것도 아니군.. 그럼 '쥐'를 써보자)
필자	'완쥐뎬' <u>어디</u> **있어요**? *wán diàn **zài** nǎ lǐ* 玩(쥐)店 在 哪里 완 쥐 디엔 짜이 나 리
老板 (사장)	아~ 저<u>쪽으로</u> 가보세요. *ā wǎng nà biān ér zǒu* 啊~ 往那边儿 走 아~ 왕 나 비엔 얼 조우

 상점 주인은 필자의 말을 알아듣고 완구점 가는 방향을 필자에게 가르쳐 주었다. 완구점의 정확한 중국어 발음은 '玩具点 완/쥐/디엔 wán jù diàn'이었다. 필자는 모르고 있던 장난감 가게를 어떻게 부르는지도 알았고, 덤으로 구(具)의 정확한 발음을 알았다. 그 덕분에 필자는 '가구점', '문구점'도 정확히 발음할 수 있게 됐다. 가구점, 문구점의 '구(具)' 역시 똑같은 글자를 쓰기 때문에 필자는 '가구점 家具店(jiā jù diàn)', '문구점 文具点(wén jù diàn)'을 말할 수 있게 됐다. 한국에서 쓰는 단어의 대부분이 중국에서도 거의 그대로 사용이 되고 있다는 것도 확인할 수 있게 되었다.

한국어	중국어	발음	설명	비고
가격(價格)	价格	jià gé 쟈/꺼	가격의 중국 발음	
완구점(玩具店)	玩具店	wán jù diàn 완/ 쥐/ 뎬	장난감 가게	
소매점(小賣店)	小店	Xiǎo diàn 시아오/뎬	구멍가게/작은가게	
편의점(便宜店)	便利店	biàn lì diàn 뺀/ 리/ 뎬	24시간 편리한 가게	
슈퍼맨 (Superman)	超人	chāo rén 차오/런	초인(超人) : 초능력 사람	Super(超) + Man(人)
슈퍼마켓	超市	chāo shì	초인(超人) + 시장(市場)	마켓 <= 시장(市場)

여섯 번째 이야기 | 한중 말 융합기

(Super Market)		차오/스		
지하철(地下鐵)	地铁	dì tiě 디/티에	지하철	지상으로 가는 것도 있기 때문에 아래(下)는 뺐음
전자제품(電子製品)	电子产品	diàn zǐ chǎn pǐn 뗀 / 즈 / 챤 / 핀	전자산업제품	
전동완구(電動玩具)	电动玩具	diàn dòng wán jù 뗀/ 똥/ 완/ 쥐	전기로 움직이는 완구 RC car 등등	
모형(模型)	模型	Mó xíng 모/시잉	모형자동차(模型车)	
골프(Golf)	高尔夫	gāo ěr fū 까오/얼/푸	골프 발음을 옮긴 것	
	高尔夫球	gāo ěr fū qiú 까오/얼/푸/치우	골프 공	
옷가게	服装城	fú zhuāng chéng 푸/ 쮸앙/ 청	복장(服裝)+성(城)	커다란 가게를 성으로 표현
장식품(裝飾品)	装饰品	zhuāng shì pǐn 쮸앙 / 스/ 핀	장식품: 액세서리 제품	
포장(包裝)	包装	bāo zhuāng 빠오/ 쮸앙	포장하다.	
신용카드(信用card)	信用卡	xìn yòng kǎ 씬/ 용/ 카	신용 + 카드	
현금카드(현금card)	现金卡	xiàn jīn kǎ 시엔/진/카	현금 + 카드	은행카드: 银行卡
동전(銅錢)	银币	yín bì 인 / 삐	은(銀)으로 만든 화폐(货幣)	동전(銅錢)은 구리(銅)로 만든 금전(金錢)
지폐(紙幣)	纸币	zhǐ bì 즈 / 삐	종이(紙)로 만든 화폐(货幣)	
잔돈	零钱	líng qián 링/ 치엔	0원 단위 돈(錢)	
배낭	背囊	bèi náng 뻬이/ 낭	배낭	
핸드백 (hand bag)	手包	shǒu bāo 소우/빠오	손(Hand) 포대(bag)	쌀포대 (쌀+包袋)
여행가방 (旅行 가방)	旅行包	lǚ xíng bāo 뤼/시잉/빠오	여행(旅行) + 가방(包)	
백팩 (Back Pack)	背包	bèi bāo 뻬이/빠오	등(背)에 매는 가방(包)	뒤로 매는 가방
가슴가방	胸包	xiōng bāo 씨옹/빠오	흉부(胸部) + 가방(包)	앞으로 매는 가방

罗湖(Luóhú)에 가면 옷, 장식품, 골프샵, 가방, 완구점 등등 한국의 남대문 수입품 시장과 같은 제품들로 가득 차 있다. 이곳에 가면 남대문 시장처럼 가격을 깎아서 사는 것이 기본이다. 외국인을 상대로 하기 때문에 가격을 비교적 높게 부르

위따·똥싸

기 때문에 이곳에 가면 가격을 깎아서 사는 것이 유리하다. '가격을 깎아주세요'라고 말하는 방법은 '싸/지아(杀价)'라고 한다. 살인(殺人)은 '사람을 죽이다'이듯이 '가격을 죽이다'라는 의미로 '싸/지아(杀价)'라고 얘기한다. 비싸다는 의미로는 '꾸이(贵)'를 쓰는데 이는 '귀(贵)하다'는 의미를 가지고 있다. 귀한 물건일수록 가격이 높은 이유에서 그렇다. 반대로 싸다는 말은 '편의(便宜)점'이란 의미의 '편의'를 쓴다. 중국 발음은 '피엔/이(便宜)'이다. 즉 귀한 것은 비싸고, 구하기 편(便)하고 마땅(宜)한 것은 싸다는 의미이다.

그래서 물건을 살 때 '조금 싸게 해주세요'는 '피엔/이/이/디엔(便宜一点 piányi yìdiǎn)'이라고 말을 한다. '깎아주세요'라는 말은 '싸/쟈/게이/워(杀价给我 shā jià gěi wǒ)'라고 말을 하면 된다. 또 다른 말로는 '할인해 주세요'라는 의미로 '따저(打折 dǎzhé)'가 있다. 打折의 折는 '뼈가 부러지다'의 골절(骨折)의 꺾을 절(折)로 '가격을 꺾어서 주세요'라는 의미를 가지고 있다. 그래서 '따/저/게이/워 打折给我'라고 얘기하면 '할인해 주세요'라는 의미가 된다.

이쯤에서 간단한 지시사(指示詞)와 양수사(量數詞)을 얘기를 해보자.

어떠한 것을 가리키는 지시사는 인간이 말을 하기 시작하면서부터 만들어진 말이므로 언어를 가지고 있는 모든 언어는 각 언어 고유의 지시어를 가지고 있다. 그렇기 때문에 한국어에서도 한문을 차용하지 않고 사용해 왔다. 그래서 한국 내에서는 한자로 된 지시어를 거의 사용하지 않는 말이다. 그러므로 지시어는 무조건 외워야 한다.

< 지시사 >

한국어	중국어	예제			비고
이, 저 (this)	这 (쩌 zhè)	这(一)个	zhè(yí)gè	쩌/(이)/거	이거(한 개)
		这里	zhèil	쩌/리	여기(장소)
		这个人	zhègerén	쩌/거/런	이 사람
		这个东西	zhègedōngxi	쩌/거/똥/시	이 물건
		这样	zhèyàng	쩌/양	이 모양(模樣)
그 (that)	那 (나 nà)	那(一)个	nà(yí)gè	나/(이)/거	그거(한 개)
		那里	nail	나/리	거기(장소)
		那个人	nàgerén	나/거/런	그 사람
		那个东西	nàgedōngxi	나/거/똥/시	그 물건
		那样	nàyàng	나/양	그 모양(模樣)
어느/어디	哪 (나아 nǎ)	哪个	nǎ(yí)gè	나아/거	어떤거

(which)		哪里	nail	나아/리	어디(장소)
		哪个人	nǎgerén	나아/거/런	누구
		哪个东西	nǎgedōngxi	나아/거/똥/시	어떤 물건
어떤 (what)	什么 (썸머 shénme)	什么	zhè(yí)gè	썸머	어떤
		什么人	zhègerén	썸머/런	어떤 사람
		什么东西	zhègedōngxi	쩌/거/똥/시	어떤 물건
		什么样	zhèyàng	쩌/양	어떤 모양(模樣)
다른 (other)	别的 (비에/더 biéde)	별종(別種)의 의미는 다른(別)종류(種類)이다.			
		别的	biéde	비에/더	다른 것
		别人	biérén	비에/런	다른 사람
(가끔)어떤 (some)	有 (요우 yǒu)	有人	yǒurén	요우/런	어떤 사람은
		有时候	yǒushíhòu	요우/스/호우	어떤 때는 (시간있을 때는)
어떻게 (how)	怎么 (쩜머 zěnme)	怎么办	zěnmebàn	쩜/머/빤	어떻게 처리해? 어떻게 해~ 어째~~
		怎么说	zěnmeshuō	쩜/머/수어	어떻게 말해?
		怎么了	zěnmele	쩜/머/라(러)	어쩌라고~? 어떻다고?

표의 지시어 중 재미있는 것 중 하나는 물건을 살 때 한국 사람들은 "사장님, 이거 어떻게 팔아요?" 이런 식으로 말을 한다. 이 말도 그대로 중국어로 옮길 수 있다. "老板(사장님) 这个(이거) 怎么(어떻게) 卖吗(팔아요)?" 즉 "老板 这个 怎么卖吗?"라고 표현한다. 어떤가! 한국말을 순서 그대로 옮기니 중국어가 되지 않는가? 이대로 얘기하면 사장님은 "한 개에 만 원입니다."라고 대답을 할 것이다. 이것역시 "一个(한 개) 一万块钱(일만 원)" 그대로 대답을 할 것이다.

⚠ _밑줄, **진한 글자**, *기운 글자*를 기준으로 어순을 확인해 봅니다_

한국 발음을 중국 발음으로 만들어서 했던 대화

필자	*사장님,* 이거 **어떻게** 팔아요?
	老板 这个 **怎么** 卖吗?
	(lǎo bǎn) (zhè gè) (zěn me) (mài ma)
	라오/빤 쩌 거 쩐 머 마이 마

워따·똥 씨

<table>
<tr><td>老板 (사장)
_{lǎo bǎn}</td><td>한 개   일만 원입니다
_{yí gè}   _{yī wàn}_{kuài} _{qián}
一个   一万块钱
이 꺼   이 완 콰이 치엔</td></tr>
</table>

놀라울 정도로 한국말 사용하는 방법하고 똑같다.

    물건을 사고 팔 때의 또 다른 표현들을 나열해 보도록 하겠다. 먼저 수량을 나타내는 중국의 도량형을 확인하고 가보자. 도량형은 중국어로도 도량형(度量衡 (dùliànghéng)이다.

우리   봅시다.   중국의   도량형
_{wǒ men}   _{kàn kàn}   _{zhōng guó de}   _{dù liáng héng}
我们 看看   中国的 度量衡!

수량 (数量 shù liàng)

한국어		중국어	예제		
<의문사>					
몇 개	多少 duō shao	많고(多) 적음(少)을 나타내는 말로 "몇 개"라는 의미이다.	多少个? 多少钱? 多少人?	duō shao gè duōshǎoqián duōshǎo rén	몇 개예요? 얼마예요? 몇 명이예요?
<량사>					
개(個)	一个 yí gè	"한 개, 두 개"와 같이 한국에서도 사용하는 도량형	一个 一千个箱子 一万个人	yí gè yìqiāngè xiāngzi yíwàngè rén	한 개(個) 천 개의 상자 일만 명의 사람
조(條)	一条 yí tiáo	나뭇가지 조(條)로 길이가 긴 물건을 셀 때 사용. "제 13조"와 같은 법 조항과 같 이 긴 문장을 말할 때도 사용.	一条线 一条路 一条狗 一条文章	yí tiáo xiàn yí tiáo lù yí tiáo gǒu yí tiáo wénzhāng	한 가닥 선 한 줄기 도로 개 한 마리 한 마리 물고기
투(套)	一套 yítào	덮을 투(套)로 "한 세트"와 같이 세트를 셀 때 사용한다.	一套衣服 一套汉堡包	yítào yīfu yítào hànbǎobāo	옷 한 벌 한 세트 햄버거
쌍(雙)	一双 Yīshuāng	신발 한 켤레와 같이 쌍으로 되 어있을 때 사용	一双鞋	Yīshuāngxié	신발 한 켤레

중량(重量 zhòngliàng)

한국어	중국어		예제		
<의문사>					
얼마나 무거워	有多重 duō zhóng	'多'는 '얼마나'라는 말로 사용 가능하다. '얼마나 무거워?'라는 형태로 사용한다.	你有多重	nǐ yǒu duō zhóng	체중이 얼마니?
			体重多少斤	tǐzhòng duō shao jīn	체중이 얼마니?
<량사>					
근(斤)	一斤 yìjīn	고기 한 근, 두 근, 할 때의 근으로 500g이 한 근이다.	중국에서 많이 사용되는 단위이다.		
			一斤牛肉	yìjīn niúròu	소고기 한 근
			一斤青菜	yìjīn qīngcài	야채 한 근
Kg	一公斤 yìgōngjīn	공공(公公)의 근(斤)이란 의미로 킬로그램(Kg) 단위를 말한다.	100公斤	yìbǎi gōngjīn	100kg
Mg	一毫克 yìháokè	밀리 단위를 말할 때는 毫(háo)를 붙인다.	十毫克	shí háokè	10mg

거리(距离 jùlí)

한국어	중국어		예제		
〈의문사〉					
얼마나 멀어?	有多远 duō yuǎn	'多'는 '얼마나'라는 말로 사용 가능하다. '얼마나 멀어?'라는 형태로 사용한다.	离这儿有多远? lí zhèr yǒu duō yuǎn 여기에서 얼마나 멀어요?		
〈량사〉					
리(里)	一里 yīlǐ	고전의 거리 단위. 대략 500미터가 1리이다.	중국에서도 리(里) 단위는 잘 안 씀		
마(碼)	碼 mǎ	한국에서도 옷감을 할 때 "한 마 주세요"라고 하듯 고전적 길이 단위. 옷, 신발을 살 때 사용	중국에서 많이 사용되는 단위이다. 옷 사이즈: - S: 小码, M: 中码 L: 大码 신발 사이즈: (39 40 41 42 43 44 45 46 47)码		
Km	一公里 yīgōnglǐ	공공의 리(里)란 의미로 킬로미터(km) 단위를 말함	중국에서 많이 사용되는 단위이다.		
M	一米 Yìmǐ	Miter를 중국 글자 미(米)로 옮긴 것			
Cm	厘米 Límǐ	cm 단위이다.			
mm	一毫米 yìháomǐ	밀리 단위를 말할 때는 毫(háo)를 붙인다.	十毫克	shí háokè	10mg
Inch	英寸 yīngcùn	영국의 길이 단위라는 의미로 영(英 inch)을 사용한 길이 단위이다. 발음도 비슷하다. 주로 옷에 사용되는 말이다.	중국에서 많이 사용되는 단위이다.		

이외에도 부피, 면적을 나타내는 도량형이 있다. 면적은 면적을 나타내는 평방미터, '平方 píngfāng'을 사용해서 평방미터를 표시한다. 부피는 '면적x높이'와 같이 높이를 가지고 있으므로 오를 승(昇)을 써서 '升 shēng'으로 1리터를 표시한다. 이와 같이 넓이, 크기에 대해 알아보았다. 예제에서도 간단히 알아보았지만, 중국에서 사용하고 있는 도량형이 한국에서도 2000년도 이전까지 많이 사용했던 도량형과 거의 같다. 무게를 나타내는 근(斤)이라든가 길이를 나타내는 마(碼)는 한국에서도 '돼지고기 한 근', '옷감 한 마'와 같이 사용해왔던 도량형이다. 중국도 한국과 같이 점차 세계화에 발맞추어 킬로그램(Kg), 킬로미터(Km)와 같이 세계공통 도량형으로 점차 변해가고 있으며, 공통의 도량형이라고 해서 앞에 공공(公)을 넣어서 公里 gōnglǐ , 公斤 gōngjīn이라는 이름을 붙여 사용하고 있다. 하지만 한국이 그래왔듯, 일반 국민들은 아직도 근(斤)과 리(里) 같은 전통적인 도량형을 쓰고 있으므로 꼭 알아두어야 하는 도량형이다.

하지만 도량형을 써서 말을 하는 경우보다는 일반적인 크기, 부피를 말을 할 때면 '크다/작다'와 같은 일반적으로 대소(大小) 표현 방법을 많이 쓴다. 이렇듯 일상생활에서 많이 사용되는 표현 방법에는 다음과 같은 말이 있다.

크기/대소(大小 dàxiǎo) - 일반적으로 크기를 말할 때 사용되는 말로 가장 많이 사용되는 말이다.

한국어	중국어		예제
〈의문사〉			
얼마나 커?	多大 duō dà	'多'는 '얼마나'라는 말로 사용 가능하다. '얼마나 크니(大)?'라는 형태로 사용한다.	这个东西多大? zhège dōngxi duō dà 이 물건 얼마나 크니?

길이/장단(長短 chángduǎn)-

한국어	중국어		예제
〈의문사〉			
얼마나 길어?	有多长 duō cháng	'多'는 '얼마나'라는 말로 사용 가능하다. '얼마나 길지(长)?'라는 형태로 사용한다.	长城有多长? chángchéng yǒu duō cháng (만리)장성은 얼마나 길지?

높이/고저(高低 gāodī)

한국어	중국어		예제
〈의문사〉			
얼마나 높아?	有多高 duō gāo	'多'는 '얼마나'라는 말로 사용 가능하다. '얼마나 높니(高)?' 라는 형태로 사용한다.	你的身高多高? nǐde shēngāo duō gāo 너의 키는 얼마나 크니? 这山有多高? zhè shān yǒu duō gāo 이 산은 얼마나 높지?

넓이/관착(宽窄 kuānzhǎi) /폭(幅 fú)

한국어	중국어		예제
〈의문사〉			
얼마나 넓어?	有多宽 duō kuān	'多'는 '얼마나'라는 말로 사용 가능하다. '얼마나 넓지(宽)?'라 는 형태로 사용한다.	太平洋有多宽? tàipíngyáng yǒu duō kuān 태평양이 얼마나 넓지? 宽大政策 kuān dà zhèngcè 관대한 정책 - 넓고 큰 정책

　위와 같이 길이, 높이, 넓이를 모두 다루는 척도는 한국에서 쓰는 말과 같다. 발음 역시 아주 비슷하다. 만리장성과 같이 길이가 긴 성(城)을 얘기할 때는 장성(长城)으로 말하고, 짧은 검(檢)을 얘기할 때 단도(短刀)라고 말하는 것처럼 이러한 척도를 이용하면 많은 말을 할 수 있다. 반소매 옷을 말할 때는 짧은 소매라는 뜻으로 단수(短袖 duǎnxiù)라고 말을 한다. 이렇듯 한국과 같은 표현 방법을 중국이 가지고 있으므로 발음만 연습한다면 한국말로 중국어를 할 수 있다.

⚠ 밑줄, **진한 글자**, *기운 글자*를 기준으로 어순을 확인해 봅니다

🈲 **필자가 중국에서 옷을 살 때의 상황이다.**

필자	**사장님**　이 옷　**얼마**예요?
	lǎo bǎn　zhè yī fú　duō shǎo qián 老板　这衣服　多少钱?
사장	**한 벌**에 **일천 원**입니다.
	yī tào　yī qiān kuài qián 一套　一千块钱
필자	너무 비싸요.　**다른 거**　없어요?
	tài guì la　bié de　méi yǒu ma 太贵啦.　别的　没有吗?

사장	있어요. 이건 **어때**요?
	<ruby>有<rt>yǒu</rt></ruby>. <ruby>这个<rt>zhè gè</rt></ruby> <ruby>怎么样<rt>zěn me yàng</rt></ruby>?
필자	너무 **작아**요. **좀 큰 거** **주세요**.
	<ruby>太 小拉<rt>tài xiǎo lā</rt></ruby> <ruby>大一点<rt>dà yì diǎn</rt></ruby> <ruby>给我吧<rt>gěi wǒ bā</rt></ruby>
사장	**사이즈**가 **어떻게** 돼요?
	<ruby>你的大少<rt>nǐ de dà shǎo</rt></ruby> <ruby>是<rt>shì</rt></ruby> <ruby>多少<rt>duō shǎo</rt></ruby>?
필자	전 **M 입는데**요.
	<ruby>我穿中码<rt>wǒ chuān zhōng mǎ</rt></ruby>.
사장	여기요.
	<ruby>这儿<rt>zhè ér</rt></ruby>

어떤가. 한국말하고 어순부터 표현 방법 모두 닮아 있다. 일상생활에서 하는 말들과, 어순이 같아서 이상하게 보일 수도 있다. 일반 중국어 교재와는 너무나 다른데 혹시 틀린 거 아냐? 라고 의심하시는 독자분도 있을 것이다. 맞다! 다르다면 다르고 맞다면 맞을 수 있다. 하지만 이는 중국 현지에서 중국 사람들이 사용하고 있는 말 그대로 이다. 더도, 덜도 아니고 딱 생활에서 사용하고 있는 중국어이다. 문법도 다 맞게 사용된 것이다.

그런데 왜 이렇게 다른가? 그건 구어체와 문어체의 차이라고 할 수 있다.

한국말도 문어체로 사용해서 말을 한다면 상당히 어렵다. 너무 어려워 한국 사람도 한국어 능력시험에서 통과를 못 할 거 같다는 생각이 들 정도로 한국말은 어렵다. 하지만 일상생활에서 쓰는 한국말은 한국 사람에게는 쉽다. 왜? 그건 학문이 아닌 말이기 때문이다.

위의 예 중에서 "좀 큰 거 주세요"라는 말을 제대로 쓰려면 "请你给我大一点的衣服"와 같이 말해야 한다. 이는 한국말로 하면 "부탁인데, 당신은 조금 더 큰 옷을 저에게 주십시오"라는 말이 된다. 하지만 한국 사람들은 "좀 큰 거 주세요"라고 간단히 얘기한다. 그렇듯 중국 현지인들도 똑같다. 생활 속에 들어와 있는 말하는 중국어는 보는 봐와 같이 한국어를 그대로 옮겨 놓은 것처럼 똑같이 사용할 수 있다.

위의 대화에서 보듯 일상생활에서는 양수사를 많이 쓴다. 많은 단어를 알기보다는 양수사를 정확하게 아는 것이 일상생활에서는 매우 중요하다. 꼼꼼히 따져보고 양수사를 사용한다면 보다 명확한 표현이 가능해진다.

만약 "종류가 저렇게 많은데 어떻게 다 외우지?"라고 걱정하는 독자가 있다면 딱 하나만 외워도 된다. 즉 '뚜어/사오(多少 duō shao)', 이거 하나는 꼭 외워두자. 거리가 얼마예요? 라고 묻고 싶어도 多少, 높이가 얼마예요? 묻고 싶어도 多少, 당신 몸무게가 얼마예요? 라고 묻고 싶어도 多少. 즉 多少는 어떠한 도량형에서도 사용이 가능한 말이다. 단 어떤 것을 묻고 싶은지는 말을 해야 한다.

你的身高是多少?   당신의 키(身高)가 얼마예요?
nǐ de shēn gāo shì duō shǎo

长城的距离是多少? 만리장성(长城)의 거리(距离)는 얼마나 돼요?
cháng chéng de jù lí shì duō shǎo

위와 같이 말하고자 하는 명사를 말하고 뒤에 多少를 말하면 표현이 전부 다 가능해진다. 이렇게 말하는 방법 역시 한국말과 너무나 닮았다. 키가 얼마예요? 거리가 얼마예요? 라고 하는 말하고 표현하는 방법이 같다. 영어에서는 "How much" 하나로 모든 표현을 할 수 없지만, 한국어와 중국어는 그러한 표현이 가능하다.

이와 같이 위의 표에서 정리한 것처럼 지시사와 양수사를 사용하면 '罗湖商场 루어(Luó)/후(hú)/쌍(shāng)/창(chǎng)'과 같은 커다란 상점에서 물건을 살 때 별 무리가 없을 것이다. 필자 역시 저 정도 말로 상점에서 물건을 사고, 거스름돈 받고 했으니 말이다. 하지만 동사를 알지 못하면 문제가 될 수 있다. 그래서 물건을 사고 팔 때의 동사 및 단어들을 정리해 본다.

<일반동사>

	한국어		중국어	예제
도달	도달(到達)하다	到	dào	到了吗? (목적지에) 도착했어요? 到期 : 기한(期限)이 다하다.
사다	매수(買受)하다	买	mǎi	我买这件衣服 : 나는 이 옷을 사다.
팔다	매도(賣渡)하다	卖	mài	我们卖高儿扶求干 : 우리는 골프채를 팝니다.
요구	요구(要求)하다	要	yào	요구한다는 의미로 동사 앞에 붙여서 사용하면 그 동사를 "해야 한다(must)"로 해석된다. 要买: 사야 한다. 卖买: 팔아야 한다. 要换: 바꿔야 한다. 要去: 가야 한다. 要求: 구해야 한다. (요구하다).
바꾸다	교환(交換)하다	换	huàn	我要换这件产品: 나는 이 제품을 바꿔야 한다. 我要换车: 나는 차를 바꿔 타야 한다.
찾다	찾을 조(找)	找	zhǎo	한국에서는 잘 쓰지 않는 글자이다. 我找短裤: 나는 짧은(반) 바지를 찾는다. 我找洗手间: 저는 화장실을 찾아요.
가다	갈 거(去)	去	Qù	我去巴士站: 나는 버스정류장에 간다. 我去餐厅: 나는 식당에 간다.
오다	올 래(來)	来	Lái	오다(come)와 하다(do, try)로 사용한다. 你来吧: 너 이리로 와봐.(come) **我来: 내가 할게.(do) ➔ 술을 마시거나, 무언가를 여러사람과 같이 할 때 "내가 (마시거나 따르거나) 할게"라고 할 때 사용한다. 중국 사람이 많이 사용하는 말이다.**
받다	수령(受領)하다	受	shòu	我受到你的消息: 당신의 소식을 받았어요.
양보	양보(讓步)하다	让	ràng	양보(讓步)는 일보(一步) 제게 '양보하다'는 의미다. 让给我: 제게 양보하세요 让我: 나로 하여금 ~하게 하다.
기다리다	기다릴 등(等)	等	děng	我等你回来的: 나는 당신이 돌아오길 기다려요.
위치	있을 재(在)	在	zài	我在家里: 나는 집에 있어요.

<조동사>

	한국어		중국어	예제
완성	도달(到達)하다	到	dào	'도달하다'는 의미로 동사 앞/뒤에 붙여서 사용하면 그 동사나 명사의 도달을 의미한다.("마침내"라는 의미) 买到: (마침내) 샀다. 卖到: (마침내) 팔았다. 受到: (마침내) 받았다.

여섯 번째 이야기 ㅣ 한중 말 융합기

	종료(終了)하다	了	le liǎo	러(le),리아오(liǎo) 모두 가능한 발음으로 동사의 뒤에 붙여서 행동의 완료를 나타내 준다. 买了: 샀다 受了: 받았다. 受到了: (마침내) 받았다.
현재 지속	재직(在職)하다	在	zài	동사의 앞에서 지속적인 상태를 표시. 我在等你: 나는 당신을 기다리고 있다. 我在买东西: 나는 물건을 사고 있다.
	애착(愛着)하다	着	zhe	동사의 뒤에 붙어 지속적인 상태를 표시 我爱着你: 나는 당신을 사랑하고 있어요. 我等着你: 나는 당신을 기다리고 있어요.
과거형	지나갈 과(過)	过	guò	동사의 뒤에 붙어 이미 한 행동(경험)을 나타내 준다 来过: 와봤다. 去过: 가봤다. 吃过: 먹어봤다.
미래형	생각할 상(想)	想	xiǎng	동사의 앞에 붙여 '하고 싶다'를 표시한다 我想去: 나는 가고 싶다.(가는 것을 생각한다) 我想买衣服: 나는 옷을 사고 싶다.(사는 것을 생각한다)
지시형	요구할 요(要)	要	yào	爸爸要爱孩子: 아빠는 아이를 사랑해야 한다.

　동사의 모양을 보면 재미있는 모습을 볼 수 있다. '종료(終了)'와 같이 과거완성형 동사를 한국어에서는 명사로 사용하고 있다. 중국어로는 '종료'라고만 해도 끝났다는 말이 되는데 한국에서는 '종료했다'라고 '했다(Done)'를 써서 '종료'라는 동사를 명사처럼 사용한다. 요구(要求) 역시 '구해야 한다'라는 말을 '요구하다'로 '하다(Do)'란 동사를 써서 명사처럼 사용한다. 즉 한국에서는 한자로 된 단어를 명사화해서 사용하지만 그 단어에는 중국에서 사용하고 있는 동사가 모두 들어있다고 봐야 한다. 한국의 단어를 잘 생각한다면 중국에서 사용하고 있는 동사를 거의 모두 알아낼 수 있다.

　이와 같이 이번 챕터에서는 동사와 도량형에 대해서 언급을 했다. 동사와 도량형도 한국에서 쓰던 것과 거의 같다. 이렇듯 발음적인 특성을 고려하고, 변화된 몇 가지 사항들을 기억한다면 한국말로 중국어가 충분히 가능하다.

일곱 번째 이야기: 시민의 광장

공원에 가다

 필자가 어렸을 때 동네에서 친구들과 놀 때면 동네 안에 있는 큰 마당에서 자주 놀곤 했다. 우리 동네에는 1,000평 정도 되는 큰 마당과 약 500평 정도 되는 작은 마당이 두 개 있었다. 필자는 친구들과 이곳에서 딱지치기, 구슬치기, 자치기, 다방구, 술래잡기 등을 하면서 놀았다. 여자애들은 고무줄, 공기놀이, 땅따먹기 등을 하면서 놀곤 했다. 이렇듯 필자가 어렸을 때는 동네마다 작은 공원이 하나씩 있었다. 그 공원에서는 할아버지, 할머니 등과 어린이들이 함께 놀 수 있는 공간을 마련해 놓았다.

 중국에도 역시 집 근처에는 작은 공터가 있다. 그 공터에서는 할아버지들이 장기, 바둑을 두고 아줌마, 아저씨들은 그곳에서 단체로 태극권을 하면서 심신을 단련한다. 필자가 있던 심천에는 커다란 공원이 참 많이 있다. 커도 그냥 큰 것이 아닌 아주 아주 크다. 공원 한 바퀴 도는 데 한 시간 이상 걸리는 큰 공원만 찾아봐도 심천에 14개나 된다. 서울 크기의 반밖에 안 된 심천에 14개의 커다란 공원이 있다는 것은 심천 주민들에게는 커다란 행복일 것이다.

相片(사진)	公园名字(공원명)	发音(발음)	特色(특색)
	wéi lǐng gōng yuán 围岭公园	위 령 공 원 (중)웨이/링/꽁/웬	위령산공원: 산 전체를 공원화 자전거 하이킹이 가능하다
	lián huā shān gōng yuán 莲花山公园	연화산공원 (중)렌/화/산/꽁/웬	심천시민들이 가장 좋아하는 공원으로 공원 꼭대기에는 등소평의 동상이 있다. 등소평의 흑묘백묘론을 통해 심천 지역이 발전해 이를 기념하기 위한 공원이다.
	cuì zhú gōng yuán 翠竹公园	취죽공원 (중)추이/주/꽁/웬	심천 시내 동부에 있는 공원으로 물창고(水库)을 끼고 있어 깨끗한 호수를 가지고 있는 공원 작은 강변이 있음.
	dōng hú gōng yuán 东湖公园	동호공원 (중)똥/후/꽁/웬	취죽공원과 더불어 水库를 끼고 있어 맑은 호수가 특징이다.. 주위에 산이 있어 경치가 아주 좋다.

	rén mín gōng yuán 人民公园	인민공원 (중)런/민/꽁/웬	심천 시내에 위치한 인민공원으로 작은 호수를 끼고 있어 데이트 하기에 아름다운 공원이다.
	hóng hú gōng yuán 洪湖公园	홍호공원 (중)홍/후/꽁/웬	심천 시내에 위치한 홍호공원은 커다란 연꽃으로 뒤덮인 공원으로 많은 예비부부들이 결혼사진을 찍을 수 있는 풍경을 가진 공원이다.
	lì zhī gōng yuán 荔枝公园	여지공원 (중)리/즈/꽁/웬	심천 시내에 있는 공원으로 커다란 호수가 있어 젊은 친구들이 데이트 하기에 아주 좋은 공원이다.
	bǐ jià shān gōng yuán 笔架山公园	필가산공원 (중)비/쟈/산/꽁/웬	필가산 전체를 공원으로 만들어 호수와 잔디밭이 있으며, 산 정상에서 심천 전경을 볼 수 있는 아주 커다란 공원이다. 연을 날리기에 아주 좋은 공원으로 곳곳에서 연을 날리는 모습을 볼 수 있다.
	huáng gàng shuāng yōng gōng yuán 皇岗双拥公园	황강쌍옹공원 (중)황/강/쌍/용/꽁/웬	심천 중심부인 황강(皇岗)에 있는 공원으로 잔디밭이 크게 펼쳐진 아름다운 공원이다.
	shēn zhèn zhōng xīn gōng yuán 深圳中心公园	심천중심공원 (중)썬/쩐/쭝/신/꽁/웬	심천 중심부에 있는 공원으로 직장인들이 점심시간 짬짬이 산책을 즐길 수 있는 공원이다.
	ér tóng gōng yuán 儿童公园	아동공원 (중)얼/통/꽁/웬	심천 외곽에 위치한 아동공원은 어린이 놀이터와 같이 아이들이 놀 수 있는 놀이 기구들을 구비한 어린이 공원이다.
	huáng gàng gōng yuán 皇岗公园	황강공원 (중)황/강/꽁/웬	심천 중심부인 황강(皇岗)에 있는 공원으로 잔디밭이 크게 펼쳐진 아름다운 공원이다

위따·똥싸

	海滨生态公园 hǎi bīn shēng tài gōng yuán	해병생태공원 (중)하이/삔/썽/타이/꽁/웬	강릉과 같이 맑은 바닷물을 끼고 있는 해변으로 맑은 바닷물을 함께할 수 있는 생태공원이다.
	码雅水公园 mǎ yǎ shuǐ gōng yuán	마아수공원 (중)마/야/수이/꽁/웬	환락곡, 세계의 창, 민속촌이 있는 공원으로 이곳에서는 인공해변 등 많은 놀이 기구 등을 만날 수 있다.

앞에서 열거한 것과 같이 중국 경제 중심지인 심천시 시내 안에는 도보 한 시간 이상이 되는 커다란 공원이 14개나 있다. 동네마다 있는 작은 공원들까지 한다면 100여 개 이상이 될 것으로 생각된다. 이렇게 많은 공원들은 저마다의 특색을 가지고 있지만 무엇보다 지역적인 특성상 모두 커다란 호수를 하나씩 끼고 있고, 그 호수에는 연꽃이 만연해 있다는 것이다.

이 중 대표적인 공원이 蓮花山公園(연화산공원)이다. 연화산공원은 연화산이라는 커다란 산을 통째로 공원으로 만들어서 산과 나무, 호수를 두루 갖추고 있는 공원으로 산 꼭대기에는 등소평(邓小平)의 동상이 있다. 등소평은 흑묘백묘론(黑猫白猫论)을 주장하며 사회주의 노선에서 시장주의로의 전환을 시도한 중국의 대표적인 지도자로서 이를 토대로 심천 지역을 개발하게 한 지도자이다. 영국 관할권에 있던 홍콩(香港)과 같이 지역적으로 붙어 있는 심천은 홍콩 자본을 끌어들이기에 최적의 장소로 선택되어 아무것도 없던 어촌 지역을 지금의 중국의 경제 제1도시로 만든 지도자라고 할 수 있다. 이에 등소평을 기념하기 위해 만들어진 공원이 연화산공원이다.

홍콩(HONG KONG) 이름의 유래

홍콩(香港)의 한국 발음은 '향항'이다. 즉 향기(香氣)가 나는 항구(港口)란 의미이다. 이 한자를 중국 광동 지역 발음으로 읽으면 '헝꽁'으로 발음된다. 이 발음을 서양인들이 듣고 글로 옮겨 적으려니 'hong kong'으로 적게 되었고, 그것을 읽은 서양인들은 향항을 홍콩이라고 부르게 되었다.

일곱 번째 이야기 | 시민의 광장

앞에 도표에서 보듯 중국에서도 공원을 공원이라고 한다. 중국 발음은 '公园 꽁/위엔'이다. 공원 이름도 한국과 같이 그 지역의 특성을 그대로 넣어서 공원이름을 짓는다. 심천 중심부에 있는 공원이란 의미로 '(深圳中心公园)심천중심공원' 이라고 이름 붙였다. 중국 발음으로 하면 '썬/쩐/쫑/신/꽁/위엔'이다. 深圳의 공원은 몇몇 놀이공원을 제외하고는 입장료를 받지 않는다. 일반사람들이 가서 놀기에는 아주 적격인 곳이다.

공원 입구는 루/코우(入口)라고 부르고, 출구 역시 '추/코우(出口)'라고 부른다. 일부 공원에 가면 표를 사기도 해야 하는데 한국에서는 매표소라고 하지만 중국에서는 매표처(卖票处), 매표구(买票口), 표방(票房)이라고 부른다. 그곳에 가서 표를 사가지고 입장(入场)하면 그 공원에서 아주 재미있게 놀 수 있다.

⚠ _밑줄_, **진한 글자**, _기운 글자_를 기준으로 어순을 확인해 봅니다

🐞 **필자가 매표소에서 표를 살 때의 상황이다.**

필자	_저기_ 하나만 **물어**볼게요. **매표소는 어디**에 있나요?(**어떻게** 가죠?)
	zhè yī gè qǐng wèn yī xià mǎi piào chù zài nǎ ér zěn me zǒu
	这一个 请问一下 卖票处 在哪儿? (怎么走)
행인	**저쪽**으로 가서서 살짝 **돌면** 입구 옆에 있습니다.
	nà biān zǒu zhuǎn wān de huà yǒu zài rù kǒu de páng biān
	那边走 转弯的话 有在入口的旁边.
필자	**표 두 장** _주세요_.
	gěi wǒ liǎng zhāng piào bā
	给我两张票吧!
매표소	둘 **다** **성인**인가요?
	liǎng gè dū shì chéng rén ma
	两个都是 成人吗?
필자	**맞아요.**
	duì la
	对啦!
매표소	**합이** 60원입니다.
	yī gòng liù shí kuài qián bā
	一共 六十块钱吧

위따꽁싸

필자	**여기**요.　그리고 **어떻게** 들어가죠? zhè ér　　hái yǒu　zěn me　jìn qù ya **这儿**　还有　**怎么**进去呀?
매표소	**매표소** 뒤쪽(후면)으로요. piào fáng　hòu biān ér ba **票房** 后边儿吧!

이렇듯 공원에 입장(入场)을 하면 공원에 많은 것들을 볼 수 있다. 중국 공원에는 공간만 있으면 아저씨, 아줌마들이 모여서 춤을 춘다. 중국은 스포츠댄스를 국가적 차원에서 지원을 해준 지 오래되어 일반화가 많이 되어 있다.

<공원 내 운동을 즐기는 중국인들>

　최근 한국에서도 공원 내 운동을 하시는 어르신들이 있지만 아직까지는 많지도 않고 전문적이지 않은 느낌이 든다. 하지만 중국에서는 공원 내 단체 스포츠댄스는 흔히 볼 수 있는 광경이다.

　'춤'은 중국말로 '티아오/우(跳舞)'라고 부른다. 뛰면서 춤을 춘다는 의미를 가지고 있다. '도약(跳躍)하다'의 '跳티아오'와 춤을 추는 무대(舞臺)의 '舞 우'를 합쳐서 '춤을 추다'라고 한다. 많은 군중(群众)이 모여 있으면 그 가운데 춤 선생이 나와서 군중을 이끌고 같이 춤을 춘다. 춤 선생의 실력은 비전문가가 봐도 너무나 잘할 정도로 잘 춘다. 필자는 이런 모습을 보면서 궁금한 점이 생겼다. 저런 전문적인 선생이 일해야 할 시간에 이렇게 밖에 나와서 가르치려면 어떻게 먹고사는가 하는 것이었다. 그래서 중국 친구에게 물었다.

일곱 번째 이야기 | 시민의 광장

필자와 친구와의 대화.

필자	저 **춤 선생**님은　　　　**전문 (전업)**가 같은데….
	zhè tiào wǔ de lǎo shī　　hǎo xiàng zhuān yè de la
	这 跳舞的老师　好像 专业的啦
친구	**알아보겠어?**　　**맞아!**
	kàn chū lái ma　　duì la
	看出来吗?　 对啦
필자	저 **친구들**　일 안 하나~~?　　**이 시간**에 **나와 있고**….
	tā men　　bù zuò gōng zuò ma　　zhè shí jiān　chū lái ba
	他们　　不做 工作吗?　这时间 出来吧
친구	괜찮아(**일 없다**)~~　　일(공작)하고 있는 거야~
	méi shì ba~　　zài zuò gōng zuò la
	没事吧~　　在做工作啦
필자	그래?　　**무슨 일?**
	shì ma?　　shén me gōng zuò
	是吗?　 什么工作?
친구	광고하고 있는 **거야**~~
	zài zuò　　guǎng gào ba
	在做　广告吧~
필자	그래?
	shì ma
	是吗?

　그랬다. 모든 춤 선생님이 이렇게 하는 것은 아니지만 많은 춤 선생님이 전문 스포츠댄스 교습소에서 나와, 그곳의 일반시민들을 가르쳐 주고 있었다. 공원에서 하는 춤 교습이라 매일 오는 사람보다는 뜨내기 사람이 더 많다. 그래서 가르쳐 주는 춤의 단계가 그렇게 높지 않고 쉽게 할 수 있을 정도의 춤이었다. 여기서 재미를 느끼는 사람들은 전문적으로 춤을 배우기 위해 학원을 등록한다는 것이었다. 이렇듯 상업적이면서 상업적이지 않은 춤 교습이 중국 공원 내 어디에서나 일어나고 있다.

　또한 많이 볼 수 있는 것이 태극권이다 태극권은 중국의 하남(河南) 지역을 기

위따·똥싸

반으로 하고 있는 중국의 전통무술로 심신을 단련하는 데 목적을 둔 품세 위주의 무술이다. 태극권도 종류가 많기 때문에 필자가 자세히 알지는 못하지만, 중국 정부에서 중국 국민들을 위해 적극적으로 권장을 하는 생활체육으로 중국 어느 지역을 가든 넓은 공간만 있으면 즐길 수 있는 운동이다.

　태극권은 중국 발음으로 '太极拳타이/지/취엔'이라고 발음한다. 한국에도 발음이 비슷한 태권도(跆拳道)가 있다. 태권도의 중국어 발음은 '跆拳道타이/취엔/따오'라고 부른다. 한자는 서로 약간 틀리지만 발음은 비슷하다.
　중국 사람들도 한국의 태권도를 잘 알고 있어 자주 물어본다. 필자는 군대에서 배운 태권도를 가지고, 태권도를 잘한다고 허세를 부리며 몇몇의 품세를 중국 친구들에게 보여주곤 했다.

<중국의 태극권>

이렇듯 중국 정부는 생활체육(生活体育)의 일환으로 태극권을 적극 권장했고, 이 태극권은 중국 공원 어디에서나 무료로 배울 수 있는 면비(免费 비용 면제) 체육활동이다.

　또한 중국 공원 내부에는 작지만 먹을 것을 파는 소매점들이 있다. 이 소매점에는 중국 사람들이 즐겨먹는 멸치조림, 튀긴 두부, 과자, 음료수 등을 구매할 수 있다. 멸치조림은 한국의 멸치조림과 비슷한 맛을 가지고 있다. 좀 매운데 맛이 있다. 매운 멸치조림이 중국에서는 마랄소어(麻辣小鱼)라고 부른다. '마비되고 신랄하게 매운 <u>작은 물고기</u>'란 의미를 가지고 있다. 중국 발음으로 하면 '麻辣小鱼 _{má là xiǎo yú}
마/라/시아오/위'라고 하는데 필자가 가장 맛있게 먹은 간식거리였다.

맛은 고추장 넣고 맵게 볶은 멸치조림 맛이다. 맥주 안주로 아주 좋은 맛이다.

⚠ <u>밑줄</u>, **진한 글자**, *기운 글자*를 기준으로 어순을 확인해 봅니다

필자와 친구와의 대화.

필자	오늘 우리 **멸치조림** <u>먹자</u>. **좋아, 싫어?**
	今天 我们 吃 麻辣小鱼吧 好不好?
친구	좋아! 너 <u>가서</u> **사와**!
	好吧! 你去买来吧!
필자	**알았**어. 그런데 나 돈 **안** <u>가지고</u> 왔는데.. **돈** 줘봐.
	知道啦 但是 我没带钱啦! 给我钱吧!
친구	여기!
	这里!
	(소매점에 도착했다.)
필자	사장님. **멸치조림** <u>있어요, 없어요</u>?
	老板 有没有 麻辣小鱼?
사장	없는데요. 다 **팔렸어요**.
	没有 都 卖完啦
필자	그럼 **음료**수 <u>있나요</u>?
	那么 有没有饮料?
사장	**있어**요. **뭘** <u>드릴까요</u>?
	有吧! 给你什么?

필자	그러면 **코카콜라** <u>두 병</u> 주세요.
	^{zhè yàng} ^{gěi wǒ liǎng píng} ^{kě kǒu kě lè} 这样　　给我两瓶可口可乐。.
사장	**사이다**는 어떠세요?
	^{qī xǐ} ^{hǎo bù hǎo} 七喜　好不好? (七喜는 세븐업(7-UP)의 중국 명칭)
팔자	**필요**없어요. 그리고 **과자**도 <u>2개</u> 주세요.
	^{bù yòng} ^{hái yǒu} ^{gěi wǒ liǎng gè} ^{bǐng gān} 不用　　还有 给我两个饼干
사장	여기 있습니다. 감사합니다.
	^{zhè lǐ yǒu} ^{xiè xiè} 这里有　　　谢谢

　중국에서 작은 구멍가게를 '小店 시아오/디엔'이라고 부른다. 소매점에서 '매' 없이 부르는 것과 같다. 또는 '商店 쌍/디엔'으로 상점이라고도 한다. 이곳에서 물건을 구입하는 방법은 한국과 같이 손님이 먼저 물건을 집어 들고 입구에 있는 '매대卖台'로 가지고 가 계산을 한다. 계산을 하는 것을 매단(买单)이라고 하는데 계산서(账单)를 산다(买)는 말이 된다. 어디 가서든지 '마이/딴'이라고 말하면 '계산할게요'라는 말이 된다.

　이렇게 물건을 산 필자는 간식거리(小菜: 작은 음식)를 들고 공원 이곳저곳을 두루두루 살펴 보았다. 심천은 홍콩과 붙어 있어 바다를 끼고 있는 도시이다. 그러다 보니 심천 곳곳에는 호수가 참 많다. 호수를 둘러보면 그 호수에는 연꽃이 참 많이 있다.

<공원에서 볼 수 있는 연꽃>

일곱 번째 이야기 l 시민의 광장

필자가 한국에 있을 때는 연꽃을 사진으로만 봐왔는데 심천에서는 연꽃 하나하나 자세히 살필 수 있어서 개인적으로는 매우 만족스러운 산책이었다. 공원을 돌다 보면 곳곳에서 태극권을 단체로 하고 있고, 같이 모여 스포츠댄스를 하는 모습을 자주 볼 수 있는데, 이 중 아주 예쁜 아가씨, 멋진 총각들이 몸에 쫙 달라붙게 옷을 입고 댄스를 하는 모습은 필자의 눈을 즐겁게 해주었고, 음악들은 귀를 즐겁게 해주어 저녁시간의 또 다른 즐거움을 주곤 했다.

蓮花山公园(lián huā shān gōng yuán)과 같이 산을 통째로 공원으로 만든 도심 내 공원에는 커다란 공터가 많은데 이 공터에는 공통적으로 연을 날리는 사람들을 볼 수 있다. 필자가 어렸을 때 동네에서 형들을 쫓아 연 날리러 동네 뚝방길 위로 올라 갔을 때가 생각이 날 정도로 많은 사람들이 공원 내 넓은 공터만 있으면 그곳에서 연을 날리곤 한다.

<공원에서 연 날리는 모습>

그래서 공원 곳곳에서는 연을 날리기 위해 멀리서부터 뛰어오는 조그마한 아이들, 어여쁜 남녀 연인이 연을 날리기 위해 노력하는 모습을 수시(睡时)(shuì shí)로 볼 수 있다. 필자도 어렸을 때 생각이나 연을 하나 샀다. 어린 시절 생각에 시간 가는 줄 모르고 날려보려 했지만 연을 날리는 것은 결코 쉬운 것이 아니었다. 열심히 뜀박질만 하다가 지쳐 쓰러진 후에야 연날리기를 포기했었다.

우리나라에는 방패연, 가오리연이 주를 이루지만 중국에서는 그림과 같이 새(鸟)(niǎo), 행글라이더(飞翼)(fēi yì), 슈퍼맨(超人)(chāo rén) 등 다양한 모양의 연을 만들어 날린다. 개인적(个人的)(gè rén de)으로 만들어 날리는 사람들은 자신만의 독특(独特)(dú tè)한 모양을 만들

위따·퐁씨

어 날리기도 한다.

　공원을 돌다 보면, 커다란 나무그늘 아래에 여러 노인이 모여 장기나 바둑을 두는 모습을 흔히 볼 수 있다. 그리고 그 곁에는 훈수를 두는 사람들이 꼭 있다. 필자 역시 옆에서 가만히 장기 두는 모습을 보았는데, 한국 장기하고는 약간 틀리기는 하지만 대체적(大体的)으로 같은 형식을 하고 있는 것을 확인할 수 있었다. 한국에서는 장군을 중심이 되는 장기(將棋)라고 부르지만 중국에서는 코끼리(象)가 중심이 되어 상기(象棋)라고 부른다. 초나라와 한나라의 중간에는 한국에는 없는 강이 하나가 더 있어 한국하고는 조금 다른 모습을 하고 있다.

⚠ 밑줄, **진한 글자**, *기운 글자*를 기준으로 어순을 확인해 봅니다

필자	우리도 　장기 두자? 어때(좋아, 싫어)? wǒ men yě　xià xiàng qi　hǎo bù hǎo 我们也　下象棋　好不好?	
친구	난 **못** 두는데~~ wǒ bù huì xià 我不会下	
필자	그래? 　그럼 　**바둑**은? shì ma　nà me　wéi qi　ne 是吗? 那么　围棋呢?	
친구	농담하니? 　장기도 **못** 두는데 　**바둑**을 어떻게 둬? wán xiào ma　xiàng qi yě bù huì xià　zěn me huì xià wéi qi ma 玩笑吗? 象棋也不会下　怎么会下围棋吗	
필자	.....	

　또한 바둑은 주위(周圍)를 포위(包圍)해서 싸우는 경기라고 해서 위기(围棋)라고 부른다. 바둑과 장기는 '돌을 아래로 내려놓는다'라고 해서 아래 하(下)를 써서 바둑(장기)을 둔다고 말을 한다.

또한 공원에 가면 스포츠를 하는 사람들을 많이 볼 수 있다. 자전거, 축구, 농구 등이 주 대상이고 야구를 하는 사람들은 거의 찾아보기 힘들다. 중국의 심천 지

일곱 번째 이야기 | 시민의 광장

역 사람들은 야구를 잘 하지도 않지만 잘 알지도 못한다. 그래서 주로 볼 수 있는 것이 공을 가지고 축구를 하며 노는 모습이다. 중국어로 '공놀이를 하다'라는 말을 할 때는 주로 때릴 타(打)를 써서 얘기한다. 야구에서 공격하는 사람을 타자(打者)라고 하듯 무슨 놀이를 할 때는 주로 '때릴 타'를 쓴다. '농구를 하다'는 '따/란/치우(打籃球)' '야구를 하다'는 '따/빵/치우(打棒球)', '축구를 하다'는 '따/주/치우(打足球)'라며 '때리다'라는 뜻의 '打 따'를 써서 표현한다. 한국 사람이 '우리 축구 한 게임 때릴까?'라고 표현하는 것과 같은 표현이라고 생각하면 된다. 축구는 족구라고 부르는데 한국에서 하는 족구가 아닌 축구를 얘기할 때 '족구'라고 부른다.

자전거를 탄다는 말은 '타'를 쓰지 않고, '기'를 쓴다. '말을 타다'라는 한자가 '기마(騎馬)'이듯, 타는 행동을 할 때는 기(騎)를 써서 말을 한다. '기마'를 중국 발음으로 하면 '치/마(騎馬)'이다. 그래서 '자전거를 타다'라는 '기자행차(騎自行车)'의 중국어는 '치/쯔/싱/처(騎自行车)'로 발음한다.

이렇듯 다양한 운동을 하고 있는 공원에서의 하루는 너무나 빠르게 지나가고 다양한 사람들의 행동 동향을 체험하는 것은 너무나 즐거운 일이다.

이렇게 많은 사람들이 서로 어울려 즐기는 모습은 공원에서만 볼 수 있는 다양한 모습이다. 이 책을 읽으시는 독자분들 중, 유명지에 놀러 갈 기회가 있으시다면 유명지를 둘러보고 난 후 시간이 된다면 그 지역의 공원을 한번 가보시기를 추천해 드리고 싶다.

공원을 다니다 보면 필요한 단어들을 몇 가지 정리해 보기로 하자.

한국어	중국어		예제
공원	公园	gōngyuán	공원
입구	入口	rùkǒu	입구
출구	出口	chūkǒu	출구
	卖票处	màipiàochù	매표처
매표소	票房	piàofáng	표방
	卖票口	màipiàokǒu	매표구
들어가다	进去	jìnqù	
전부	全部	quánbù	전부 얼마예요? 全部多少钱?
	一共	yígòng	합이 얼마예요? 一共多少钱?
사다	买	mǎi	매매(賣買)하다. "사고/팔다"란 뜻임
팔다	卖	mài	
음료수	饮料	yǐnliào	물(水)은 말하지 않는다.
주스	果汁	guǒzhī	'과즙음료'라고 얘기한다.
과자	饼干	bǐnggān	떡 병, 마를 간 즉, 마른 떡으로 과자를 말함
지폐	纸币	zhǐbì	종이로 만든 돈
동전	银币	yínbì	한국 10원짜리는 구리(동)색, 중국돈은 은색동전
잔돈	零钱	língqián	영(0) 단위 돈(전)이란 의미로 잔돈을 의미함.
환전	换钱	huànqián	돈을 환전하다.
간식거리	小菜	xiǎocài	'작은 먹을거리'라는 의미로 간식을 의미함.
춤	跳舞	tiàowǔ	도약+무. 즉 뛰면서 추는 춤이란 의미를 가짐.
태극권	太极拳	tàijíquán	
운동하다	打	dǎ	때리다.
농구	篮球	lánqiú	打篮球
축구	足球	zúqiú	打足球
야구	棒球	bàngqiú	打棒球 봉(막대기)을 들고 하는 운동
테니스	网球	wǎngqiú	打网球 망(그물)을 끼고 하는 운동
배드민턴	羽毛球	yǔmáoqiú	打羽毛球 깃털(익모)을 치는 운동
타다	骑	qí	올라 타다
자전거	自行车	zìxíngchē	자기(自己)의 힘으로 행동(行動)하는 수레(車)
말타다	骑马	qímǎ	말을 타다
연	风筝	fēngzheng	
장기	象棋	xiàngqí	상(象)이 우선으로 싸우는 게임
바둑	围棋	wéiqí	포위(包圍)해서 싸우는 게임
호수	湖	hú	호수(湖水)에서 수(水)를 말하지 않는다.
벤치	凳子	dèngzi	호수 주위에 배치된 의자

공원(첫 번째 세로 칸), 구멍가게, 운동, 기타 (세로 구분)

여덟 번째 이야기: 쇼핑의 자세

화/창/베이(华强北)에 가다

여행객들이 다른 나라를 여행을 할 때면 그곳에서 가장 유명한 쇼핑 지역을 찾아간다. 한국에 온 여행객들도 동대문 시장, 남대문 시장, 명동을 찾아 그곳의 시장문화를 경험하고 그곳의 상품들을 찾아 쇼핑을 즐기는 것과 같다. 이렇듯, 중국에도 여러 문물을 경험할 수 있는 지역이 있다. 필자가 있던 심천 지역에는 유명한 쇼핑 지역으로는 앞에서 언급한 罗湖商场이 있고. 그 다음으로 많이 가는 곳이 화/창/베이(华强北)이다.

한국 남자들은 대부분 가전제품을 좋아한다. 여자들은 대부분 의류 및 화장품을 좋아한다. 화차베이는 남녀 모두를 만족시켜줄 만한 쇼핑 장소이다. 화/창/베이는 심천 시내 중심에 있는 왕복 4차선 도로인 화강로(华强路)를 중심으로 이루어진 쇼핑길이다. 심천의 남쪽에 있는 큰 도로라 해서 심남대도(深南大道)라 이름 붙여진 도로를 기준으로 북쪽을 화강북로, 남쪽을 화강남로라고 한다. 그 화강북로에 있는 쇼핑 거리를 화/창/베이(华强北)라고 한다.

화창베이(华强北)

중국의 도로(道路) 명칭

한국에서는 도로를 부를 때 xx로(路)를 붙여서 부르지만, 중국에서는 동서(東西)로 된 길은 도(道)를 써서 '썬/난/따/따오(深南大道)'와 같이 부르고, 남북으로 되어 있는 길은 로(路)를 써서 '화/창/뻬이/루(华强北路)'와 같이 부른다. 그리고 한국과 같이 그 지역의 특성을 고려해 동네 이름, 유명지 이름에서 도로의 이름을 따온다. 서울과 인천을 잇는 도로를 '경인(京仁)고속도로'라고 명명을 하였듯, 심천에서도 광주와 심천을 잇는 고속도로를 광심고속공로(广深高速公路)라고 부른다. 중국 발음은 '꽝/썬/까오/쑤/꽁/루(广深高速公路)'라 한다.

위따・뚱싸

^{huá qiáng běi}
华强北에 가면 동쪽은 주로 전자제품 상점이 많이 들어와 있고, 서쪽은 여성의류 및 화장품 상점이 많이 들어와 있다. 필자가 남자다 보니 필자가 자주 간 곳은 전자제품 및 전자부품을 파는 동쪽에 있는 전자상가 거리를 주로 갔다.

길거리에는 '소우/지(手机)'상점들이 아주 많다. 필자가 중국에 자리를 잡은 2007년도에도 중국 핸드폰은 'window ce'를 기반으로 한 지능형 핸드폰이 주류를 이루고 있었다. 지능형 핸드폰은 아이폰이 나오면서부터 '스마트폰'이라고 이름 붙여졌다. 아이폰이 나오기 이전에 한국에서는 PDA폰이라고 했다. 이는 컴퓨터의 기능이 핸드폰 안에 모두 들어가 있어서 소비자가 원하는 기능을 소프트웨어만 설치하면 언제라도 업그레이드 시켜줄 수 있었던 획기적인 제품이었다. 즉 지능을 가진 핸드폰이라고 해서 중국에서는 이를 지능형 핸드폰이라고 불렀다. 그래서 지능수기(智能手机)라고 지능(智能)을 가진 손(手) 안의 기계(机)라는 의미로 불러졌다. 중국에서는 아이폰이 나온 이후에도 여전히 '즈/넝/소우/지(智能手机)'로 불리운다. 이렇듯 한국보다 먼저 스마트폰이 일반화된 중국에서는 핸드폰을 통해 메신저를 주고받을 수 있어서 언제 어디서나 QQ라는 중국메신저를 할 수 있었다.

ⓘ 밑줄, **진한 글자**, *기운 글자*를 기준으로 어순을 확인해 봅니다

필자가 핸드폰을 구매할 때의 대화.

필자	내가 핸드폰을 **사야 하는데**... 어떤 **핸드폰**이 좋아요?
	^{wǒ}我 ^{yào mǎi}**要买** ^{shǒu jī}手机 ^{shén me shǒu jī}**什么手机** ^{hǎo ma}好吗?
^{fú wù yuán}服务员	일반적인 거요? **아니면** 스마트폰이요?
	^{yī bān de ma}一般的吗? ^{hái shì}**还是** ^{zhì néng shǒu jī ma}智能手机吗?
필자	스마트폰이요?
	^{zhì néng shǒu jī ba}智能手机吧?
^{fú wù yuán}服务员	"애플(사과)의 아이폰"**과** "삼성 갤럭시"가 있습니다.
	^{píng guǒ de}苹果的 IPhone ^{hé}**和** ^{sān xīng de}三星的gallaxy ^{yǒu}有

여덟 번째 이야기 | 쇼핑의 자세

필자	**삼성 거** <u>주세요.</u> **그리고** <u>여기서</u> SIM카드도 같이 **파나요?**
	_{gěi wǒ} **sān xīng de bā** <u>hái yǒu</u> <u>zài zhè lǐ</u> _{yì qǐ} _{mài} _{kǎ} _{ma} <u>给我</u>**三星的吧** <u>还有</u> <u>在这里</u> <u>一起</u>卖SIM卡吗?
服务员 _{fú wù yuán}	없어요. **밖**에 <u>나가서</u> <u>사세요.</u>
	_{méi yǒu} _{chū qù} **wài miàn** _{mǎi bā} 没有 出去**外面** <u>买</u>吧
필자	알았어요. (좋아요)
	_{zhī dào lā} _{hǎo bā} 知道啦 (好吧)

애플을 중국에서는 사과의 의미 그대로 사과라고 부른다. 사과(Apple)를 중국어로는 '평과(苹果_{píng guǒ})'라고 하는데 중국 발음은 '핑/구어'이다.

중국의 핸드폰은 심카드(SIM卡)를 핸드폰에 장착해서 사용을 하는 방법을 사용하고 있다. 그래서 심카(SIM卡)를 따로 구매를 해서 사용한다. 심카드는 일종의 선불카드로 먼저 돈을 내고 카드를 산 후, 자신의 手机_{shǒu jī}에 장착해서 사용을 한다. 보통 인민폐(人民币_{rén mín bì}중국돈)로 50원에서 100원 정도 하는데 한국 돈으로 약 1만 원~2만 원 정도 한다. 필자가 핸드폰을 사용할 때를 기준으로 하면 통화 비용은 한국하고 거의 비슷하다고 볼 수 있다. 한국과 다른 점은 한국은 기본 통화료가 있어 전화를 받는 비용을 지불하지 않지만, 기본료가 없는 중국 핸드폰은 전화를 받을 때 수신 비용을 지불한다. 그래서 중국 드라마 중에 '워쥐(蜗居)'라는 이름의 드라마에서 이에 관련된 재미있는 대사가 하나 나온다.

여자 주인공이 결혼을 하고, 여자아이를 한 명 낳았다. 그 아기는 매일같이 똥을 쌌고, 그 똥을 싼 기저귀를 갈아주던 여자주인공이 아기에게 하는 말이다.

⚠ _밑줄, **진한 글자**, *기운 글자*를 기준으로 어순을 확인해 봅니다_

중국드라마 워쥐(蜗居)의 대화 중.

女主演 _{nǚ zhǔ yǎn} 여자주연	아이구~ 아가아~ 니가 **중국이동통신**이냐?
	_{āi yō} _{hái zǐ} _{nǐ shì} **zhōng guó yí dòng tōng xùn** _{ma} 哎哟~ 孩子 你是 **中国移动通讯**吗?

위따똥싸

女主演 (nǚ zhǔ yǎn) 여자주연	들고나고 쌍방향 进出口双向 (jìn chū kǒu shuāng xiàng)	비용을 받냐~ 收费 (shōu fèi)
女主演 (nǚ zhǔ yǎn) 여자주연	중국이동보다 比中国移动 (bǐ zhōng guó yí dòng)	심하네. 还狠 (hái hěn)

선불카드다 보니 비용을 다 쓰면 또 다시 충전을 해야 한다. 핸드폰의 충전은 동네 구멍가게(小店)에서 충분히 가능하다. 충전하는 것을 돈(錢)을 보충(補充)한다는 의미의 충전(充钱)과 가치(價值)를 보충(補充)한다는 의미인 충치(充值)란 단어를 사용한다. 둘 다 사용 가능한데 중국에서는 가치를 보충한다는 의미로 충치를 더 많이 사용한다. 중국 발음으로는 '총/즈(充值)'이다. 充值를 하기 위해서는 '총/즈/카(充值卡)'를 구매해야 하는데 일반적으로 50원~100원짜리를 산다. 카드를 사서 ARS를 통해 직접 충전을 하든지, 아니면 小店점원에게 충전을 해달라고 하면 충전을 해준다.

이렇듯 충전을 하면서 사용하다 보면 한국에서와 같이 매달 특정일에 계산하는 후불제 방법이 얼마나 편리한지를 느낄 수 있게 되었다. 중국도 2008년 이후 스마트폰이 일반화가 되어가면서 스마트폰을 통한 은행거래, 인터넷 쇼핑 등을 하려다 보니 통신회사에 개인정보를 등록하고 사용하는 한국형 후불제 방식이 점차 자리를 잡아가고 있다.

화창베이에서 가장 많이 보는 상점이 핸드폰 가게이지만, 화창베이가 가장 유명한 이유는, 저가형 상품 및 재생된 핸드폰, 그리고 전자제품에 들어가는 부품 및 악세사리들을 모두 그곳에서 살 수가 있어서이다. 한국으로 말하면 서울 종로에 있는 세운상가와 같은 곳이 华强北라고 할 수 있다. 그 华强北에 있는 상점 중, 가장 유명한 상점은 '싸이/꺼(赛格)'라는 전자시장(电子市场)이다. 이곳에는 **전**자회**로**(电路) 및 각종(各种) 부품(配件, 零件), 컴퓨터(电脑), 텔레비전(电视机) 등을 구매할 수 있다.

새격전자시장(賽格电子市场)

필자는 전자제품을 구매하기 위해 '싸이/꺼(賽格)'를 많이 들렀었다. 필자가 남자이다 보니 여러 제품을 한꺼번에 구경을 할 수 있는 곳으로 賽格만한 장소가 없었다. 또한, 업무적인 특성상 賽格를 들러 시장 상황을 파악해야 하는 일이 많았다. 그래서 본의든 타의든 계속해서 들러야 했던 장소가 이 상점이었다.

예전에 한국에서도 종로 세운상가를 가면 길거리에 '싼 거, 싼 거' 하면서 호객행위를 하는 삐끼들을 흔히 볼 수 있었다. 이러한 사람을 순수 우리말로 '여리꾼'이라고 하기도 하지만, 필자는 삐끼라는 말이 더 익숙하기 때문에 필자는 삐끼로 사용하기로 한다.

싼 가격에 물건을 사길 원했던 필자는, 찾기가 어려운 제품을 구할 때는 그 삐끼의 도움을 받곤 했다. 그 삐끼를 쫓아가면 언제나 다른 장소보다 더 비싼 가격으로 물건을 사곤 했다. 그 삐끼가 안내한 상점의 사람들 중에는 복제품을 파는 사람들도 있고, 제대로 된 제품을 파는 사람들도 있었다.

중국에서 불법 복제품을 '도적판(盗贼版)'이란 의미로 '따오/반(盗版)'이라고 한다. 정품은 정식판(正式版)이라 해서 '쩡/반(正版)'이라고 말을 한다.

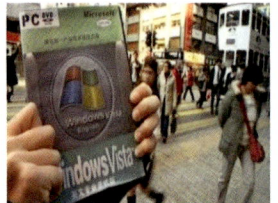

<새격전자시장의 복제품 판매상>

이렇듯 赛格电子市场(sài gé diàn zǐ shì chǎng)앞에는 불법 복제품을 파는 삐끼들이 가방 안에 盗版(dào bǎn) DVD, 영화, 소프트웨어 등등을 가득 넣어서 호객행위를 한다. 그림에서와 같이 중국 경찰 및 관리경비들이 수시로 쫓아내고 검거하고 하지만, 여전히 쉽게 없어지지 않는 불법상행위이다. 이러한 불법행위를 하는 사람을 중국에서는 '뿌/파/펀/즈 不法(bù fǎ)分子(fēn zǐ)'라고 라고 부른다. 한국 발음으로 하면 '불법분자'이다.

한번은 필자와 동료가 삐끼를 만나 사기를 당했던 적이 있었다.

⚠ _밑줄_, **진한 글자**, _기운 글자_를 기준으로 어순을 확인해 봅니다

🕷 필자가 삐끼를 만나다.

盗版者(dào bǎn zhě)	两千块(liǎng qiān kuài) 两千块(liǎng qiān kuài) 이천 원요~ 이천 원~
동료(同事)(tóng shì)	이게 뭐예요? 这是什么?(zhè shì shén me)
盗版者(dào bǎn zhě)	电脑(diàn nǎo) 电脑(diàn nǎo) 笔记本(bǐ jì běn)电脑(diàn nǎo) **컴퓨터** 컴퓨터 **노트북** 컴퓨터　　🕷 전자두뇌(電子頭腦) :컴퓨터
동료(同事)(tóng shì)	몇년도산입니까?　　어떤 **브랜드**죠? 几年产的吗?(jǐ nián chǎn de ma)　什么牌子(shén me pái zi)呀?(yā)
盗版者(dào bǎn zhě)	索尼正品(suǒ ní zhèng pǐn),　2005年产(nián chǎn)　2G的内存(de nèi cún)　处理器是1.6G的(chú lǐ qì shì de) 소니 정품이고　　2005년도산　.　램 2G,　　처리기(CPU) 1.6G입니다.
동료(同事)(tóng shì)	**운영체제(OS)**는 뭐지요? 驱动系统是什么?(qū dòng xì tǒng shì shén me)　🕷 구동계통(驱动系统)은 OS를 가르킴
盗版者(dào bǎn zhě)	윈도우 비스타입니다. WINDOWS Vista
동료(同事)(tóng shì)	어디 _한번_ **봅시**다. 우리는 **전문가**이니　_한번_ **확인**해봅시다. 看一下(kàn yī xià)　　我们是专业啦(wǒ men shì zhuān yè la)。　确认一下(què rèn yī xià)

盗版者 (dào bǎn zhě)	**偷偷**看一下 (tōu tōu kàn yí xià) 这儿 (zhè ér) **몰래** 보세요. 자요~	
	그리고 동료와 필자는 아주 꼼꼼히 살펴 보았다. 컴퓨터를 열어 CPU, 램, 하드디스크 등등 전문가적인 확인으로 동영상도 돌려보고	
동료(同事) (tóng shi)	맞네요. 얼마라고 **했지**요? 对对 (duì duì) **你说**多少钱了吗? (nǐ shuō duō shǎo qián le ma)	
盗版者 (dào bǎn zhě)	两千块 (liǎng qiān kuài) 이천 원이요~	
동료(同事) (tóng shi)	너무 **비싸**네요. 오백 원 어때요? 太 (tài) 贵啦 (guì la) 五百块钱 (wǔ bǎi kuài qián) 好不好? (hǎo bù hǎo)	
盗版者 (dào bǎn zhě)	**不像话** (bù xiàng huà) 。 不兴 (bù xìng) **말 같지 않네.** 안 돼요.	
동료(同事) (tóng shi)	그럼 안 되겠네. (필자와 동료는 그자리를 떠나러 자리에서 일어났다) 那也 (nà yě) 不兴啦 (bù xìng la)。	
盗版者 (dào bǎn zhě)	那么 (nà me) 一千块 (yì qiān kuài) 好不好? (hǎo bù hǎo) 그럼 천 원 어때요?	
동료(同事) (tóng shi)	좋아요. 그럼 **현금인출기** 어딨죠? 갑시다! . 好的 (hǎo de)。 那么 (nà me) 取款机在哪里? (qǔ kuǎn jī zài nǎ lǐ) 走吧! (zǒu ba)	
	🏧 取款机 (qǔ kuǎn jī): 돈(款)을 취급(取扱)하는 기계(機械)	

삐끼를 만나서 필자의 동료는 人民币 (rén mín bì) 1,000원을 주고 아주 얇은 소니 정품 슬림노트북 컴퓨터를 하나를 구매하게 되었다. 전문가로서 기술에 대한 자부심을 느끼면서 살아온 필자와 동료는 절대로 속임을 당하지 않을 자신이 있었기에 약 30분에 걸쳐 이곳저곳을 다 확인하고 나서야 그 제품을 손에 넣었다. 그리고 즐거운 마음으로 귀가를 했다. 그리고 다음 날이 되어서야 필자가 놀라는 일이 발생했다. 다음 날 컴퓨터를 구매한 동료는 그 컴퓨터를 회사로 가져와 한참을 씨

름을 하더니, 필자에게 한국 윈도우 설치가 안 된다면서 아주 슬픈 표정을 지으며, 우리가 속았다고 고백을 해왔다. 확인해 본 결과 정품 제품과 컴퓨터의 사양이 맞지 않는 것이었다. 필자와 동료가 현장에서 하나하나 직접 확인을 했었던 컴퓨터의 사양이 소니 제품 설명서와 서로 맞지 않는 것이었다. 삐끼가 들고 왔던 그 제품은 CMOS 부분을 전부 다 바꿔치기해 마이크로 소프트의 윈도우의 운영체제를 완벽하게 속여, 우리에게는 다른 정보를 확인하게 했던 것이다. 그래서 필자와 동료는 본 사양을 모르는 상태로 컴퓨터를 확인했기 때문에 발생한 사기 사건이었다.

CMOS는 제품의 생산회사에서 제품을 만들 당시부터 제품 사양이 정해져 있으며, 이를 통해 컴퓨터의 정보를 확인하게 하는 부분이다. 이렇게 정해진 정보는 따로 수정할 수 없도록 롬(ROM)이라는 수정 불가능한 저장장치로 저장을 한다. 하지만 중국에 있는 삐끼가 파는 제품은 더 이상 바꿀 수 없는 부분까지 수정을 했던 것이었다. 컴퓨터 해커들이 사용하는 기술 부분까지 이용하여 수정을 할 수 있는 중국의 음지 기술력에 놀라움을 금치 못하였다.

필자는 이 경험을 토대로 결코 무시할 수 없는 중국의 기술력을 알게 되는 계기가 되었다. 길거리에서 파는 불법분자들의 기술력이 얼마나 좋은가를 확인하는 순간 전문가적인 입장에서 놀라지 않을 수가 없었다.

또 한번은 32G바이트 USB 메모리가 새로 나왔다고 해서 그걸 구매한 적이 있었다. 그 당시 일반 메모리가 최대 4G였으니, 기존 제품에 비해 상당히 커다란 저장 용량을 가지고 있는 메모리였다. 필자는 그 메모리를 하나 사면 평생을 써도 되겠다는 생각이 들어 구매하게 되었다.

华强北(huá qiáng běi)에는 가짜 제품들이 많은 관계로 구매를 할 당시에 모든 것을 확인해 보면서 구매를 해야 한다. 32G 메모리를 구매할 당시, 필자와 동료는 전문가적인 입장에서 꼼꼼히 챙겨봤다. 메모리 전체를 다 포맷(초기화)을 하고 포맷할 때의 시간을 체크하고, 700MB 이상 되는 동영상 파일도 약 4개 정도를 복사해 넣어 플레이 되는 것도 다 확인하고, 그렇게 하고서야 구매를 했다. 막 새로 나온 제품이라 기대를 가졌기에, 많은 테스트를 해서 구매를 결정했다.

하지만 필자는 다음 날 또 속았다는 것을 알게 되었다. 실제로 메모리 안에는

2GB의 메모리가 전부였고, 나머지 30GB에 해당하는 부분은 USB 메모리에 붙어 있는 통신프로그램 쪽의 기능을 바꾸어, 필자가 테스트했던 기능들을 가상으로 행동하게 한 것이다.

이때 필자는 알게 모르게 중국의 무서움을 느꼈다. "중국이 참 많은 부분에 있어서 발달하고 있구나" 하면서 말이다. 필자와 같이 속을지 모른다는 불안함에 테스트를 하는 행동, 그 행동 패턴까지 그들은 알고 있었다. 아주 사소한 짝퉁 제품을 만드는 불법분자들마저도 소비자의 행동패턴을 고려해 가짜 제품을 만들어 내고 있구나, 하며 살짝 무서움을 느꼈었다.

한국이 1970년대 종로 세운상가를 중심으로 발전했던 복제기술이 지금의 한국의 IT를 만들었듯, 중국의 복제기술자들이 앞으로의 중국을 기술력을 한층 더 발전 시키겠다, 라는 약간의 무서움을 USB 메모리와 노트북 컴퓨터를 통해서 확인할 수 있었던 것이었다.

华强北(huá qiáng běi)에서 구매할 수 있는 제품에 대한 용어를 정리해 보기로 하자.

	한국어	중국어		예제
컴퓨터	컴퓨터	电脑	diànnǎo	전자두뇌(電子頭腦)
	마우스	鼠标	shǔbiāo	서(鼠)생원 표시기(標示器) - 즉 쥐표시기
	키보드	键盘	jiànpán	건반 - 피아노 건반(鍵盤)
	모니터	显示器	xiǎnshìqì	현시기(顯示器) - 나타내 보여주는 그릇
	CD-ROM	光碟	guāngdié	광(光)접시(碟)
	RAM	内存	nèicún	내존(안에 존재하는 것)
	HDD	硬盘	yìngpán	경판(硬版) - 딱딱한 판대기
	프린터	打印机	dǎyìnjī	때려서 인쇄기(印刷機) (도트 프린터)
	화상캠	摄像头	shèxiàngtóu	영상(影像)을 섭취(攝取)하는 머리(头)
	노트북	笔记本	bǐjìběn	필기본 - 즉 노트를 말한다.
	인터넷	网络	wǎngluò	그물 망(网) + 그물 락(絡) 즉 network란 뜻
	무선공유기	无限路由器	wúxiànlùyóuq	무한(無限)+길 로(路)+자유(由)+기기(机器)
의류	여성복	女装	nǚzhuāng	여장
	남성복	男装	nánzhuāng	남장
	의류센터	服装城	fúzhuāngchéng	복장성
	바지	裤子	kùzi	고자 - 할머니 고쟁이
	치마	裙子	qúnzi	군자 - 치마 군(裙)

위따·똥싸

T-셔츠	T恤衫	t xùshān	T shirts의 비슷한 발음 표현
팬티	内裤	nèikù	내고 – 안에 입는 바지
양말	袜子	wàzi	양말 한 타스 (袜子 一打)
신발	鞋子	xiézĭ	혜자 – 신발 혜(鞋)
브래지어	胸罩	xiōngzhào	흉조 – 가슴 흉(胸), 보쌈 조(罩)
양복	西服	xīfú	서양복장(西洋服裝)

화장품	수분	水粉	shuĭfĕn	수분
	립스틱	口红	kŏuhóng	구홍 – 입(口)에 빨간색(红)
	파운데이션	粉底	fĕndĭ	분저 – 밑(底)에 바르는 분(粉)
	향수	香水	xiāngshuĭ	향수
	아이라인	眼线	yănxiàn	눈(眼) + 선(線)

전자 제품	텔레비전	电视机	diànshìjī	전자+시청+기계(電子視聽機械)
	냉장고	冰箱	bīngxiāng	얼음(冰) 상자(箱子)
	세탁기	洗衣机	xĭyījī	세의기 = 세탁(洗濯)+의복(衣服)+기계(機械)
	진공청소기	吸尘器	xīchénqì	흡진기-먼지(尘)를 흡수(吸收)하는 기기(器機)
	밥솥	饭锅	fànguō	
	비데	净身盆	jìngshēnpén	전신분 – 신체를 정숙히 해주는 분
	SETOP BOX	机顶盒	jīdĭnghé	SET(机) + TOP(顶) + BOX(盒)
	음향기기	音响机器	yīnxiăngjīqi	음향기기
	스피터	喇叭	lăba	나팔
	마이크폰	麦克风	màikèfēng	마이크로폰을 중국 발음으로 옮긴 것
	전원	电源	diànyuán	전원: 전기의 근원지
	콘센트	电源接口	diànyuán jiēkŏu	전원접구: 전원(電源)+접촉(接触)+구멍(口)
	전선	电线	diànxiàn	전선: 전기 선

전자제품은 중국어로 디엔/즈/찬/핀(电子产品)이라고 한다. **전자산**업제품(電子産業製品)을 의미한다. 가정용 상품은 한국과 똑같이 가정용품(家庭用品)으로 부른다. 중국 발음으로는 '지아/팅/용/핀(家庭用品)'으로 발음한다. 앞의 용어들을 들여다 보면 발음만 다를 뿐, 한국어하고 거의 똑같이 사용한다는 것을 확인할 수 있다. 이렇듯 한국어와 중국어는 많은 단어들을 공유하고 있음에 중국어는 결코 어려운 외국어가 아니다.

아홉 번째 이야기: 살인(杀人_{shā rén})? 아니 살차(杀车_{shā chē})

자동차를 구매하다

'브레이크(자동차의 속도를 줄이다)'의 중국어는 '싸/처(刹车_{shā chē})'이다. 필자가 '싸/처(刹车)'란 단어를 처음 들었을 때 '차를 죽인다?'로 생각했다. '사람을 죽인다'의 살인(杀人_{shā rén})의 중국어 발음 '싸/런(杀人)'의 '싸(杀)' 발음이 '싸/처(刹车)'의 '싸(刹)' 발음과 비슷해서 글자를 확인하지 않고 말로만 들었을 때는 '차를 죽인다'로 알아들었다. '차를 죽인다? 아~ 차의 속도를 죽인다는 뜻이구나~'라고 기억했었다. 글자를 확인한 후에도 글자 역시 비슷해 필자는 '차를 죽인다'로 믿고 있었다. 한참이 지난 후에야 '싸/처(刹车)'의 '싸(刹)'는 다른 뜻이라는 것을 알았다. '멈추다'라는 의미를 가지고 있다. 한국 발음은 '찰'이다. '밥 먹을 찰나(刹那)에~~'에서 쓰이는 글자이다. 원 뜻을 확인한 필자는 잠시 망설이다가 그냥 '차를 죽이다'란 의미로 기억해 두기로 했다 '차를 죽이다'나 '차를 멈추다'나 의미적으로 비슷하니 기억하기 쉬운 '차를 죽이는 걸'로 기억하기로 했다. 중국어는 '학문'이 아닌 '말'이므로 가끔은 편한 방법을 선택할 필요가 있다.

필자가 중국에서의 생활이 1년이 좀 넘었을 때 문득 운전을 하고 싶다는 생각이 들기 시작했다. 한국에서 있을 때는 어찌 하면 자동차 운전을 안 할까 하면서 꼼수를 부릴 정도로 하기 싫었던 운전이 중국 생활 1년이 지나자 운전하고 싶다는 충동이 슬금 슬금 올라오기 시작했다. 필자가 중국을 넘어가기 전에 국제운전면허증을 발급받고 중국에 갔기 때문에 그냥 할 수 있지 않나 하는 생각을 했었다. 하지만 이 국제운전면허증은 무용지물이 되었다. 한국과 중국은 국제면허증에 관한 협정이 체결되지 않아 운전을 하려면 중국에서 면허증을 다시 따야 했다. 그래서 필자는 중국에서 운전면허 시험을 치기로 했다. 면허를 따기 위해 여러 방법을 알아보던 중 외국인의 경우에는 필기 시험을 볼 때 통역을 대동할 수 있다는 것을 알게 되었다. 필기시험 시에 통역이 많이 도와주기도 했지만 무엇보다 기본적인 중국 교통법규 및 교통신호체계, 등이 한국하고 많은 부분에서 비슷하기 때문에 무사히 필기시험을 통과할 수 있었다.

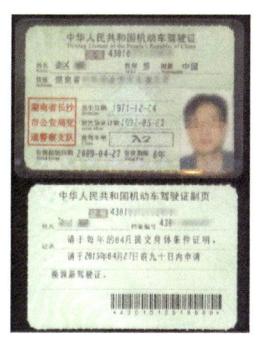

중국의 운전면허증(<ruby>驾驶证<rt>jià shǐ zhèng</rt></ruby>)

한국과 비슷한 부분을 찾아보자면, 기본적으로 자동차는 우측통행을 하게 되어 있고, 이정표 및 신호등은 한국의 것을 그대로 복사를 해갔다고 해도 될 정도로 똑같은 체계를 가지고 있다. 필자가 미국에 갔을 때는 미국 이정표에 익숙지 않아 적응 기간이 필요했던 것과는 달리 중국의 도로 이정표 및 신호등은 한국의 것하고 너무나 똑같았다. 기본 패널의 크기부터 글자의 크기, 도로 표시 방법 등이 한국과 너무 같아 한국에서 교통체계를 중국에 수출한 것이 아닌가 하는 생각이 들기도 했었다.

중국의 도로표지판(<ruby>路牌<rt>lù pái</rt></ruby>)과 신호등(<ruby>信号灯<rt>xìn hào dēng</rt></ruby>)

위의 그림에서와 같이 표지판 및 신호등은 한국과 거의 같다. 한국과 다른 경우는, 우측통행 신호가 있다는 것이다. 필자가 우측통행 신호가 있는지 모르고 우회전을 하다 범칙금을 낸 기억에, 그 이후로는 반드시 우측 신호는 확인하고 운전을 했었다. 그것을 제외하고는 신호 체계 역시 한국과 거의 같다.

도로표지판(이정표)은 중국어로 로패(路牌)라고 한다. 도로(道路) 명패(名牌)의 준말이다. 중국 발음으로 하면 '루/파이(路牌)'이다. 신호등은 신호등(信號燈) 혹은 홍색(紅色), 녹색(綠色)등(燈)이라는 뜻으로 홍녹등(紅綠燈)이라고 부른다. 중국 발음으로는 '신/하오/덩(信号灯)', '홍/뤼/덩(红路灯)'이다. 차도(車道)는 그대로 '처/따오(车道)' 혹은 말이 달리는 길이라고 해서 '마/루(马路)'라고 부르고, 인도는 사람(人)이 진행(進行)하는 도로(道路)라는 의미로 '런/씽/따오(人行道)'라고 부른다. 도로표지판부터 신호 체계의 이름까지 대부분 한국과 비슷해 필자는 어렵지 않게 운전면허증을 취득할 수 있었다.

운전면허증은 중국어로 '쨔/스/쩡(驾驶证)'. 한국 발음으로 하면 '가사증(駕駛證)'인데 '타고 달리는 증명서'라고 해석할 수 있다. 중국은 한국과 다르게 '운전'이란 단어를 많이 사용하지 않는다. '운전(運轉)'이란 단어를 사용하는 곳은 주로 기계 등을 운용할 때와 같이 아주 좁은 영역에서만 '운전'이란 말을 사용을 하고 있다. 그래서 자동차를 운전한다고 할 때도 '카이/처(开车)'나 '쨔/처(驾车)'라는 단어를 사용한다.

이렇게 필자가 驾驶证을 취득하고 난 후 운전을 시작할 수 있었다. 지입차량을 빌려 얼마 동안 중국에서 운전을 한 필자는 자동차를 구매하고 싶어졌다. 그래서 필자는 자동차를 구매하기로 하고 자동차 영업소를 찾아 다녔다. 중국도 한국과 같이 자동차 회사의 전문 영업점이 도심 곳곳에 있어 어렵지 않게 차량을 구매할 수 있다.

필자의 자동차 구매 기준은 어느 나라든 현지에서 가장 A/S가 잘되는 차량을 구매하는 것이다. 그래서 중국산 차의 여러 모델을 둘러보던 필자는 심천 지역에서 가장 많이 팔리는 중국 차량인 BYD 차량을 구매하기로 했다. BYD의 중국어 표기는 '비/야/디(比亚迪)'이다.

중국산 차의 반란 BYD

⚠ 밑줄, **진한 글자**, *기운 글자*를 기준으로 어순을 확인해 봅니다

자동차를 구매하기 위해 영업소를 방문했을 때.

필자	차를 **보려 하는데요**. wǒ yào kàn chē 我 要看 车
服务员 fú wù yuán	nǐ *xiǎng mǎi* shén me chē 你 *想买* 什么车? 어떤 차를 *사려고 하세요*?
필자	**보고** 결정하려고요. *저에게* **설명** 좀 부탁드립니다. kàn kàn hòu jué dìng bā qǐng shuō míng gěi wǒ 看看后 决定吧。 请说明 给我 저 차가 **예쁘겠**네요. nà gè chē hǎo piào liàng 那个车 好漂亮。
服务员 fú wù yuán	hǎo de nà gè chē shì **sān** pái qì liàng shì yī diǎn liù shēng 好的 那个车是F三. 排气量是一点六升 네. 저 차는 **F3**입니다. 배기량 1.6리터(1600cc) 고요. biàn sù qì zì dòng shǒu dòng dū yǒu bā 变速器 自动, 手动 都有吧。 **변속기는** **자동**, 수동 모두 있습니다.
필자	전 자동**보다** 수동이 좋은데. wǒ xǐ huān **shǒu dòng bō** *bǐ* zì dòng 我喜欢 **手动波** *比*自动

服务员	你 试 一下 nǐ shì yī xià 한번 시험해 보세요.
필자	괜찮네요.　　이건 어떻게 팔아요? 好的啦。这个 怎么 卖吗? hǎo de lā　zhè gè zěn me mài ma
服务员	包含保险　　　　7万5千块。 bāo hán bǎo xiǎn　　wàn qiān kuài 보험까지 포함해서　7만 5천 원입니다.
필자	할부 되나요? 可不可以 分期付款? kě bù kě yǐ fēn qī fù kuǎn 🐾 분기납부(分期納付)+돈(款)
服务员	可以。一年可以吧 kě yǐ　yī nián kě yǐ bā 네~　　1년 가능합니다.
필자	수리 보증 기한은　　얼마나 되나요? 维修保证期限是多少吗? wéi xiū bǎo zhèng qī xiàn shì duō shǎo ma 🐾 유지수리보증(維持修理保證)
服务员	三年保证 sān nián bǎo zhèng 3년　보증합니다.
필자	그럼 좋아요.　　설명서 좀 주세요. 那 好吧　给我说明书吧。 nà hǎo bā　gěi wǒ shuō míng shū bā
服务员	为什么? 不买吗? wèi shén me　bù mǎi ma 왜요?　　안 사시게요?
필자	아니요. 다시 한 번 생각해보고　다음에 다시 오려고요. 不是。就想再一次.　　下次 再来。 bù shì　jiù xiǎng zài yí cì　xià cì zài lái
服务员	啊~ 知道了　给你　我的名片吧 à　zhī dào le　gěi nǐ　wǒ de míng piàn bā 아~ 알겠습니다.　당신에게 제 명함을 드릴게요.

필자	네. 알겠습니다. 고맙습니다. hǎo zhī dào le xiè xiè 好. 知道了 谢谢
fú wù yuán 服务员	다음에 꼭 **연락**주십시오. xià cì yí dìng gěi wǒ **lián xì** bā 下次 一定 给我**联系**吧 *联系 : (연계)하다
필자	네. 알겠습니다. shì zhī dào le 是 知道了。
fú wù yuán 服务员	네~ 감사합니다. hǎo xiè xiè 好 谢谢

이렇게 여러 군데의 영업소를 들른 필자는 현지 차량인 수동변속기 F3을 구매했다. 한국과 똑같이 보험부터 차량등록까지 모든 처리 절차를 영업사원이 처리한 후 사량을 인도해주었고, 서비스로 원격경보기까지 선물로 받았다. 해외에서 차량을 구매해보기는 처음인 필자에게는 아주 좋은 경험이 되었다.

차량보험증(车辆保险证)

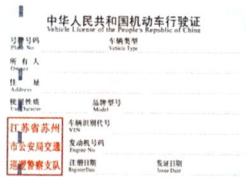

차량운행증(行驶证)

차량등기증서(车辆登记证书)

차량 구매 후 받는 서류

차량을 구매한 필자는 华强北에 가서 내비게이션(중국에서는 GPS라 부름)을 구매하였고 그 내비게이션 덕분에 심천, 광동 지역을 자유롭게 다닐 수 있었다. 중국에서는 한국과 다른 게 차량운행증을 가지고 있어야 차량을 운전할 수 있다. 차량 주인이 운전할 수 있는 사람을 지정을 하게 되는데, 그 사람이 아닌 다른 사람이 운전할 경우 법적인 문제가 발생할 수 있다. 필자도 운전 중 교통경찰(交通警察)에 의해 검문을 받은 적이 있는데, 면허증뿐 아니라, 보험증, 차량운행증도 같이 보여줘야 했다. 만약 그게 없었으면 어떻게 되는지는 경찰을 따라가 보지 않아 모르겠지만, 운전을 할 때는 3개의 서류를 전부 다 가지고 다녀야 한다. 차량은 중국어로도 车辆이다. 보험증도 중국어로 保险证이다. 차량운행증은 '씽/쓰/쩡(行驶证)'이라고 부른다. 驾驶证(면허증), 行驶证(운행증) 등과 같이 차량에 관련된 모든 사항은 차량관리처(车辆管理处)라는 곳에서 모두 처리를 한다. 면허시험을 볼 때도 车辆管理处로 가서 접수하고 시험을 본다.

차가 고장이 나면 근처에 있는 수리점(修理店)을 찾아가야 하는데. 수리점 역시 한국하고 똑같이 '시우/리/디엔(修理店)'이라고 부르거나, **유**지**수리점**포라는 뜻의 '웨이/시우/디엔(维修店)'이라고 부른다. 차량이 문제가 발생하면 维修店에 찾아가면 되는데, 보증 기간 내에 있는 차량은 자동차회사의 지정 수리점을 찾아 가서, 차량점검 및 수리를 받으면 된다. 동네에 있는 수리점도 나름 잘 고치는 편이니, 간단한 수리는 동네 수리점에 믿고 맡겨도 될 듯싶다.

중국에서 바퀴는 한국말 전륜(前轮), 후륜(后轮)에서와 같이 '룬 轮'이라고 부르고, 타이어는 '룬/타이 轮胎'라고 부른다. 아마 영어 타이어(Tire) 발음을 그대로 옮겨 '타이 胎'라고 하는 것 같다. 엔진은 발동기(發動機)라고 부른다. 한국에서도 어르신들은 엔진을 자동차 발동기라고 불렀었다. 중국 발음으로는 '파/동/지(发动机)'이다. 악셀레이타는 가속기(加速器), 중국 발음 '쨔/쑤/치(加速器)'라고 발음한다. 변속기(變速器) 역시 '삐엔/수/치(变速器)'로 똑같이 부른다.

브레이크는 '차를 (속도) 죽인다'라는 의미로 살차기(殺車器). 중국 발음 '싸/처/치(刹车器)'라 부른다. 방향등은 '팡/샹/성(方向灯)'으로 똑같이 부르고, 전조등은 '치엔/자오/덩(前照灯)'으로 역시 똑같이 부른다. 브레이크등은 '싸/처/덩(刹车灯)'이라고 부른다. 타이어에 바람이 없다는 표현은 공기가 없다는 '메이/요우/치(没有气)'로 표현을 하면 되고, 공기를 넣어달라고 할때는 공기(空气)를 증가(增加)시키라는 의미인 '지아/치(加气)'라고 표현을 하면 된다. 엔진오일은 발동기 기름이란 뜻으로 기유(機油)라고 부른다. 중국 발음으로 하면 '지/요우(机油)'이다.

자동차를 운전하다 보면 기름을 넣어야 하기 때문에 주유소를 자주 가게 된다.

주유소는 중국어로 '가유참(加油站)'이라고 부른다. 석유(油)를 추가(追加)하는 역참
(驛站)이란 뜻으로 중국 발음으로는 '쨔/요우/짠(加油站)'이다.

⚠️ 밑줄, **진한 글자**, *기운 글자*를 기준으로 어순을 확인해 봅니다

주유소에서 기름 넣기.

필자	200원어치 넣어주세요.
	_{jiā} _{liǎng bǎi kuài qián} 加 两百块钱。
服务员 _{fú wù yuán}	_{chē pái shì} _{duō shǎo ma} 车牌是 多少吗？ 차량번호가 어떻게 돼요?
필자	5774입니다. _{wǔ qī qī sì} 五七七四
服务员 _{fú wù yuán}	_{qì yóu ma} _{hái shì} _{chái yóu ma} 汽油吗？ 还是 柴油吗？ 휘발유인가요 아니면 경유인가요?
필자	휘발유입니다. _{qì yóu ba} 汽油吧
服务员 _{fú wù yuán}	_{děng yī huì ér} 等一会儿 **잠시만** 기다리세요.
필자	<u>주는 것 **없나요**?</u> _{méi yǒu sòng de ma} 没有送的吗？
服务员 _{fú wù yuán}	**_{gā fēi}** _{hé} *_{kuàng quán shuǐ}* _{yǒu} _{yào shén me} **咖啡** 和 *矿泉水* 有 要什么？ **커피** 와 광천수 있는데 어떤 걸로요?
필자	**광천수** 주세요. _{gěi wǒ} *_{kuàng quán shuǐ}* _{ba} 给我 *矿泉水* 吧

fú wù yuán 服务员	zhè ér 这儿 여기 있습니다'

　매 주요소마다 같지는 않겠지만 필자가 심천 지역에서 간 주유소는 먼저 계산대로 가서 계산을 하고서 그 영수증을 주유 직원에게 보여줘야 한다. 카드결제도 가능하기에 현금카드를 들고 다니면 사용이 그리 불편하지는 않다.

　혹, 불행하게도 교통사고(交通事故)가 날 경우에는 보험을 들었다면 보험회사에 전화를 걸어 출동서비스를 받고, 간단한 사고 같은 경우에는 한국과 똑같이 길거리에서 흥정을 해서 처리를 한다. 교통경찰은 중국에서도 交通警察이다. 보험회사는 보험공사(保险公司)라고 부르고, 교통사고는 똑같이 交通事故라고 한다.

위따똥싸

자동차와 관련된 단어를 정리해보기로 하자

	한국어		중국어	예제
자동차	차량관리소	车辆管理处	chēliàngguǎnlǐchù	차량관리처
	자동차	机动车	jīdòngchē	기동차-기계로 동작하는 차
	4륜차량	四论车	sìlùnchē	사륜차
	택시	的士/出租车	díshì / chūzūchē	TAXI 발음 옮김/ 出租: 빌리다
	버스	巴士	bāshì	BUS 발음 옮김
	가속기	加速器	jiāsùqì	가속기
	변속기	变速器	biànsùqì	변속기
	브레이크	刹车器	shāchēqì	살차기- 차(속도)를 죽이는 기구
	사이드미러	后视镜	hòushìjìng	후사경
	바퀴	轮子	lúnzi	
	타이어	轮胎	lúntāi	바퀴(輪) + Tire
	전조등	前照灯	qiánzhàodēng	전조등
	방향등	方向灯	fāngxiàng dēng	방향등
A/S	A/S센타	维修中心	wéixiūzhōngxīn	유지보수 중심(센터)
	보증수리	保证维修	bǎozhèngwéixiū	보증수리
	엔진	发动机	fādòngjī	발동기
	공기주입	加气	jiāqì	공기 추가
	엔진오일	机油	jīyóu	기계(機械)+기름(油)
보험	보험증	保险证	bǎoxiǎnzhèng	보험증
	운행증	行驶证	xíngshǐzhèng	차량운행증
	보험기간	保险期限	bǎoxiǎnqīxiàn	보험기한
도로	고속도로	高速公路	gāosùgōnglù	고속도로
	쾌속도로	快速公路	kuàisùgōnglù	쾌속(빠른 속도) 도로
	국도	国道	guódào	
	지방도로	地方道	dìfangdào	
	차도	车道	chēdào	차도
	로타리	交通转盘	jiāotōngzhuànpán	교통(회)전판
	일방통행	一方通行	yìfāngtōngxíng	일방통행
	사거리	十字路	shízìlù	십자로
	삼거리	丁字路	dīngzìlù	정자로
	유턴	掉头	diàotóu	고개를 떨구다 - 유턴
	좌/우회전	左/右转	zuǒ/yòuzhuǎn	좌/우(회)전

아홉 번째 이야기 | 살인? 아니 살차

열 번째 이야기: 혼자만의 시간

버스를 타다

필자가 자동차를 구매하기 이전에는 가끔가다가 버스를 타고 출퇴근을 했다. 버스를 타고 출퇴근을 하다 보면 많은 사람들의 모습을 확인할 수 있었다. 아침 일찍 일어나 머리에 까치집을 짓고 출근하는 아저씨, 머리를 제대로 빗질하지 못해 떡이 진 머리로 출근하는 아줌마, 가끔은 단정한 옷차림의 어여쁜 아가씨까지 버스로 출근하는 아침시간은 한국의 바쁜 출근시간과 같이 바쁘게 움직이는 중국 국민들을 가감 없이 볼 수 있는 좋은 경험이다.

필자는 다행스럽게도 항상 자리가 남는 버스정류장에서 버스를 탔기에 항상 자리에 앉아 갈 수가 있었다. 필자가 버스를 타고 출근할 때면 먼 밖 풍경을 바라보기도 했지만 주로 한 일은 버스 안에서 중국신문을 읽는 것이다. 집에서 회사까지는 버스 시간으로 약 40분에서 한 시간 정도 걸리는 길이다. 이 40분의 시간은 버스에 앉아 신문을 읽기에는 충분한 시간이다. 2009년 당시 중국에서의 신문 가격은 人民币 1원에서 2원이었다. 한국 돈으로 따지면 약 200원에서 400원 하는 가격이다.

필자가 처음 신문을 읽기 시작했을 때는 한 시간 동안 한 단락을 다 읽지 못했다. 버스를 타고 가다 보니 전자사전을 꺼내서 단어를 확인할 수 없었다. 그래서 필자는 그동안 알아뒀던 아주 얕은 중국 한자 실력으로 기사 내용을 유추해가며 신문을 읽었다. 유추해서 읽다 보면 답답함도 많았지만, 그래도 유추하는 재미도 있었다. 제목과 사진을 보면서 아는 글자를 하나 하나 맞춰나가는 재미는 마치 퍼즐을 하듯 소소한 재미를 가져다 주었다. 그렇게 퍼즐 맞추기와 같은 신문 기사 유추를 하며 사무실에 도착하면 한 시간이 언제 갔는지 모르게 지나갔다.

이렇게 사무실에 도착하여 제일 먼저 하는 일은 전자사전을 찾아 신문 내용을 정확히 확인하는 일이었다. 전자사전을 찾아가며 유추한 내용이 맞는지 확인하면, 전혀 얼토당토 않게 해석을 하기도 했고, 비슷하게 해석도 했지만, 그런대로 유추 내용이 대부분 맞아 떨어졌다. 필자의 유추능력이 탁월했던 것은, 필자가 두뇌가 뛰어나서가 아니다. 한 시간 동안 한 단락을 채 읽지 못했기 때문에 상상

할 시간이 많아서였다. 매일같이 유추해 나가는 퍼즐의 시간을 즐기다 보니, 어느덧 많은 시간이 흘러 한 시간에 몇 페이지를 읽을 수 있었다. 이때쯤에는 이미 알고 있는 단어들이 많았기에 크게 틀릴 이유가 없었다. 신문에 나열되는 단어들도 처음 얼마 동안만 힘들지 매일같이 비슷한 사건들이 연속해서 일어나기 때문에, 신문의 기사들도 비슷한 단어들로 채워진다. 그래서 신문의 기사를 매일같이 읽는 것은, 똑같은 단어를 매일 복습하는 느낌이다.

이렇게 약 2개월 정도가 지났을 무렵에는 신문 3페이지 분량을 한 시간 만에 읽을 수가 있었다. 약 4개월이 지났을 무렵에는 어느덧 신문의 반을 읽을 수가 있었다. 이렇게 버스 안에서의 시간이 필자에게는 아무에게도 방해 받지 않고 집중해서 중국 글자를 읽을 수 있는 유익한 시간이 되어서 참으로 고마운 시간이었다.

이렇게 목적지에 도착해 버스에서 내리면, 사무실까지 약 15분을 걸어서 갔어야 했다. 덕분에 필자는 부족한 운동시간을 만들어 낼 수 있었다. 이 운동의 시간마저 필자에게는 아주 고마운 시간이 되었다.

한국에서의 신문은 인쇄된 신문지를 얘기하지만 중국에서의 신문의 뜻은 '뉴스(news)'란 뜻으로 쓰인다. 신문(新聞)을 의미대로 해석을 하면 '새로 들은 것'이 된다. 즉 '새 소식'이라는 의미이다. 그래서 중국에서의 신문은 '뉴스'란 단어가 되고 신문지를 부를 때는 '빠오/즈(报纸)'라고 부른다. 한국 발음으로 하면 '보지(報紙)'가 된다. 이는 보도지(報道紙)에서 도(道)를 빼고 부르는 말이다.

중국에도 보면 지역 신문은 지역 이름을 따서 심천일보(深圳日报), 광주일보(广州日报)와 같이 지역 이름을 붙여 신문을 발행한다.

137

열 번째 이야기 | 혼자만의 시간

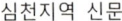
심천지역 신문

광주일보

심천일보(영문판)

중국신문

신문의 종류도, 일간지, 주간지, 종합지, 경제지, 지역지, 중앙지 등등 여러 분류로 나눠져 있으므로 독자의 기호에 따라 골라서 읽으면 된다.

버스를 타기 위해서는 버스 정류장으로 가야 한다.

중국에서 버스정류장은 '빠/쓰/짠(巴士站)'이라고 부른다. 택시를 타는 장소는 '디/스/짠(的士站)'이라고 부른다. 2009년도 심천의 버스에는 한국의 1980년대처럼 안내양이 있어 안내양에게 현금을 지불하고 버스표를 사야 한다. 버스에 올라타, 안내양에게 먼저 목적지(目的地)를 얘기하고 그 거리에 맞는 현금을 지불하면 안내양이 금액이 적힌 버스표를 준다. 별도로 버스표 검사를 하지는 않지만 가끔 버스비를 가지고 분쟁이 일어나기도 하는데 그때 버스표를 검사하여 거리보다 멀리 가는 얌체족을 잡아내기도 한다.

버스정류장(巴士站)

버스내부(巴士內部)

안내양(售票員)

<중국버스 풍경>

위따﹒똥﹒씨

중국에서 대중교통은 공교처(公交车)라고 부른다. 중국 발음으로 하면 '꽁/쨔오/처
(公交车)'라고 발음한다. **공공교통차량(公共交通車輛)**이란 뜻을 가지고 있다. 公交
车는 버스(빠/스巴士), 택시(디/스的士), 지하철(띠/티에地铁)을 모두 포함한다.

⚠ <u>밑줄</u>, 진한 글자, 기운 글자를 기준으로 어순을 확인해 봅니다

🚌 필자가 버스를 탈 때.

售票员	^{qù} ^{nǎ} ^{lǐ} **去 哪里**? / ^{nǐ de mù dì dì shì shén me} 你的目的地是什么? **어디** 가세요? / 당신의 **목적지**가 어디예요?
필자	화난청이요. ^{huá nán chéng} 华南城
售票员	^{yí kuài qián} 一块钱 1원입니다.
필자	이 <u>차의 노선이</u> 심선대로를 <i>거쳐 가죠?</i> ^{zhè gè chē de lù xiàn} ^{guò bù guò shēn nán dà dào} <u>这个车的路线</u> <i>过不过深南大道?</i>
售票员	^{shì} ^{guò qù lā} 是, <u>过去拉</u> 네, <u>지나갑니다.</u>
	<u>목적지</u> **도착** 직전에
필자	내려요~ ^{xià} 下
售票员	^{yǒu xià} **有<u>下</u>**! (对司机叫) 내릴 사람 **있어요!** (운전기사를 향해 소리친다)
필자	고맙습니다. ^{xiè xiè} 谢谢
售票员	^{màn zǒu} **慢走** 천천히 **가세요.** (잘 가라는 의미)

중국의 지하철은 한국과 똑같이 자동판매기에서 목적지 차표를 사서 들어가면 된다. 중국 심천에는 5개의 노선이 있는데 한국과 똑같이 1호선, 2호선, 3호선, 4호선 이렇게 부른다. 중국 발음으로 하면 '이/하오/시엔(一号线)', '얼/하오/시엔(二号线)', '싼/하오/시엔(三号线)', '쓰/하오/시엔(四号线)'으로 발음한다.

지하철(地下鐵)의 글자적 의미는 땅 밑으로 다니는 철도라는 의미가 되는데, 처음 지하철이 만들어졌을 때는 거의 모두 지하로 운행을 했던 듯싶다. 하지만 지금의 지하철은 지상으로 가는 철로도 있어서, 지하철이라고 부르는 것은 맞지 않는 듯싶다. 이런 상황을 반영이라도 하듯 중국에서는 지철(地鐵)이라고 하(下)를 빼고서 말한다. 중국 발음으로 하면 '디/티에(地铁)'라고 발음한다.

심천 지역 지하철 표는 동그란 동전 모양으로 되어 있어서, '디/티 地铁'로 들어가려 할 때는, 마치 저금통에 저금을 하는 느낌이 난다.

지하철 입구

지하철 표 구매

지하철 표

탑승장 및 승무원 (升务员)

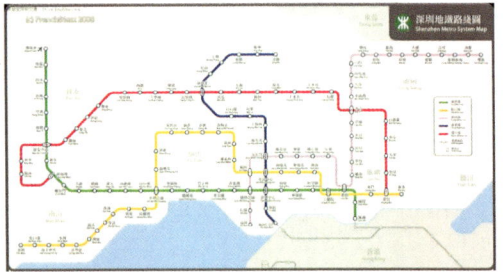
지하철 노선표 (地铁路线票)

<중국 심천 지역 지하철>

지하철을 타고 가다 보면 특별히 발생할 만한 대화 내용이 없다. 그래서 필자 역시 지하철을 탈 때는 표를 사고, 타고, 내리는 상하차(上下車) 이외의 다른 말들을 해본 기억이 없다.

대중교통 이용 시 필요한 단어들을 정리해보기로 하자.

	한국어	중국어		예제
대중 교통	버스	巴士	bāshì	BUS
	지하철	地铁	dìtiě	지하철
	택시	的士	díshì	TAXI
	공항버스	机场巴士	jīchǎng bāshì	비행기장버스
	로선	路线	lùxiàn	노선
	버스정류장	巴士站	bāshìzhàn	
	택시정류장	的士站	díshì zhàn	
	지하철정류장	地铁站	dìtiězhàn	
	버스표	巴士票	bāshì piào	버스표
	차에 타다	上车	shàngchē	차(車)에 오르다(上)
	차에서 내리다	下车	xiàchē	차(車)에 내리다(下)
	목적지	目的地	mùdìdì	목적지
기타	신문지	报纸	bàozhǐ	**보도지**(報道紙)
	소설책	小说书	xiǎoshuōshū	소설서, 소설책(小说册)도 사용함. 看小说册: 소설책을 **보다**
	라디오	收音机	shōuyīnjī	음(音)을 받는(收) 기기(机器)
	PMP	MP三,MP四	MP sān, MP sì	听MP三: MP3를 **듣다**. 看MP四: 동영상 플레이어를 **보다**

열한 번째 이야기: 금강산도 식후경

음식점을 가다

금강산도 식후경이라는 속담처럼 여행객들은 그 지역의 음식을 먹어봐야 그 지역 사람들을 말할 수 있고, 그 동네의 시장을 가야 그 지역 사람들의 생활상을 알 수 있으며, 그 지역 식당을 가봐야 현지인의 식습관을 알 수 있다.

지역 사람들의 식습관을 이해하고, 하나가 될 수 있을 때 우리는 그 사람들을 이해했다고 말할 수 있다. 그래서 한국 사람들은 가족을 말할 때 식구(食口)라고 얘기하고, 국가의 인구를 말할 때도 '사람의 입'이라는 의미인 인구(人口)라고 말을 한다. 이처럼 그 지역을 알고 그 지역의 사람을 이해하는 데는 무엇보다 먹는 것이 그 우선이라 할 수 있다.

평화를 말하고 한 가정의 화목을 얘기하기 위해서는 먹을 것이 그만큼 중요하다고 말할 수 있다. 이러한 철학적 이치를 우리는 한자에서 찾을 수 있다.

한자로 본 음식 문화의 중요성

나무를 뜻하는 나무 목(木) 자가 있다. 이 나무의 꼭대기(열매)가 여물어 머리를 숙이면 벼(쌀)를 뜻하는 벼 화(禾) 자가 된다. 그래서 벼를 쌀나무라고도 부르는 듯싶다.

벼는 곧 쌀, **"쌀을 입에 넣을 수 있다면, 화목(和睦)은 찾아온다"**라는 의미이다. 그래서 쌀(禾)을 입(口)에 넣는다는 의미의 글자가 곧, 화목할 화(和)이다.

이와 비슷한 것으로, 벼(禾)를 키워 불(火)에 넣어 익혀 먹을 수 있는 시기는 가을이다. 그래서 가을 추(秋)는 벼 화(禾)와 불 화(火)로 이루어져 있다.

농경사회에서는 "올 가을에는 밥을 푸짐히 먹을 수 있을까" 하며 걱정하고 살았다. 그래서 "가을 추수에 온 마음(心)을 쓴다"라는 의미로 가을추(秋) + 마음 심(心)을 합쳐서 근심 수(愁)가 만들어졌다. 또한 가을에는 벼를 칼로 잘라내어 수확은 얻으니, 이는 곧 이롭다는 의미로 "벼(禾)를 칼(刀)로 벤다"라는 뜻의 이로울 이(利)이다.

또 쌀(禾)이 많다(多)면 옮겨서 다른 곳에 보관해야 한다는 의미로 '이동(移動)하다'라는 옮길 이(移)란 글자가 만들어졌다.

위따뽕싸

이렇듯 무엇을 하든, 어떤 곳에 있든, 먹는다는 것은 곧 그곳의 문화와 철학을 이해하는 가장 기초가 되는 행위라고 말할 수 있다.

중국의 음식 문화를 얘기하기에 앞서 중국 사람들의 지역적 특성을 알아야 한다. 그 나라의 음식은 그 지역에서 생산되는 재료를 가지고 만들어지기 때문에 그 지역의 특성을 얘기하는 것이 음식 문화를 얘기하는 기본 바탕이 될 것이기 때문이다.

중국 음식의 지역적 특성

중국은 광활한 영토를 가지고 있고, 고대 중국의 영토에는 많은 나라들이 존재했었다. 삼국지에 나오는 한나라, 초나라, 위나라, 촉나라 등 많은 나라들이 지금 현재 중국의 영토에 위치하고 있었고, 그 각 나라의 사람들은 자신만의 영토에서, 그 지역에서 나는 식재료를 가지고 음식을 만들어 먹었다.

농사를 지어 나라 경제를 이끌어 나가던 농경시대의 나라들은 농사가 잘되는 지역이 필요했다. 그래서 '중원 中原'이라고 하는 중국의 중부 지역을 차지하기 위해 전쟁을 했다. 삼국지에서 볼 수 있듯 중원을 장악하기 위해 각종 모략, 책략 등을 써가며 전쟁을 했다.

이렇게 중원을 정복한 나라가 곧 "중국의 근원이다"라고 하는 중화(中華) 사상이 만들어졌고, '중국(中國)'이란 단어도 '중원에 있는 국가'라는 의미로 불렸던 단어이다. 현재의 중국은 고대에 의미적으로 불려진 '중국'을 국가의 정식 명칭으로 차용하여 사용하게 된 것이다.

<중국 중원 지역>

　이렇듯 여러 나라가 중원을 차지하기 위해 벌어진 전쟁은, 여러 국가의 국민들을 서로 만나고, 헤어지게 하였고, 이렇게 만나고 헤어지기를 반복하게 되면서 광활한 중국의 각 지역 음식 문화가 한 곳으로 뭉쳐지게 되는 계기를 마련해 주었다. 이렇게 섞이게 된 많은 국가의 음식들은 지금 중국의 음식 문화를 만들었고, 이렇게 만들어진 "중국음식문화"는 "의자 다리만 빼고 다 먹는다"는 말이 나올 정도의 다양한 요리 문화를 만들어 냈다.

　이렇듯 농사가 잘 되어 풍족한 삶을 살 수 있게 해주는 중원 지역은 지금의 하남, 호북, 호남 지역으로 이곳은 광활한 평원이 있고, 비옥한 황토와 적절한 강수량을 확보하여 농사를 짓기에는 안성맞춤인 지역이다. 이러한 비옥한 옥토를 얻기 위해 중국의 고대국가들은 끊임없는 전쟁을 해왔으며, 통일을 이룬 후에도 많은 지역에는 한나라의 후손들인 한족이 많은 지역에 포진하게 되었다. 이로 인해 중국 대표적인 민족은 한나라 후손인 한족이다. 중국의 인터넷 백과사전인 바이두에 따르면 2010년 현재 중국 인구 중 약 90% 이상이 한족(漢族)이라고 말을 한다. 여기서 보듯 중국의 음식 문화는 한족의 음식 문화라고 해도 과언이 아닐 것이다.

　중원 지역이 비옥한 옥토라 농사를 짓기에는 부족함이 없지만 안 좋은 음식 문화가 하나 있다.

한국은 국토의 70%가 아주 견고한 암석들로 이루어진 산(山)으로 이루어져, 농사를 짓기에는 불편한 감이 있다. 하지만 한국은 지형적 특성상 산이 많고, 그냥 마셔도 좋은 깨끗한 강, 계곡, 냇가 등이 아주 많아 깨끗한 물이 아주 풍족한 나라이다. 암반을 타고 흐르는 물은 너무나 깨끗해 흐르는 물을 그냥 마셔도 됐으며, 여기서 나는 채소와 물고기는 그냥 날것으로 먹어도 될 정도 깨끗했다. 또한 그 물을 먹고 자란 가축들은 고기의 안정성을 확보할 수 있었다. 이렇듯 깨끗한 물은 대한민국 사람에게 안전한 식생활을 제공해 주었고, 언제 어디서나 깨끗이 씻고 살 수 있는 생활 습관을 가질 수 있게 해주었다. 또한 발효음식을 만들어도 항상 똑같은 맛을 유지할 수 있게 하여, 지금의 발효음식의 천국인 대한민국을 만들 수 있었다.

하지만 중국의 중원 지역은 거의 모든 지역이 비옥한 황토로 농사를 짓기에는 좋지만, 비가 내리면 그 빗물이 모두 흙 속으로 흡수되어, 물이 대지를 타고 흐를 수 있는 여지를 만들지 못하였다. 물이 흐르지 않는다는 것은 물이 깨끗해질 수 없다는 의미를 가지고 있다. 물이 흐르는 강, 시냇물 역시도 항상 황토가 섞여 흐르는 흙탕물일 정도로 깨끗한 식생활을 유지할 수 없는 지역이 바로 중원 지역이다. 아시아의 대표 문명인 "황하강 문명"을 만들어낸 황하강 역시도 항상 황토가 섞여 흐르는 강이라는 의미로 '노란색 강', 즉 황하(黃河)라 이름이 붙여졌다. 이것만 보아도 중국 내륙의 물이 얼마나 안전하지 않은지를 보여주는 좋은 예일 것이다. 이렇게 깨끗하지 않는 물은 중국 사람들로 하여금 깨끗한 삶을 살 수 없게 하였으며, 이런 중국인의 생활을 본 한반도 사람들은 중국인들을 보고 지저분한 민족이라고 얘기하곤 했다.

이렇게 깨끗하지 않은 물은 식생활에도 영향을 주었다.

깨끗하지 않은 물은 항상 끓여서 먹을 수밖에 없게 만들었고, 이곳에서 자란 야채들은 끓이거나, 대치거나, 기름에 볶지 않으면 먹을 수 없는 음식이라 여겨져 왔다. 이렇게 항상 끓이고 볶고, 데치고, 기름에 튀기는 음식 문화는 한국에 비해 깨끗하지 않은 물에서 왔다고 해도 과언이 아닐 듯싶다.

이렇듯 중국 한족의 음식 문화에서는 날것으로 먹는 음식은 존재치 않고, 물은 항상 끓여서 마셨다. 이마저도 차 잎을 넣어 그 향을 함께 마시는 습관을 가지게 하였으며, 이는 중국의 차 문화의 발달을 가져왔다. 음식을 만들 때 역시 뜨거운 기름으로 데치고, 볶고 하는 과정을 통해 소독을 하는 문화가 습관화되었다. 여기에도 역시 향이 나는 채소를 음식에 넣어 먹는 향신료의 음식 문화로 발달하게 되었다. 일부 물이 깨끗한 지역에 있는 사람들은 한족임에도 불구하고 파, 배추, 상추 등을 날것으로 먹는 사람들이 있다.

열한 번째 이야기 | 금강산도 식후경

이것을 본다면 음식에 있어 물은 아주 중요한 역할을 해왔다고 볼 수 있다.

이와는 달리 깨끗한 물을 항상 주변에서 접할 수 있는 한반도의 국민들은 정말 복 받은 민족이라고 할 수 있겠다.

또한 내륙에 있다 보니 해산물로 만들어진 음식보다는 내륙에서 나는 재료가 음식의 주를 이루고 있고, 이 때문에 "돼지고기"와 "민물고기"가 주재료로 사용되어 왔다. 현대에 와서는 교통의 발달로 청도, 상해, 광동, 광서 등지와 같은 바닷가 도시로부터 해산물이 내륙으로 빠르게 운송되기 때문에 해산물 음식이 발달하기 시작했다. 중국인들이 해산물을 먹기 시작하면서부터 전 세계 해산물의 가격이 요동칠 정도로 중국인들도 이제는 해산물을 좋아하고, 이러한 해산물 음식 문화는 빠르게 발전하고 있다. 해산물 음식의 발달로 인해 중국의 음식 문화는 더욱 더 다양해졌지만, 중국의 전통음식은 돼지고기와 민물고기가 주를 이루는 음식 문화이다.

한국인들이 좋아하는 대표적인 중국요리인 팔보채, 탕수육 등은 바다와 가까운 홍콩, 심천이 위치한 광동 지역의 음식으로 이 지역의 음식은 주로 해산물이며, 맛은 약간 달고, 담백한 특징을 가지고 있다. 팔보채와 탕수육은 중국 전통 음식이라기보다는 중국의 변방음식이라고 말할 수 있다.

중국의 대표적인 음식 요리는 크게 4개로 나눠진다.

북경, 상해, 사천, 광동요리로 얘기되는데, 이 4대 요리는 중국 국내에서는 별 의미가 없는 분류이고 주로 외국인들이 규정을 한 요리 구분법이라고 할 수 있다. 중국에서는 8대 요리로 나눠서 얘기하는데 그 요리들은

mǐn cài　lǔ cài　chuān cài　yuè cài　sù cài　zhè cài　xiāng cài　huī cài
闽菜、鲁菜、川菜、粤菜、苏菜、浙菜、湘菜、徽菜

이 있다. 이는 각 민족 및 지역적인 특성을 기준으로 분리된 요리들이라 할 수 있다. 이 요리들은 사용된 재료, 만드는 방법 등이 차이가 있다. 이 중 한국 사람들이 좋아할 만한 요리는 산동 지역의 음식인 '루/차이 鲁菜', 매운맛이 일품으로 호남성을 기반으로 하는 '쌍/차이 湘菜', 또 '湘菜'와 비슷하게 맵지만, 입에 마비를 가져오는 '마 麻'란 재료를 음식에 넣어 만드는 사천 지역 음식인'촨/차이 川菜', 그리고 한국인의 입맛에 가장 익숙한 광동 지역을 기반으로 하는 '위에/차이 粤菜'가 한국인이 먹을만한 음식이라 할 수 있다.

한국 사람들은 맛을 표현할 때면 '맛이 있다'와 '맛이 없다'로 맛을 기준으로 삼아서 얘기한다. '어떤 음식이든 특유의 맛은 있는데 왜 그렇게 표현을 할까?'라고 필자는 궁금해 했었다. 오랫동안을 고민하던 필자는 추상적인 결론을 내렸는데, 이는 아마도 앞에 '좋은'이라는 수식어가 빠져 있지 않나 하는 결론이다. 즉 '좋은 맛이 있니?' 혹은 '좋은 맛이 없니?'와 같이 표현해야 하는데 문장을 줄여서 간단히 하다 보니 '좋은' 이란 표현을 빼고서 말하지 않았나 싶다.

중국인들은 '맛이 있다/없다'라는 말 대신 그 맛에 '습관이 됐니?'라는 표현을 많이 쓴다. '음식이 맛있니?'라는 표현을 '你习惯了吗?'라고 말한다. 음식에 익숙해졌을 때만 그 맛을 느낄 수 있듯, 어찌 보면 '습관이 됐니?'라는 이 말이 더 적합한 표현이지 않을까, 라는 생각도 든다.

하지만 필자는 뭐라 해도 '맛이 있니/없니'라는 한국의 표현이 더 정감이 간다. 이것을 보면 필자가 한국 사람은 한국 사람인가 보다.

이와 다른 표현으로는 '먹기 좋니?'라는 표현으로 '好吃吗'라는 표현을 쓴다. '응, 맛있어.'라고 대답을 할 때도 '恩 好吃'라고 대답한다. 이와 같이 맛있다는 표현을 할때는 '하오/츠 好吃'란 말을 쓴다. 이 말은 식당에서 참 많이 쓰는 말이다. 혹시 친구의 초청으로 친구 집에서 밥을 먹을 기회가 있다면, 웬만하면 '하오/츠'라고 해주는 것이 예의라고 필자는 생각한다.

'입맛에 맞아?'라는 표현은 '구미에 좋니?'라고 표현한다. '对口味好吗?'라고 물어보면 된다. 입맛을 중국어로 하면 구미(口味)로 이는 '입(口)+맛(味)'을 그대로 한자로 옮겨 표현한 것이다. 중국 발음으로 하면 '코우/웨이 口味'로 발음한다.

맛의 종류에는 '달다, 쓰다, 시다, 짜다'가 있다.

맛을 표현하는 방법으로는 단맛을 내주는 감미료(甘味料)의 '감미(甘味)'로 이는 단맛이란 표현이다. 중국 발음으로는 '깐/웨이(甘味)'로 발음한다. 다른 표현으로는 '티엔/웨이 甜味'로 표현하는데, 일반적으로는 '甜味'를 더 많이 사용한다. 쓴맛은 고미(苦味)이고, 중국 발음은 '쿠/웨이 苦味', 짠맛은 함미(시엔/웨이 咸味), 신맛은 산미(쑤안/웨이 酸味), 매운맛은 랄미(라/웨이 辣味)으로 표현한다. 그래서 '너무 짜다'라는 표현은 '타이/시엔 太咸', '너무 맵다'라는 표현은 '타이/라 太辣'라고 말하면 된다. 별맛이 없고 '담백하다'라는 표현은 '담백'이라고 말하면 된다. 중국 발음으로는 '딴/바이 蛋白'로 발음한다.

음식을 만드는 방법에는 찌고, 볶고, 데치고, 삶고, 지지고, 끓이는 방법들이 있다.

중국의 요리는 주로 튀기는 요리가 많다. 그중 대표적인 것이 짜장면이다. 짜장면은 춘장을 볶아서 면 위에 올리는 요리이다. 짜장면을 한자로 쓰면 작장면(炸酱麵)이 된다. 즉 장(酱)을 볶아(炸)서 면(麵) 위에 얹은 음식이 작장면(炸酱麵)이다.

작장면(炸酱麵)의 중국어 발음은 '짜/지앙/미엔(炸酱面)'으로 발음된다. 한국의 짜장면은 작장면(炸酱麵)의 중국 발음인 것이다. 즉 짜장면은 '볶음장 면'이란 의미를 그대로 옮긴 중국 발음이다. 일부 한국 사람들 중에는 짜장면은 한국에서 만든 중국요리라고 하지만, 원래 중국 본토에도 짜장면이 있다.

필자는 중국 사천(四川)이 짜장면의 원산지라고 해서 사천 지역에 갔을 때 한번 시켜 먹어 봤다. 한국하고 비슷하게 생기지 않았을까 기대를 했는데 필자가 먹은 사천짜장면은 물이 쫄아 없어진 라면과도 같이 약간의 국물이 들어있는 면 요리였다. 한국과 같이 국물이 없는 짜장면도 있지만 필자가 먹은 짜장면은 약간의 국물이 들어있던 짜장면이었다. 그래서 약간은 아쉬었다. 그렇지만 한국의 짜장면과 비슷한 점은 다진 소고기를 넣어 옛날 짜장과 같은 모양은 갖추고 있다는 것이었다.

<사천의 다양한 짜장면>

위따쭝싸

'짜(炸)'는 '볶다/튀기다'라는 의미를 가지고 있다. '튀기다'라는 의미의 '짜'를 들으면 필자는 하나의 에피소드가 생각이 난다. 그 에피소드를 소개하려 한다.

필자의 동료 중 한 분이 식당에 가서 튀긴 만두를 먹고 싶어 만두를 하나 시켰다. 만두를 시키자 식당 종업원이 "짜더마, 쩡더마"라고 동료에게 물어봤다고 한다. 이 물음을 들은 동료는 한참 동안을 고민을 해야만 했다.

🐞 필자 동료의 생각.

동료	아니 만두에도 가짜(짜더)랑 진짜(쩐더)가 있단 말이야?
	그렇다면 진짜를 먹어야지~ 그럼 쩡더 주세요.

그렇게 '진짜 만두'를 먹기 위해 '쩡더'를 시킨 동료는 종업원이 들고 나온 만두를 보고 자신이 틀렸다는 것을 알게 되었다. 가짜라는 의미인 '지아/더 假的'와 볶는다는 의미인 '짜/더 炸的', 진짜라는 의미인 '쩐/더 真的'와 '찌다'라는 의미인 '쩡/더 蒸的', 이 두 발음이 서로 비슷해서 동료가 듣기에는 '진짜', '가짜'로 들어서 발생한 문제였던 것이었다. 종업원은 "튀긴 만두를 드릴까요? 찐 만두를 드릴까요?"라고 물어본 것을 동료는 "진짜 만두를 드릴까요? 가짜 만두를 드릴까요?"로 잘못 들었던 것이다. 결국 동료가 먹게 된 만두는 '진짜 튀긴 만두'가 아닌 '진짜 찐 만두'였던 것이다.

동료는 발음의 오류로 인해서 쩌서 나온 만두를 먹었다며 필자에게 발음의 중요성을 알려주곤 했다.

'쩡/더 蒸的'의 '쩡 蒸'은 수증기(水蒸氣)와 증발(蒸發)이란 단어에 쓰는 증(蒸)으로, 중국어로는 '증기로 찌다'라는 의미를 가지고 있다.

'익히다'라는 말은 계란을 반만 익힌다는 말인 '반숙(半熟)'의 숙(熟)으로 중국 발음은 '수우 熟'이다.

'지지다'라는 말은 '해물 부침개'를 한자로 '해물전(海物煎)'이라고 부르듯 해물전의 전(煎)이 '지지다'라는 의미이다. 중국 발음으로 하면 '지엔 煎'이다.

볶음밥과 같이 기름을 조금만 넣고 볶는 것은 '차오 焯'라고 말한다. 그래서 볶음밥을 '차오/판 焯饭'이라고 부른다.

살짝 데치는 행동을 '추안 汆'이라고 한다. '汆' 글자를 보면 글자가 재미 있다. 들어갈 입(入)이 물 수(水) 위에 자리 잡고 있다. 물속에 잠시 넣었다 뺀다는 의미를 그대로 전하는 글자이다.

물에 넣고 끓이는 방법은 '주 煮'를 써서 표현한다 그래서 '밥을 하다'라는 표현은 '주/판 煮饭', 또는 '쭈어/판 做饭'이라고 표현한다.

이렇듯 음식을 만드는 방법은 종류가 다양해서, 식당에서 자세히 물어보려고 하면 상당히 복잡하고 어렵다. 또한 '짜장면'에서 보았듯 음식을 만드는 방법이 곧 음식의 이름이 되는 게 중국요리이므로 만드는 방법을 알아야 주문을 정확히 할 수 있다. 필자 역시 중국에 있는 4년 동안 식당에서는 꿀 먹은 벙어리가 된 이유가 음식을 만드는 방법에 대한 단어를 알지 못해 애를 먹어서였음이 그 이유이다.

음식을 만들려면 그 재료를 어떤 것을 쓰느냐가 아주 중요한 역할을 한다.

중국 음식에서 재료는 책상 다리만 빼고 다 쓴다고 할 정도로 다양한 재료를 사용한다. 그렇기 때문에 그 수많은 재료들을 다 알 수도 없지만, 안다고 해도 이걸 다 기술하려면 요리책 한 권을 낼 정도로 방대한 양이 될 것이다. 그래서 필자는 한국인들이 좋아할 만한 대표적인 몇 가지의 재료와, 중국요리에서 많이 쓰이는 몇 가지의 재료만을 기술하려고 한다.

중국요리의 가장 대표적인 재료는 돼지고기이다.

한국 사람들은 돼지를 일컬을 때 돼지 돈(豚)을 많이 쓴다. 그래서 한국 돼지라는 의미로 한돈(韓豚)이라 이름을 붙여 사용한다. 하지만 중국에서 돼지는 서유기에 나오는 손오공의 친구 저팔계(猪八戒)의 이름에서 사용하고 있는 돼지 저(猪)를 사용한다. 그래서 돼지고기를 말할 때 한국에서는 돈육(豚肉)이라고 하고 중국에서는 저육(猪肉)이라고 부른다.

저육(猪肉)의 중국 발음은 '주/로우 猪肉'이다. 저팔계의 중국 발음도 '주/빠/지에 猪八戒'라고 읽는다. 중국 메뉴판에 猪로 시작하는 음식은 주재료가 돼지고기이다.

또한 중요한 식재료로는 소고기가 있다.

소고기는 한우(韓牛)와 같이 우(牛)를 사용하며 중국 발음은 '니우 牛'로 발음한다. 우육(牛肉)은 '니우/로우 牛肉'로 읽고, 한국 전통 소인 황우(黃牛)도 중국에 있는데 그 역시 '황/니우 黃牛'로 그대로 읽는다.

바다에서 나는 해산물은 '하이/찬/핀 海产品'으로 말하기도 하지만, 주로 바다 (海)의 신선(新鮮)한 재료란 의미로 해선(海鮮)으로 부른다.

중국 발음은 '하이/시엔 海鮮'이다. 海鮮 중에 가장 흔한 재료가 새우일 것이다. 한국에서 큰 새우를 부를 때 대하(大蝦)라고 하는 것처럼 새우를 말할 때는 하(虾)를 사용한다. 중국 발음은 '시아(虾)'이다. 그리고 좋아하는 해산물 재료는 '팡/시에 螃蟹'가 있다 '팡/시에'는 킹크랩이라고 부르는 옆으로 걸어 다니는 게를 말한다.

양념으로 쓰이는 재료로는 파, 마늘, 생강, 고추, 겨자 등이 있다.

양념으로 쓰이는 파는 '총 葱'이라 말한다. 파 중에서 크기가 큰 대파는 '따/총 大葱', 서양에서 들어온 양파는 '양/총 洋葱'이라고 부른다. 그리고 크기가 작은 쪽파는 '시아오/총 小葱'이라고 부른다. 한국어와 비교해서 재미있는 것은 '파'와 '총'

이라는 한 글자만 다를 뿐 대파, 양파와 같이 사용하는 방법은 한국과 같다.

배추는 중국어로 '바이/차이 白菜'이다. 한국 발음으로 하면 '백채'이다. 상추는 '성/차이 生菜' 한국 발음으로는 '생채'이다. 또한 '가지'는 '치에/즈 茄子' 한국 발음으로 '가자'이다. 독자들도 느끼셨겠지만 백채는 배추, 생채는 상추, 가자는 가지, 모두 발음이 비슷하다. 한국어 단어인 상추를 중국어로 옮겨 적기 위해 생채로 적었는지, 생채가 한국에 들어와서 발음이 변했는지는 단정 지을 수는 없지만 세 단어는 연관성이 매우 짙다. '생강(生薑)'은 중국 발음으로 '썽/지앙 生薑'이라고 한다. 발음도 글자도 완벽히 다른 이름도 있다. 마늘은 '따/수안 大蒜' 한국 발음은 대산(大蒜)이다. 겨자(芥子)는 '제/차이 芥菜', 고추는 '라/지아오 辣椒'라고 부른다.

또한 맛을 내는 재료 중에는 간장, 된장, 고추장과 같은 기본 양념류들이 있다.

중국 역시 한국과 마찬가지로 장으로 맛을 낸다. 그러므로 중국에도 간장, 된장, 고추장이 모두 있다. 간장은 장(醬)기름이라는 의미로 '지앙/요우 醬油'라고 부른다. 된장은 콩으로 만든 장(醬)이란 뜻으로 '또우/빤/지앙 豆瓣醬'이라고 한다. 고추장은 고추로 만든 장(醬)이란 표현으로 '라/지아오/지앙 辣椒奖'으로 부른다.

중국 간장(醬油)　　　　중국 된장(豆瓣醬)　　　　중국 고추장(辣椒奖)

음식 중에서 가장 중요한 재료는 주식이 되는 쌀이다.

한반도 지역은 강수량이 고르게 내려 모든 지역이 벼농사가 가능하다. 그렇기 때문에 벼농사가 주를 이루었고, 그래서 주식이 쌀이다. 하지만 중국은 영토가 너무 넓어 강수량이 서로 다르고, 땅의 질도 많이 다르다. 그래서 어느 지역은 벼농사가 안 되어 밀을 재배했고, 그래서 밀가루로 만든 빵, 또는 국수가 주식이 되는 지역도 있다.

　대표적인 지역이 중국의 하북(河北) 지역일 것이다. 하북성은 지역이 넓기도 하지만 넓은 평야에 주로 심는 작물이 지역적 여건에 따라 쌀농사를 짓기도 하고 밀농사를 짓기도 한다. 그러다 보니 같은 하북성 사람이더라도 빵이 주식인 사람이 있고 쌀이 주식인 사람이 있다. 이러한 결과로 중국에는 만두와 같은 밀가루 음식문화도 발달해 있다.

　중국에서의 만두와 한국에서의 만두는 약간 다르다. 중국에서의 만두는 속이 하나도 없는 밀가루 빵을 '만두'라고 부른다. 한국에서와 같이 밀가루 안에 고기, 야채 등 부재료를 넣어서 만든 음식은 '교자(餃子)'라는 이름으로 다르게 불린다. 만두의 중국 발음은 '만/토우 饅头'이다. 한국의 만두인 교자는 중국 발음으로 '지아오/즈 饺子'라고 부른다. 혹 이 책을 읽으신 분이 중국에 가서 만두를 주문하기 위해 '만/토우'라고 발음을 하면, 만두 속이 빈 밀가루 빵을 먹게 되니 부니 주의하기 바란다.

중국 만두(饅头)　　　　　중국 교자(饺子)　　　　　중국 교자(饺子)

　중국 사람들은 식당에 갈 때면 먹을 음식을 고민하는 것이 아니고, 어떤 지역 음식점에 갈 것인가를 고민한다. 앞에서도 언급하였지만 어떤 지역 음식을 선택하느냐가 그 음식의 종류를 선택하는 것과 같기 때문에 제일 먼저 지역을 선택해야 한다.

　중국 식당의 이름에는 '충남식당', '전주식당'과 같이 그 지역 이름을 넣어 '호남식당', '동북식당', '사천식당'과 같은 지역 이름을 넣어 이름을 짓는다. 이렇듯, 먼저 지역을 선택해야 정확한 음식을 먹을 수 있다. 식당에 들어가면 그 지역의 특

열한 번째 이야기 | 금강산도 식후경

성에 맞는 음식을 주문을 해야 하는데, 음식 이름은 필자가 앞에서 언급했듯, "돼지고기를 튀겨서 된장을 바른 요리"와 같이 주재료와 조리 방법에 따라 음식이름이 결정이 되기 때문에 만드는 방법 및 주재료를 잘 익혀두는 것이 음식을 주문하는 가장 올바른 길이라고 할 수 있다.

⚠️ 밑줄, **진한 글자**, *기운 글자*를 기준으로 어순을 확인해 봅니다

🐞 필자가 식당에 들어 갈 때의 상황이다.

필자	아~ <u>**배고파 죽겠**</u>네 啊~ 饿死拉	넌 안 고프니? 你不饿吗?	
tóng shì 同事	나도 고프지. 我也饿。	오늘은 今天	어떤 음식을 **먹을까**? 吃什么菜?
필자	오늘 나 **두통**이 *왔어.* 今天我头痛来了	그래서 所以	매운 음식을 **먹어야겠어.** 我要吃辣的菜
tóng shì 同事	그래? <u>**나도** 그런데.</u> 是吗? 我也是。	그럼 那么	호남음식 어때? 湖南菜 好不好?
필자	호남음식 아주 좋지~ 湖南菜 很 好~		
	그런데 호남보다는 但是 比湖南	사천음식은 **어떨까?** 四川的菜 怎么样?	
tóng shì 同事	아~ 맞다 <u>**나도** 좋아해.</u> 啊~ 对吧 我也喜欢	우리 사천음식 **가서 먹자.** 我们去吃四川菜吧。	

위따·뚱싸

mén qián 门前 jiē dài chù 接待处 문전접대처		huān yíng guāng lín **欢迎光临** **왕림**해 주심을 환영합니다.
fú wù yuán 服务员	zhè ér yǒu cài dān 这儿 有菜单 여기 **메뉴판** 있습니다.	yào chī shén me 要吃什么? **뭘** 드시겠습니까?
필자	이게 **어떤 음식이죠?** zhè shì shén me cài 这是 什么菜?	
fú wù yuán 服务员	ēn 恩~ 네~	zhè shì má là tāng 这是 麻辣汤。 이건 마라탕입니다
필자	마라탕요? 어떤 **맛**입니까? má là tāng shén me de wèi dào ma 麻辣汤? 什么的味道吗?	
fú wù yuán 服务员	huǒ guō 火锅。 **샤브샤브**인데요.	nà gè tāng shuǐ yǒu ma fēi hǎo là 那个汤水 有吗啡, 好辣 그 **국물**이 **마비**가 되고, **아주 맵습**니다.
필자	아~ 그래요. 그럼 좋지요 **2인분** 주세요. ā shì ma nà jiù hǎo gěi wǒ liǎng fèn ér bā 啊~ 是吗 那 就好 给我两份儿吧	
fú wù yuán 服务员	shì zhī dào lā 是~ 知道啦。 네~ 알겠습니다.	

열한 번째 이야기 | 금강산도 식후경

필자	와~ **맛있어** *보인다.* **어서** 먹자.	
	哇~ *看出来*好吃。 快点儿 吃吧	
同事	소주 **한병** 마시자.	
	喝 一瓶烧酒吧	
필자	좋지! **백주** 한 병 <u>주문해</u>.	
	好的! 叫 一瓶 白酒	
同事	웨이타~ 백 주 한 병 <u>주세요</u>.	
	服务员~ <u>给我们</u> 一瓶 白酒	
服务员	是~	
	네~	

시간이 흘러 음식을 다 먹었다. (*过了时间 吃完了菜*)

필자	오늘은 내가 **살게**! 종업원~ **계산~~~**	
	今天 我 买单! 服务员~ 买单~~~	
服务员	是~ 在这儿。 全部 两白块钱。	
	네~ 여기 있습니다. 전부 200원입니다.	
필자	여기에 *신용카드* <u>사용</u>**되지요**?	
	在这儿 可不可以用 信用卡?	
服务员	是 可以 **什么**卡?	
	네, 됩니다. **무슨** <u>카드</u>예요?	
필자	비자카드입니다.	
	VISA卡	
服务员	可以 我 **去** <u>刷卡</u> 回来	
	됩니다. 제가 **가서** <u>카드 긁고</u> 돌아오겠습니다.	

필자	잘 먹었습니다. 고맙습니다.
	_{chī hǎo le} 吃好了 _{xiè xiè} 谢谢
_{fú wú yuán} 服务员	_{xiǎo xīn} _{zǒu} _{xià cì zài lái} 小心 走 下次 再来
	조심해 가세요. **다음**에 다시 오세요.

식당 이용 시 필요한 단어들을 정리해 보기로 하자

한국어		중국어		예제
	음식점	餐厅	cāntīng	韩国餐厅, 中国餐厅
		饭店	fàndiàn	작은 식당을 말할 때 사용함
		食堂	shítáng	구내식당과 같은 곳에 사용함
식당	차음식점	喝早茶	hē zǎochá	광동 사람들이 아침에 먹는 차(식당이 있음)
	동북식당	东北餐厅	dōngběicāntīng	
	한국식당	韩国餐厅	hánguócāntīng	
	산동요리	鲁菜	lǔcài	노채
	광동요리	粤菜	yuècài	월채
	호남요리	湘菜	xiāngcài	상채
	사천요리	川菜	chuāncài	천채
	북경오리	北京鸭子	běijīng yāzi	
	쌀	大米	dàmǐ	玉米: 옥수수 쌀
	밀가루	面粉	miànfěn	면분
	돼지고기	猪肉	zhūròu	저육
	소고기	牛肉	niúròu	우육
	물고기	鱼肉	yúròu	어육
	닭고기	鸡肉	jīròu	계육
	오리고기	鸭肉	yā ròu	압육
	생선머리	鱼头	yútóu	어두
식재료	해산물	海鲜	hǎixiān	해선: 바다(海)의 신선(新鲜)한 물건
	파	大葱	dàcōng	小葱: 쪽파 洋葱: 양파
	마늘	大蒜	dàsuàn	
	소금	盐	yán	소금 염(鹽)
	무	萝卜	luóbo	
	배추	白菜	báicài	백채 ▶ 배추
	상추	生菜	shēngcài	생채 ▶ 상추
	가지	茄子	qiézi	가자 ▶ 가지
	청경채	青菜	qīngcài	청(경)채
	향채	香菜	xiāngcài	

고추(가루)	辣椒(粉)	làjiāo fěn	
겨자	芥菜	jiècài	겨(자)채
오징어	鱿鱼	yóuyú	우어
문어	八脚鱼	bā jiǎo yú	팔각어: 발이 8개인 물고기
게(크랩)	螃蟹	pángxiè	방해
새우	虾	xiā	대하(大蝦) : 큰 새우
다시마(미역)	海带	hǎidài	해대(海帶) : 바다의 길죽한 끈
절임음식	咸菜	xiáncài	함채: 짠 음식이란 말
고추장	辣椒酱	làjiāojiàng	고추 + 장
된장	豆瓣酱	dòubànjiàng	콩 + 장
간장	酱油	jiàngyóu	장 + 기름
익히다	熟	shú	반숙(半熟): 반만 익히다
굽다(태우다)	烤	kǎo	말리다, 굽다
찌다	蒸	zhēng	水蒸氣: 수증기로 익히다.
삶다	煮	zhǔ	삶을 자(煮)
볶다	焯	chāo	기름은 조금 넣고 볶는 조리법
튀기다	炸	zhá	기름을 많이 넣고 튀기는 조리법
지지다	煎	jiān	해물파전(海物파煎)
그릇	碗	wǎn	
접시	碟子	diézǐ	접시 접(碟)
앞접시	小碟	xiǎodié	작은 접시
젓가락	筷子	kuàizi	
숫가락	勺子	sháozi	
컵	杯子	bēizi	건배(乾杯): 컵(杯)을 마르게 하다.
메뉴판	菜单	càidān	채단
계산서	买单	mǎidān	매단: 명사로 쓰임
식사 초청	请你吃饭	qǐngnǐchīfàn	
계산하다	买单	mǎidān	매단: 동사로 쓰임
현금	现金	xiànjīn	현금
현금카드	现金卡	xiànjīnkǎ	현금(카)
신용카드	信用卡	xìnyòngkǎ	신용(카)
카드 긁다	刷卡	shuākǎ	
영수증	收据	shōujù	수거: 근거(根据)를 회수(回收)하다
뜨거운 물	开水	kāishuǐ	끓인 물
따뜻한 물	温水	wēnshuǐ	온수
시원한 물	冷水	lěngshuǐ	냉수
얼음 물	冰水	bīngshuǐ	빙수: 팥빙수 = 팥을 얹은 얼음물

조리법 (식기류) (기타)

에필로그: 집필을 마치며

　　지금까지 필자는 몇 가지의 에피소드를 통해 상황에 맞는 말들을 구어체로 기술하고 상황에 맞는 단어들을 최대한 한국어에 맞춰서 정리·나열하였다.
한 문장 한 문장을 그대로 비교해 본다면 때로는 영어와 같이 동사, 명사의 위치가 바뀌어 말을 하기도 하지만, 대부분은 한국어와 어순이 비슷하게 맞아 떨어짐을 확인할 수 있었다. 이것은 한국과 중국은 5천 년 이상의 지역적인 문화 교류로 언어문화마저도 서로 비슷하게 발전하였음을 나타내는 것이다.

이렇게 비슷하게 발전한 언어적 습관이 한국어를 중국어로 발음만 바꿔서 말을 해도 충분히 통할 수 있음을 보여준다.

무식한 필자가 4년간, 중국 현지에서의 중국어 습득 과정을 바탕으로 하여 『워따똥싸』를 집필한 것은 앞으로 다가올 동아시아 중심의 세계에 한국인들이 한국말을 바탕으로 전 세계 무대에 빠르고 강력하게 나아갈 것을 바라는 마음에서 출발한다.

더 이상 머리 싸매고 공부하지 말고 한국말로 중국어 하기를 기대하며……

　본 집필을 마치려고 한다.

2012년 9월 어느 날 필자 최준권 올림

🐞 부록 활용법

부록 Ⅰ『접속사/부사 모음』

　이렇게 자연스럽게 말을 할 수 있다 보면 말을 더 길게 하게 되고, 말을 길게 하다 보면 언제나 맞닥뜨리는 것이 있다. 앞에 문장과 뒤의 문장의 인과관계를 서로 연결해서 말을 해야 하는데, 그 연결하는 말이 상당히 복잡하다는 것이다. 인과관계는 어떻게 연결하느냐가 전하고자 하는 말의 핵심을 아주 미묘하게 변화시키기 때문에 접속사/부사를 잘 쓴다는 것은 그 언어를 얼마나 잘 하는가를 보여주는 지표가 되기도 한다. 필자 역시 아직까지는 미묘하게 변하는 연결 접속사/부사를 완벽하게는 구사하지 못한다. 접속사/부사는 명사와는 다르게 언어적인 습관과, 그 당시 상황에 따라 조금씩 의미를 변화해가며 발전하는 수사이기 때문이다.

　접속사/부사에도 '원래' '천만에' '만일' 등과 같이 한국에서 사용하는 접속사/부사를 그대로 사용하는 경우가 상당히 많다. 꾸준히 연습한다면 이 또한 그리 어렵지 않을 것이다. ,

부록 Ⅱ『워따똥싸 중국어 천자문』

　부록-Ⅱ『워따똥싸 중국어 천자문』에서는 1,000개의 글자를 뜻과, 한국어 발음을 기록하였고, 그 발음의 중국어 발음을 병기하였다. 또한 그 글자에 연관된 한중(韓中) 공통 한자 단어를 열거하였다. 그 열거된 단어들은 중국과 한국에서 모두 사용하고 있는 단어들로서 발음만 중국 발음으로 바꿔서 말을 하면 언제나 통할 수 있는 단어들이다. 각 단어들을 글자에 맞춰서 나열했기 때문에 각 글자가 어디에 사용되는 글자인지를 확인할 수 있으므로, 글자별 뜻을 좀더 명확히 확인할 수 있을 것이다. 한국에서 사용하는 단어의 60% 이상이 중국 한자로 기술이 가능하다는 것은 그 한자로 된 단어가 중국에서도 그대로 사용된다는 것을 의미한다.

　그러므로 부록-Ⅱ『워따똥싸 천자문』을 꾸준히 익히고 연습한다면 한국말 자체가 곧 중국어로 바뀌는 경험을 독자들은 하게 될 것이다. 그리고 부록-Ⅱ『워따똥싸 중국어 천자문』에는 한국에서는 사용하지는 않지만 중국 국민의 실생활에서 많이 사용되는 중국 단어들을 추가하였으므로, 그 단어들을 익히고 연습한다면, 중국의 어디서나 하고 싶은 말을 할 수 있게 될 것이다.

부록 Ⅰ 『접속사/부사 모음』

🌸 병렬관계 접속사(并列关系连词)

한국어	중국어		설명
🌸 A와 B	和	hé	你和我: 너와 나
🌸 A와 B	跟	gēn	你跟我: 너와 나
🌸 A와 같다.	与	yǔ	甘苦与共: 고락을 함께하다
이윽고	既	jì	既而: 이윽고
A하고	而	ér	从而: 따라서 反而: 반대로 然而: 그렇지만
하물며	况	kuàng	何况: 더군다나
게다가	况且	kuàngqiě	
더군다나	何况	hékuàng	
심지어	乃至	nǎizhì	

🌸 승접관계 접속사(承接关系连词)

한국어	중국어		설명
🌸 원칙적으로	原则	yuánzé	원칙적으로
비로소	乃	nǎi	乃是: 비로소 ~이다 乃尔: 이처럼
🌸 곧/바로/당장	就	jiù	
🌸 그래서	于是	yúshì	따라서
🌸 그 다음에	然后	ránhòu	연후에
A하자면	至于	zhìyú	
말하자면	说到	shuōdào	
🌸 이외에	此外	cǐwài	이밖에는(차외)
마치	像	xiàng	像小女: 마치 소녀 같다
🌸 A로 여기다	如	rú	~으로 여(如)기다
🌸 일반적으로	一般	yìbān	일반(一般)적이다
비유하자면	比方	bǐfang	방법(方法)을 비교(比较)하자면
🌸 이어서..	接着	jiēzhe	접착(接着)해서: 연이어서

🌸 전석관계 접속사(转折关系连词)

한국어	중국어		설명
그렇지만..	却	què	
비록	虽然	suīrán	
🌸 그러나	但是	**dànshì**	
그러나	然而	ránér	
기어코	偏偏	piānpiān	
🌸 단지	只是	**zhǐshì**	
🌸 불과(그런데)	不过	**búguò**	불과(不過) A에 해당된다.
~할 정도로	至于	zhìyú	不至于: ~에 이르지 못하다
뜻밖에	不料	búliào	이외의
어찌 알아	岂知	qǐzhī	어찌 알아

🌸 인과관계 접속사(因果关系连词)

한국어	중국어		설명
원래는...	原来	yuánlái	원래(原來)는
🌸 ~으로 인해	因为	**yīnwèi**	因为A : A로 인해
~때문에	由于	yóuyú	
~하기 위해서	以便	yǐbiàn	以便你做饭 : 네가 밥을 하기 위해서
🌸 그러므로	因此	**yīncǐ**	A, 因此 B : A이다. 그러므로 B한다
🌸 그래서	所以	**suǒyǐ**	A, 所以 B: A이다. 그래서 B한다
그런 까닭으로	是故	shì gù	
~을 가져오다	以致	yǐzhì	A, 以致 B: A이다. 그래서 B를 가져왔다.

🌸 선택관계 접속사(选择关系连词)

한국어	중국어		설명
🌸 혹?	或	**huò**	혹시(或是)? 혹은?
🌸 어쩌면	或者	**huòzhě**	A, 或者 B : A , 어쩌면 B ?
🌸 여전히, 아직도	还是	**háishì**	A, 还是 B: A, 여전히 또 B
혹은	抑	yì	
🌸 A가 아니고 바로 B	不是… 就是	**búshì/jiùshì**	不是A 就是B : A가 아니고 바로 B

🐝 가설관계 접속사(假设关系连词)

한국어	중국어		설명
만약	若	ruò	
🐝 만약	如果	**rúguǒ**	如果A : 만약 A라면...
만일	若是	ruòshì	
이를테면	假如	jiǎrú	가짜로 말해서...
🐝 하기만 하면	只要	**zhǐyào**	只要A : A만 한다면...
~해야 한다면	除非	chúfēi	除非A : A를 해야 한다면
설사	假使	jiǎshǐ	
만일	倘若	tǎngruò	倘若A : 만일 A한다면..
~하더라도	即使	jíshǐ	
만약	假若	jiǎruò	
만약 ~라면	要是	yàoshi	
예를 들어	譬如	pìrú	譬如A : 예를 들어 A

🐝 비교관계 접속사(比较关系连词)

한국어	중국어		설명
🐝 마치 ~같다	像	xiàng	像A : 마치 A 같다
~와 같이	好比	hǎobǐ	好比A : A와 같이
~와 같다	如同	rútóng	如同A : A와 같다
마치 ~인 거 같다	似乎	sìhū	
~와 다름없다	等于	děngyú	
~만 못하다	不如	bùrú	不如A : A만 못하다
~만 못미치다	不及	bùjí	不及A : A에 미치지 못한다.

🐝 양보관계 접속사(让步关系连词)

한국어	중국어		예제
설령 ~일지라도	虽然	suīrán	虽然A : A를 했지만
A가 B라지만	固然	gùrán	A固然B : A가 B라지만....
얼마든지	尽管	jǐnguǎn	A尽管B : A가 얼마든지 B를
설령 A해도	纵然	zòngrán	纵然A : A하더라도

체진관계 접속사(递进关系连词)

한국어	중국어		예제
~뿐만 아니라	不但	búdàn	不但A: A뿐만 아니라
~에 그치지 않고	不仅	bùjǐn	不仅A: A에 그치지 않고
게다가	而且	érqiě	
~함께	并	bìng	并A: A와 함께..

조건관계 접속사(条件关系连词)

한국어	중국어		예제
~와 무관하게	不管	bùguǎn	不管A: A와 무관하게
하기만 하면	只要	zhǐyào	只要A: A만 한다면...
~해야 한다면	除非	chúfēi	除非A: A를 해야 한다면

목적관계 접속사(目的关系连词)

한국어	중국어		예제
~의해	以	yǐ	以A: A에 의해
~하기 위해서	以便	yǐbiàn	以便你做饭: 네가 밥을 하기 위해서
~하지 않도록	以免	yǐmiǎn	以免A: A하지 않도록
~하려고	为了	wèile	为了A: A하려고

위따·뚱싸

중국어 쳔 쓰 원

我打洞下 千字文

권죄인준 워따똥씨

더 이상 공부하지 말고 한국말로 중국어를 하길 바라며
2012년 8월
워따똥싸
최준권 올림

워따똥싸 중국어 천자문

천자문은 서기 500년경인 중국 양무제 시절에 완성되어 후세의 글자 교습서로 애용되어 왔다. 한자로 된 중국의 모든 책들은 천자문을 익히므로 시작하여 발달해 왔듯, 모든 학문의 시작은 천자문으로부터 비롯되었다고 해도 과언이 아니다. 그러므로 천자문은 아시아의 가장 많이 팔린 베스트셀러이자 스테디셀러의 책이다. 현대사회를 살고 있는 많은 어린이들 역시 천자문을 시작으로 한자를 공부하고 있으며, 우리나라 말의 60% 이상이 한자로 이루어져 있어 천자문을 익힘으로써 한국어를 이해하는 데 가장 기초가 되는 책이라고 할 수 있다.

이에 필자는 천자문을 기준으로 한국어 단어들을 이해하고, 이 단어들을 중국 발음으로 익힘으로써 중국어를 습득하도록 하는 방법을 독자들에게 제시하며 본 『워따똥싸 중국어 천자문』을 내놓는다.

『워따똥싸 중국어 천자문』의 특징은
1. 한자를 간략화한 간자체로 이루어진 천자문이다.
2. 한국어 발음과 중국어 보통화의 표준 발음을 병기하였다.
3. 각 글자에 해당하는 한국어 단어들을 나열하여 글자별 이해도를 높였다.
4. 각 단어별 중국어 발음을 병음으로 기록하여 한국 발음과 중국 발음을 비교·습득할 수 있게 구성하였다.
5. 한국어에서는 잘 사용하지 않지만 중국에서 사용 빈도가 높은 단어를 추가 기록하여 살아 있는 중국어를 습득할 수 있도록 구성하였다.

『워따똥싸 중국어 천자문』의 효과는
1. 각 글자별 연관 단어를 나열하여 글자별 의미를 자연스럽게 습득할 수 있다.
2. 각 글자별 중국어 발음을 익힘으로 자연스럽게 중국 글자를 익힐 수 있다.
3. 각 연관 단어의 한국어 발음을 중국어 발음으로 읽으면서 자연스럽게 중국어를 습득할 수 있다.
4. 워따똥싸 책을 읽어 한국어와 중국어의 문법적 차이를 익히고, 본 천자문을 익히면 한국어로 중국어를 말할 수 있다.

『워따똥싸 중국어 천자문』 학습 방법.
1. 글자의 쓰는 방법을 모두 다 외울 필요는 없다.
   여러 번 읽어 글자가 눈에 익숙하도록 자주 본다.
2. 각 글자에 관련된 단어들의 뜻을 글자의 의미와 비교하며 기억하도록 한다.
3. 각 글자의 한국 발음과 중국어 발음을 소리내어 읽어 발음을 비교한다.
4. 3번을 여러 번 반복하다 보면 한중 발음의 공통점을 느끼게 된다.
5. 각 단어들의 한국 발음과 중국 발음을 비교하며 발음한다.
6. 중국 발음은 끊어 읽지 말고 한 글자를 읽듯이 연속해서 발음한다.
7. 글자의 크기가 음의 높낮이를 말하니, 글자 크기에 맞춰 노래하듯이 발음한다.

天 하늘 천	地 땅 지	玄 검을 현	黃 노랑 황
tiān 티엔-	dì 띠	xuán 쉬엔	huáng 후왕

뜻: 천지는 검고 노랗다. 하늘은 검고, 땅은 노랗다.

一天(일천):하루 星期天(성기천):일요일 天色(천색):하늘색 天红(천홍):무지개 天线(천선):안테나 天地:천지

天气:천기(날씨) 地铁(지철): 지하철 地下:지하 玄武: 현무 黄金: 황금 黄色:황색 黄河: 황하(강)

宇 집 우	宙 집 주	洪 넓을 홍	荒 거칠 황
yǔ 위이↗	zhòu 쪼우	hóng 호웅	huāng 후왕-

뜻: 우주는 넓고 거칠다.

宇宙:우주 洪水: 홍수 洪湖(홍호):넓은 호수 荒地(황지):척박한 땅

日 날 일	月 달 월	盈 찰 영	仄 기울 측
Rì 르	Yuè 위에	yíng 이응	zè 쩌

뜻: 해와 달도 꽉 차면 기울어간다.

日子:일자(날짜) 好日子(호일자):좋은 하루 节日(절일): 명절 月亮(월량):달(月)

辰 별 진	宿 잘 숙	列 벌릴 렬	张 배풀 장
chén 처언	Sù 쑤	Liè 리에	Zhāng 짜앙-

뜻: 별들도 잠을 잘 때는 자리를 벌려 남을 배려한다.

宿舍:숙사(기숙사) 投宿:투숙(하다) 排列:배열 行列:행렬 陈列:진열(하다)

紧张:긴장(하다) 主张:주장(하다)

寒 찰 한	来 올 래	署 더울 서	往 갈 왕
hán 하안	lái 라이	shǔ 수우↗	wǎng 와앙↗

뜻: 차가움이 오고 더움이 간다.

寒冷线:한냉(전)선 寒气:한기(를 느끼다) 往来:왕래(하다) 过来(과래) :이리로 와라

往前面(왕전면) :전면 방향으로(앞으로) 往后面(왕후면) :후면 방향으로(뒤로)

一天　星期天　天色　天红　天线　天地 天气

地铁　地下　玄武　黄金　黄色　黄河

宇宙：　洪水　洪湖　荒地

日子　好日子　节日　月亮

宿舍 投宿 排列　行列　陈列　紧张 主张

寒冷线　寒气 往来 过来 往前面　往后面

秋 가을 추	收 거둘 수	冬 겨울 동	藏 감출 장
qiū 치우-	shōu 소우-	dōng 똥-	Cáng 차앙

뜻: 가을에 걷어서 겨울에 감춘다(보관한다).
秋收: 추수(감사절) 秋天(추천):가을 收获:수확(하다) 收音机(수음기):라디오
冬天(동천): 겨울 冬风(동풍):겨울바람 藏起来(장기래):감추다

闰 윤달 윤	余 남을 여	成 이룰 성	岁 해 세
rùn 룬	yú 위이	chéng 츠엉	Suì 수이 수에이

뜻: 윤달과 남은(윤달 이외의 날 즉 평일) 날이 합쳐서 한해를 이룬다.
闰月:윤월(윤달) 余生:여생(남은 삶) 成立:성립(하다) 成功:성공(하다) 成年式:성년식
几岁(기세):(나이가)몇 살 岁月:세월

律 법칙 률	吕 법칙 려	调 고를 조	阳 볕 양
lù 뤼	Lǚ 뤼이↗	diào 띠아오 tiáo 티아오	Yang 야앙

뜻: 법과 규율은 햇볕을 고르게 한다.(법과 규율을 잘 만들고 잘 지키다)
法律:법률 律师(률사):변호사 规律:규율 音律:음률 太阳:태양 阴阳:음양(어둠과밝음) 阳光(양광): 햇빛
调查:조사(하다) 调整:조정(하다) 空调(공조):공기조절 장치(에어컨) 阳台(양대): 베란다 夕阳:석양(저녁노을)

云 구름 운	腾 오를 등	致 이를 치	雨 비 우
yún 위인	téng 터엉	zhì 쯔	yǔ 위이↗

뜻: 구름(수증기)이 하늘로 올라가면 비로 변한다.
白云(백운):흰 구름 黑云(흑운) : 먹구름 腾腾:등등(기세등등) 雨伞:우산 雨衣:우의(비옷)
下雨(하우):비오다 暴雨:폭우

露 이슬 로	结 맺을 결	为 할 위	霜 서리 상
lù 루	jié 지에	wèi 웨이	shuāng 쑤앙-

뜻: 이슬이 맺어 서리가 된다.
结婚:결혼 结果:결과 结束(결속):끝맺음하다. 终结:종결(하다) 暴露:폭로(하다)
为:위(하다) 为你:너를 위해 为什么:무얼 위해서?(즉 왜(why)란 의미임)

qiū shōu　qiū tiān　shōu huò　shōu yīn jī　dōng tiān　dōng fēng　cáng qǐ lái
秋收　秋天　收获　收音机　冬天　东风　藏起来

rùn yuè　yú shēng　chéng lì　chéng gōng　chéng nián shì　jǐ suì　suì yuè
闰月　余生　成立　成功　成年式　几岁　岁月

fǎ lǜ　lǜ shī　guī lǜ　yīn lǜ　tài yáng　yīn yáng
法律　律师　规律　音律　太阳　阴阳
yáng guāng　tiáo chá　tiáo zhěng　kōng tiáo　yáng tái　xī yáng
阳光　调查　调整　空调　阳台　夕阳

bái yún　hēi yún　téng téng　yǔ sǎn　yǔ yī　xià yǔ
白云　黑云　腾腾　雨伞　雨衣　下雨
bào yǔ
暴雨

jié hūn　jié guǒ　jié shù　zhōng jié　bào lù　wéi　wéi nǐ
结婚　结果　结束　终结　暴露　为　为你
wéi shén me
为什么

金 쇠 금 jīn 찐-	生 날 생 shēng 썽-	丽 고을 려 lì 리	水 물 수 shuǐ 수이↗

뜻: 황금은 여수(중국의 지역명)에서 난다

黄金:황금 金属:금속 金子塔(금자탑): 피라미드 生日:생일 高丽:고려 美丽:미려(하다) 壮丽:장려(하다)
金先生:김선생(김씨) 矿泉水:광천수(미네랄워터) 水晶:수정 水路:수로 水果:과일 水平:수평 胶水:풀(본드)

玉 구슬 옥 Yù 위	出 날 출 chū 추-	昆 메 곤 kūn 쿤-	冈 메 강 gāng 깡-

뜻: 옥은 곤강(지역명)에서 나온다.

玉戒指(옥계지):옥반지 玉米:옥(玉)수수 玉石:옥석(을 가리다) 出世:출세 出米(출래):나오다
出去(출거):나가다 出产:출산(하다) 出战:출전(하다) 外出:외출(하다) 出盘:출판(하다) 出现:출현(하다)

剑 칼 검 Jiàn 지엔-	号 이름 호 hào 하오	巨 클 거 jù 쥐	阙 대궐 궐 què 취에-

뜻: 칼을 걸궐(보검의 이름)이라 한다.

宝剑:보검 剑道:검도 剑术:검술 号码(호마):번호 几月几号(기월기호):몇 월 며칠이냐?
巨人:거인 巨大:거대(한)

珠 구슬 주 Zhū 쭈	称 일컬을 칭 chēng 청	夜 밤 야 Yè 예	光 빛 광 guāng 꾸앙

뜻: 구슬을 야광(밤에 빛나는 광)이라 부른다

珍珠:진주 珠宝(주보):보석 称呼(칭호):호칭(~부르다) 称赞:칭찬(하다) 夜光:야광 黑夜(흑야):어두운 밤
夜间:야간 半夜(반야):저녁 12시 光线:(가시)광선 光盘:(음악)CD/DVD 光电鼠标(광전서표):광마우스
光电:광전(자) 光纤维:광섬유

果 과실 과 guǒ 구어↗	珍 보배 진 zhēn 쩐-	李 오얏 리 lǐ 리이↗	奈 능금 나무 내 nài 나이

뜻: 과실(과일) 중에는 오얏과 능금이 보배이다.

水果(수과):과일(물이 많이 있는 과실) 結果:결과(과실을 맺다) 果汁:과즙(주스) 苹果(평과):사과(과일)
果糖:과당 珍珠:진주 珍贵:진귀(한) 行李(행리):여행물품 行李箱(행리상):트렁크(여행물품 상자)

위따·똥싸

huáng jīn　黄金　　jīn shǔ　金属　　jīn zǐ tǎ　金子塔　　shēng rì　生日　　gāo lì　高丽　　měi lì　美丽

zhuàng lì　壮丽　　jīn xiān shēng　金先生　　kuàng quán shuǐ　矿泉水　　shuǐ jīng　水晶　　shuǐ lù　水路　　shuǐ guǒ　水果

shuǐ píng　水平　　jiāo shuǐ　胶水

yù jiè zhǐ　玉戒指　　yù mǐ　玉米　　yù shí　玉石　　chū shì　出世　　chū lái　出来　　chū qù　出去

chū chǎn　出产　　chū zhàn　出战　　wài chū　外出　　chū pán　出盘　　chū xiàn　出现

bǎo jiàn　宝剑　　jiàn dào　剑道　　jiàn shù　剑术　　hào mǎ　号码　　jǐ yuè jǐ hào　几月几号

jù rén　巨人　　jù dà　巨大

zhēn zhū　珍珠　　zhū bǎo　珠宝　　chēng hū　称呼　　chēng zàn　称赞　　yè guāng　夜光　　hēi yè　黑夜

yè jiān　夜间　　bàn yè　半夜　　guāng xiàn　光线　　guāng pán　光盘　　guāng diàn shǔ biāo　光电鼠标　　guāng diàn　光电

guāng qiàn wéi　光纤维

shuǐ guǒ　水果　　jié guǒ　结果　　guǒ zhī　果汁　　píng guǒ　苹果　　guǒ táng　果糖　　zhēn zhū　珍珠　　zhēn guì　珍贵

xíng lǐ　行李　　xíng lǐ xiāng　行李箱

菜	나물 채	重	무거울 중	芥	겨자 겨	姜	생강 강
cài	차이	zhòng chóng	쯩 초옹	jiè	지에	jiāng	지앙

뜻: 채소 중에는 겨자와 생강이 중요하다.

蔬菜:채소 青菜(청채):채소(청경채) 重量:중량(무게) 重复:중복 重要:중요(한) 贵重:귀중(한)
芥子:겨자 草芥:초개(와 같이 버리다) 生姜:생강 姜黄:강황(약초)

海	바다 해	咸	짤 함	河	물 하	淡	묽을 담
hǎi	하이↗	xián	시엔	hé	흐어	dàn	딴

뜻:바다는 짜고 물은 담백하다.

海水:해수(바닷물) 淡水(담수):민물 海边:해변 海洋:해양 海鲜(해선):신선한 해물 海关(해관):해상관청,즉 세관
咸草:함초 咸菜(함채):짠지(김치,등 염분이 많은 음식) 清淡(청담):담백한

鳞	비늘 린	潜	잠길 잠	羽	깃 우	翔	높이 날을 상
lín	리인	qián	치엔	yǔ	위이↗	xiáng	시앙

뜻: 물고기(비늘)는 잠수하고 새(깃털)는 날아간다.

鳞片(린편):비늘 潜水: 잠수(하다) 潜力:잠(재)력 羽毛球(우모구):배드민턴(공) 飞翔:비상(하다)

龙	용 룡	师	스승 사	火	불 화	帝	임금 제
lóng	로옹	shī	스-	huǒ	후어	dì	띠

뜻: 복희씨는 용으로써 벼슬을 기록하고 신농씨는 불로써 기록한다.

青龙:청룡 老师(노사):스승(선생님) 律师(율사):변호사 工程师(공정사):엔지니어 火灾:화재 灭火(멸화):불을 멸하다
防火服:방화복 防火用水: 방화용수 发火:발화(하다. 즉 불을 내다) 皇帝:황제 帝国:제국(주의)

鸟	새 조	官	벼슬 관	人	사람 인	皇	임금 황
diāo, niǎo	디아오↗ 니아오↗	guān	꾸안-	rén	르언	huáng	후앙

뜻: 소호는 새로써 벼슬을 기록하고 황제는 인문을 갖추었으므로 인황이라 하였다.

鸵鸟:타조 器官: (소화)기관 人才:인재 男人(남인):남자 女人(여인):여자 客人(객인):손님
皇帝:황제 皇后:황후 韩国人:한국인 中国人:중국인

워따똥싸

shū cài　蔬菜　qīng cài　青菜　zhòng liáng　重量　zhòng fù　重复　zhòng yào　重要　guì zhòng　贵重　jiè zǐ　芥子

cǎo jiè　草芥　shēng jiāng　生姜　jiāng huáng　姜黄

hǎi shuǐ　海水　dàn shuǐ　淡水　hǎi biān　海边　hǎi yáng　海洋　hǎi xiān　海鲜　hǎi guān　海关

xián cǎo　咸草　xián cài　咸菜　qīng dàn　清淡

lín piàn　鳞片　qián shuǐ　潜水　qián lì　潜力　yǔ máo qiú　羽毛球　fēi xiáng　飞翔

qīng lóng　青龙　lǎo shī　老师　lǜ shī　律师　gōng chéng shī　工程师　huǒ zāi　火灾　miè huǒ　灭火

fáng huǒ fú　防火服　fáng huǒ yòng shuǐ　防火用水　fā huǒ　发火　huáng dì　皇帝　dì guó　帝国

tuó niǎo　鸵鸟　qì guān　器官　rén cái　人才　nán rén　男人　nǚ rén　女人　kè rén　客人

huáng dì　皇帝　huáng hòu　皇后　hán guó rén　韩国人　zhōng guó rén　中国人

始 처음 시	制 지을 제	文 글월 문	字 글 자
shǐ 스으↗	zhì 쯔	wén 워언	zì 쯔

뜻: 처음으로 문자를 만들었다.

开始:개시(시작하다) 始终:시종(일관) 原始:원시(인) 始祖:시조(새) 限制:제한(하다) 制造:제조(하다)
文字:문자 文明:문명 文化:문화 文章:문장 字典(자전):사전 名字(명자):이름 数字:숫자 字模:자막(영화)

乃 이에 내	服 옷 복	衣 옷 의	裳 치마 상
nǎi 나이↗	fú ⒡푸우	yī,yì 이-	shāng 쌍-

뜻: 이에 복장에는 옷과 치마를 입게 하여 엄숙케 하였다.

服装:복장 衣服:의복 服务员(복무원):종업원 舒服(서복):편안하다 *(아주 많이 쓰는 표현임. 기분좋다, 편안하다)*
洗衣机(세의기):세탁기 衣裳:의상

推 밀 추	位 자리 위	让 사양할 양	国 나라 국
tuī 투이	wèi 웨이	ràng 랑	guó 구어

뜻: 자리를 미루고 나라를 사양하다.

推进:추진(하다) 位子(위자):위치, 자리 位置:위치 职位:직위 让步:양보(하다)
让我(양아):나로 하여금 ~하게 하다 国家:국가 国民:국민 帝国:제국

有 있을 유	虞 헤아릴 우	陶 질그릇 도	唐 당나라 당
yǒu 요우↗	yú 위이	táo, yáo 타오 야오	táng 타앙

뜻: 유우(인명)는 당나라 제왕이다.

有没有(유몰유):있어요, 없어요? 有名:유명(인) 所有:소유(하다) 有机物:유기물 享有:향유(하다) 陶瓷器:도자기
荒唐:황당(하다)

吊 슬퍼할 조	民 백성 민	伐 칠 벌	罪 허물 죄
diào 띠아오	mín 미인	fá ⒡파아	zuì 쭈이

뜻: 백성을 돕고 죄를 벌한다.

吊带(조대):멜빵 吊带裙(조대군):민소매 원피스(멜빵치마) 民主注意:민주주의 民族:민족 移民:이민(가다)
人民币(인민패):중국돈 挞伐:타파(하다) 盗伐:도벌(하다) 犯罪:범죄 罪恶:죄악(시하다)

kāi shǐ　shǐ zhōng　yuán shǐ　shǐ zǔ　xiàn zhì　zhì zào　wén zì

开始　始终　原始　始祖　限制　制造　文字

wén míng　wén huà　wén zhāng　zì diǎn　míng zi　shù zì

文明　文化　文章　字典　名字　数字

zì mó

字模

fú zhuāng　yī fú　fú wù yuán　shū fú　xǐ yī jī　yī cháng

服装　衣服　服务员　舒服　洗衣机　衣裳

tuī jìn　wèi zi　wèi zhì　zhí wèi　ràng bù　ràng wǒ

推进　位子　位置　职位　让步　让我

guó jiā　guó mín　dì guó

国家　国民　帝国

yǒu méi yǒu　yǒu míng　suǒ yǒu　yǒu jī wù　xiǎng yǒu　táo cí qì

有没有　有名　所有　有机物　享有　陶瓷器

huāng táng

荒唐

diào dài　diào dài qún　mín zhǔ zhù yì　mín zú　yí mín

吊带　吊带裙　民主注意　民族　移民

rén mín bì　tà fá　dào fá　fàn zuì　zuì è

人民币　挞伐　盗伐　犯罪　罪恶

周 두루 주	发 필 발	殷 나라 이름 은	汤 끓을 탕
zhōu 쪼우-	fā,fà ⓕ파-	Yān 앤-	tāng 탕-

뜻: 주발(왕 이름)의 칭호는 은탕이다

周边:주변(을 정리하다)　周末:주말(토요일)　周围:주위　周期:주기(기간)　发现:발현(하다)　出发:출발(하다)
发射:발사(하다)　汤(탕):국, 감자탕, 설렁탕 등　汤水(탕수):국물　汤水肉:탕수육　喝汤(갈탕):국을 마시다

坐 앉을 좌	朝 아침 조	问 물을 문	道 길 [말할] 도
zuò 쭈어	cháo 차오 zhāo 짜오-	Wèn 원	dào 따오

뜻: 좌조는 천하를 통일하여 왕위에 앉은 것이고 문도는 나라 다스리는 법을 말한다.

坐席(좌석):자리에 앉다　坐车(좌차):차에 타다　坐下(좌하):앉다　唐朝(당조):당나라　元朝(원조):원나라　问题:문제
问你(문니):너에게 물을게　问安(문안):안부를 묻다　问好(문호):좋은가 묻다　道理:도리　知道(지도):알다　街道(가도):길

垂 드리울 수	拱 껴안을 공	平 평평할 평	章 글월 장
chuí 추이	gǒng 고웅	píng 피잉	Zhāng 짱-

뜻: 밝고 평화스럽게 다스리는 길을 겸손히 생각함을 말한다.

垂直:수직(수평)　拱门(공문):아치형 문　水平:수평　和平:평화　平安:평안(하다)　平时(평시):평상시
文章:문장　平衡:평형　平凡:평범　平地:평지　章程(장정):규정

爱 사랑 애	育 기를 육	黎 검을 려	首 머리 수
ài 아이	yù ,yō 위	lí 리이	shǒu 소우

뜻: 천하를 다스림에 백성을 사랑으로 양육함을 말함.

爱人:애인　亲爱:친애(하는)　爱情:애정　爱好:애호(가)　作爱(작애):사랑을 하다　爱国:애국　可爱(가애):귀엽다
教育:교육(하다)　养育:양육(하다)　体育:체육(몸을 기르다)　黎明:여명(어둠이 밝음으로, 즉 해 뜰 때를 말함)

臣 신하 신	伏 업드릴 복	戎 오랑캐 융	羌 종족 이름 강
chén 츠언	fú ⓕ푸우	róng 로웅	qiāng 치앙-

뜻: 신하(이상)와 같이 나라를 다스리면 융,강 오랑캐도 복종한다.

埋伏:매복(하다)　起伏: 기복(감정 기복이 심하다)

zhōu biān	zhōu mò	zhōu wéi	zhōu qī	fā xiàn	chū fā	fā shè
周边	周末	周围	周期	发现	出发	发射

tāng	tāng shuǐ	tāng shuǐ ròu	hē tāng
汤	汤水	汤水肉	喝汤

zuò xí	zuò chē	zuò xià	táng cháo	yuán cháo	wèn tí
坐席	坐车	坐下	唐朝	元朝	问题

wèn nǐ	wèn ān	wèn hǎo	dào lǐ	zhī dào	jiē dào
问你	问安	问好	道理	知道	街道

chuí zhí	gǒng mén	shuǐ píng	hé píng	píng ān	píng shí
垂直	拱门	水平	和平	平安	平时

wén zhāng	píng héng	píng fán	píng dì	zhāng chéng
文章	平衡	平凡	平地	章程

ài rén	qīn ài	ài qíng	ài hǎo	zuò ài	ài guó
爱人	亲爱	爱情	爱好	作爱	爱国

kě ài	jiào yù	yǎng yù	tǐ yù	lí míng
可爱	教育	养育	体育	黎明

mái fú	qǐ fú
埋伏	起伏

遐 멀 하	迩 가까울 이	壹 한 일	体 몸 체
xiá 시아	ěr 얼	yī 이-	tī,tǐ 티-

뜻: 멀고 가깝고 모두가 일체가 될 수 있다.

向迩(향이):가까이 두다   一体:일체   体育:체육   肉体:육체   体育馆:체육관   身体:신체   具体:구체(적)

率 비율 률 / 거느릴 솔	宾 손님 빈	归 돌아갈 귀	王 임금 왕
lǜ 뤼 / shuài 쑤아이	bīn 빈-	guī 꾸이-	wáng 와앙

뜻: 손님을 거느리고 왕에게 돌아가다.

效率:효율   比率:비율   汇率(회율):환율   贵宾:귀빈   来宾:내빈   宾馆(빈관):여관   归纳发:귀납법(국어)
归还:귀환(하다)   王后:왕후   王冠:왕관

鸣 울 명	凤 봉황 봉	在 있을 재	树 나무 수
míng 미응	fèng ⓕ펑	zài 짜이	shù 수

뜻: 봉황이 나무 위에서 울다.

共鸣:공명(동시에 울리는 현상)   悲鸣:비명(지르다)   在: (장소에)있다   在家(재가):집에 있다   在座(재좌):앉아 있다
在职:재직(일하고 있다)   在不在(재불재): 있니, 없니?   树干(수간):나무막대(줄기)   树林:수림(숲)   树木:수목(원)

白 흰 백	驹 망아지 구	食 밥 식	场 마당 장
bái 바이	jū 주-	shí 스으	cháng 차앙

뜻: 흰망아지가 밥을 먹다(즉 평화롭다)

白色:백색(흰색)   白饭:백반(흰쌀밥)   明白:명백   白酒:백주(흰(맑은) 술, 즉 소주를 말함)   食品:식품   粮食:양식
广场:광장   市场:시장   机场(기장):비행기장   商场(상장):상점광장, 쇼핑센타   娱乐场所:오락장소(유흥지)

化 될 화	被 입을 피	草 풀 초	木 나무 목
huā 후아-	bèi 뻬이	cǎo 차오	mù 무

뜻: 좋고 그름은 사람뿐 아닌 풀과 나무에게도 입힌다.

世界化:세계화   文化:문화   文明化:문명화   被(피):수동태를 만드는 글자   被害: 피해(해로움을 당하다)
被保险者:피보험자(보험 혜택을 보는 사람)   被打: (매를)맞다   草木:초목(풀과 나무)

위따·뚱싸

向迩 一体 体育 肉体 体育馆 身体
具体

效率 比率 汇率 贵宾 来宾 宾馆
归纳发 归还 王后 王冠

共鸣 悲鸣 在 在家 在座 在职 在不在
树干 树林 树木

白色 白饭 明白 白酒 食品 粮食
广场 市场 机场 商场 娱乐场所

世界化 文化 文明化 被 被害
被保险者 被打 草木

赖 힘입을 뢰	及 미칠 급	万 일만 만	方 모 방
lài 라이	jí 지이	wàn 완	fāng ⓕ팡-

뜻: 만방이 극히 넓으나 어진 덕이 고루 미치게 된다.

信赖:신뢰(하다) 依赖:의뢰(하다) 无赖:무뢰 及时(급시):시간이 됐다 千万:천만(에) 万一:만일(~한다면)
万方:만방(에 알리다) 方便(방편):편한 방법(편리하다) 北方:북방 南方:남방 方向:방향 地方:지방

盖 덮을 개	此 이 차	身 몸 신	发 (髮) 터럭 발
gài 까이	cǐ 츠으↗	shēn 썬-	fā ⓕ파-

뜻: 이 몸에는 털이 있다.(모든 사람에게 해당된다는 의미)

覆盖:복개(천) 因此(인차):이것 때문에 彼此:피차(일반) 此外(차외):~이외의 身体:신체 身份:신분 身材(신재):몸매
健身房(건신방):몸 건설하는 방-휘트니스 센터 头发:두발 发型(발형):머리모양(헤어스타일) 卷发(권발):파마(하다)

四 넉 사	大 큰 대	五 다섯 오	常 일상 상
sì 쓰	dà 따	wǔ 우우	cháng 차앙

뜻: 사대(하늘, 땅, 임금, 부모) 오상(어짊, 예의, 의리, 지식, 신뢰)

四肢(사지):손발 四方:사방(동서남북) 大家:대가(여러분) 大概:대개(대략~) 大陆:대륙 大门:대문
日常:일상(생활) 非常:비상(비상사태./일반적이지 않은) 正常:정상 平常:평상(시) 常常(창창):항상 恒常:항상

恭 공손할 공	惟 오직 유	鞠 국문할 국	养 기를 양
gōng 꽁-	wéi 웨이	Jū 쥐-	Yang 야앙↗

뜻: 국양함을 공손히 하라. 이 몸은 부모의 은혜이기 때문이다.

恭敬:공경(하다) 恭顺:공순(공순하다) 惟一:유일(무이) 惟独:유독(히) 保养:보양(하다)
养育:양육(하다) 培养:배양(하다) 营养:영양 养成:양성(하다)

岂 어찌 기	敢 감히 감	毁 헐 회	伤 상할 상
qǐ 치이↗	gǎn 가안↗	huǐ 후이↗	Shāng 쌍-

뜻: 어찌 감히 몸을 상하게 할 것이냐.(몸을 소중히 하라)

勇敢:용감(하다) 果敢:과감(하다) 毁灭:회멸(하다) 伤心:상심(하다) 伤处:상처 伤口(상구):상처 伤害:상해
伤:상(하다. 음식, 모발)

信赖 依赖 无赖 及时 千万 万一 万方
xìn lài yǐ lài wú lài jí shí qiān wàn wàn yī wàn fāng

方便 北方 南方 方向 地方
fāng biàn běi fāng nán fāng fāng xiàng dì fāng

覆盖 因此 彼此 此外 身体 身份
fù gài yīn cǐ bǐ cǐ cǐ wài shēn tǐ shēn fèn

身材 健身房 头发 发型 卷发
shēn cái jiàn shēn fáng tóu fà fà xíng juǎn fà

四肢 四方 大家 大概 大陆 大门
sì zhī sì fāng dà jiā dà gài dà lù dà mén

日常 非常 正常 平常 常常 恒常
rì cháng fēi cháng zhèng cháng píng cháng cháng cháng héng cháng

恭敬 恭顺 惟一 惟独 保养
gōng jìng gōng shùn wéi yī wéi dú bǎo yǎng

养育 培养 营养 养成
yǎng yù péi yǎng yíng yǎng yǎng chéng

勇敢 果敢 毁灭 伤心 伤处 伤口 伤害
yǒng gǎn guǒ gǎn huǐ miè shāng xīn shāng chù shāng kǒu shāng hài

伤
shāng

女 계집 녀	慕 사모할 모	贞 곧을 정	烈 매울 렬
nǚ 뉘이↗	mù 무	zhēn 쩐-	liè 리에

뜻: 여인은 곧고, 정렬함을 사모해야 한다.(행실을 단정히 해야 함)

女人:여인 女士:여사 女儿(여아):여자아이(딸) 妇女:부녀(회) 爱慕:애모(사랑하다) 贞操:정조(를 지키다)
强烈:강렬(히) 热烈:열렬(히) 猛烈:맹렬(히) 壮烈:장렬(히) 剧烈:극렬(히) 激烈:격렬(히)

男 사내 남	效 본받을 효	才 재주 재	良 어질 량
nán 나안	xiào 씨아오	Cái 차이	liáng 리양

뜻: 남자는 재능과 어짐을 본 받아야 한다.

男人:남인(남자) 男儿:남아(사내아이) 效能:효능 效果:효과 人才:인재 才干:재간 才能:재능 天才:천재
刚才(강재):방금, 금방 善良:선량(한) 良心:양심(적) 良好:양호 改良:개량(하다)

知 알 지	过 지날 과	必 반드시 필	改 고칠 개
zhī 즈-	guò 꾸어	bì 삐	gǎi 가이

뜻: 지난날(허물)을 알면 반드시 고칠 수 있다.

知道(지도): 알다 知不知道:알고 있니?(알아, 몰라?) 知识:지식 通知:통지(하다) 无知:무지(하다) 经过:경과
不过:불과(하다) 通过:통과(하다) 过程:과정 过分:과분(하다) 过失:과실(실수) 必需:필수
必要:필요(하다) 必然:필연(적) 改变:개변(변하다) 改革:개혁(하다) 改(개):바꾸다

得 얻을 득	能 능할 능	莫 말 막	忘 잊을 망
dé 드어	néng 너엉	mò 모	wàng 왕

뜻: 얻은 것을 잊지 않도록 한다.

获得:획득(하다) 不得不(부득불):어쩔 수 없이 觉得(감득):감각으로 얻다. 즉 느끼다 记得(기득):기억하다
记不记得:기억하지? 能力:능력 可能:가능(하다) 能不能:할 수 있니? 能吃(능흘):먹을 수 있다.
忘记(망기):잊어버리다 莫大:막대(한) 莫逆:막역(한) 备忘录:비망록 忘却:망각(하다)

罔 없을 망	谈 말씀 담	彼 저 피	短 짧을 단
wǎng 와앙↗	tán 타안	bǐ 비이↗	duǎn 뚜안↗

뜻: 남의 잘못을 말하지 말라.

欺罔:기망(하다. 즉 속이다) 谈论:담론(하다) 谈判:담판(짓다) 笑谈:소담(담소를 즐기다) 谈话:담화(를 나누다)
彼此:피차(상호간에) 短信:단신(짧은 소식) 长短:장단 短袖(단수):짧은 소매, 반소매

女人　女士　女儿　妇女　爱慕　贞操　强烈

热烈　猛烈　壮烈　剧烈　激烈

男人　男儿　效能　效果　人才　才干

才能　天才　刚才　善良　良心　良好

改良

知道　知不知道　知识　通知　无知　经过

不过　通过　过程　过分　过失　必需　必要

必然　改变　改革　改

获得　不得不　觉得　记得　记不记得　能力

可能　能不能　能吃　忘记　莫大　莫逆

备忘录　忘却

欺罔　谈论　谈判　笑谈　谈话　彼此　短信

长短　短袖

靡 아닐 미	恃 믿을 시	己 몸 기	长 길 장
mí 미이	shì 스	jǐ 지이↗	cháng 차앙 / zhǎng 짜앙

뜻: 자신의 장점을 너무 믿고 자랑하지 말라.

自己:자기 克己:극기 己方(기방):우리 편 校长:교장(선생님) 长城:장성(만리장성) 成长:성장(하다)

信 믿을 신	使 하여금 사	可 옳을 가	覆 뒤집을 복
xìn 신	shǐ 스으↗	kě 커어	fù ⓕ푸

뜻: 믿음은 움직일 수 없는 진리이고 남과의 약속은 지켜라

相信(상신):서로 믿다 信用:신용(카드) 信心(신심):믿는 마음, 즉 자신감 信任:신임(하다) 大使馆:대사관
使用:사용(하다) 可以(가이):가능해! 可不可以:가능합니까? 可能:가능(해요)! 可爱(가애):귀엽다 被覆:피복(씌우다)

器 그릇 기	欲 하고자할 욕	难 어려울 난	量 헤아릴 량
qì 치	yù 위	nán 나안	liáng 리양

뜻: 사람의 그릇(능력)은 양을 헤아리기 어렵다.

机器:기기(전자기기) 武器:무기 充电器:충전기 欲望:욕망 禁欲:금욕(욕심을 금하다) 情欲:정욕 性欲(성욕)
难题:난제(어려운 문제) 困难:곤란(하다) 灾难:재난 难看(난간):보는 게 어렵다(못생겼다) 质量:질량(품질)
力量:역량 重量:중량(무게) 测量:측량(하다) 分量:분량 大量:대량(의) 定量:정량(정해진 량)

墨 먹 묵	悲 슬플 비	丝 실 사	染 물들 염
mò 모	bēi 뻬이-	sī 쓰-	rǎn 라안↗

뜻: 흰 실에 검은 먹물이 들면 다시 하얗게 변하지 못함을 슬퍼한다.(매사에 조심)

悲观:비관(적) 悲哀:비애(슬프다) 悲惨:비참(한) 悲歌:비가(슬픈 노래) 丝丝(사사):매우 길다 染色:염색(하다)
染发(염발):모발 염색 感染:감염(되다) 传染:전염(시키다) 污染:오염(시키다)

诗 시 시	赞 칭찬할 찬	羔 새끼양 고	羊 양 양
shī 스-	zàn 짠	gāo 까오-	yáng 야앙

뜻: 시 고양편을 칭찬하다.

诗人:시인 诗集:시집 赞成:찬성(하다) 称赞:칭찬(하다) 礼赞:예찬(하다) 羊肉(양육):양고기 羊皮:양피(양가죽)

zì jǐ 自己	kè jǐ 克己	jǐ fāng 己方	xiào cháng 校长	cháng chéng 长城	chéng cháng 成长

xiāng xìn 相信	xìn yòng 信用	xìn xīn 信心	xìn rèn 信任	dà shǐ guǎn 大使馆	shǐ yòng 使用
kě yǐ 可以	kě bù kě yǐ 可不可以	kě néng 可能	kě ài 可爱	bèi fù 被覆	

jī qì 机器	wǔ qì 武器	chōng diàn qì 充电器	yù wàng 欲望	jìn yù 禁欲	qíng yù 情欲
xìng yù 性欲	nán tí 难题	kùn nán 困难	zāi nán 灾难	nán kàn 难看	zhì liàng 质量	lì liàng 力量
zhòng liàng 重量	cè liáng 测量	fēn liáng 分量	dà liàng dìng liàng 大量定量		

bēi guān 悲观	bēi āi 悲哀	bēi cǎn 悲惨	bēi gē 悲歌	sī sī 丝丝	rǎn sè 染色	rǎn fà 染发
gǎn rǎn 感染	chuán rǎn 传染	wū rǎn 污染			

shī rén 诗人	shī jí 诗集	zàn chéng 赞成	chēng zàn 称赞	lǐ zàn 礼赞	yáng ròu 羊肉
yáng pí 羊皮					

景 경치 경	行 다닐 행 행렬 항	维 매다 유 유지 유	贤 어질 현
jǐng 지옹↗	háng héng xíng 하앙 흐엉 씨응	wéi 웨이	xián 시엔

뜻: 행실을 잘하면 어진 사람이 되고

风景:풍경　背景:배경　前景:전경(앞의 경치)　光景:광경　景气:경기(건설 경기)　银行:은행(Bank)　行动:행동(하다)
行为:행위　举行:거행(하다)　流行:유행(하다)　执行:집행(하다)　维持:유지(하다)　维修(유지):수리하다　贤明:현명(하다)

克 이길 극	念 생각 념	作 지을 작	圣 성인 성
kè 크어	niàn 녠	zuò 쭈어	shèng 셩

뜻: 생각을 이기고 다스리면 성인이 된다.

克己:극기(훈련)　克服:극복(하다)　麦克风(맥극풍):마이크폰　纪念:기념　观念:관념　概念:개념　工作:공작(일하다)
作用:작용(하다)　动作:동작　合作:합작(하다)　创作:창작(하다)　圣人:성인　圣诞节:성탄절(크리스마스)

德 덕 덕	建 세울 건	名 이름 명	立 설 립
dé 드어	jiàn 찌엔	míng 미응	lì 리

뜻: 덕을 세워(쌓아) 이름을 서게 하라.

道德:도덕　德国(덕국):독일　公德:공덕(을 쌓다)　建筑:건축　建设:건설(하다)　建立:건립(하다)　名字:이름
名片:명함　有名:유명(하다)　著名:저명(인사)　独立:독립(하다)　立案:입안(하다)　立体:입체(3D)
对立:대립(하다)　中立:중립(지키다)　立场:입장(자신의 입장)　立交桥(입교교):입체교차로　起立:기립(하다)

形 모양 형	端 바를 단	表 겉 표	正 바를 정
xíng 씨응	duān 뚜안-	biǎo 삐아오	zhēng 쩡

뜻: 형태가 바르면 겉으로 바르게 표현된다.

形态:형태　形象:형상　形容词:형용사　形式:형식　形成:형성(하다)　变形:변형　波形:파형(wave)　地形:지형
体形:체형　形体:형체　尖端:첨단(산업)　极端:극단(적)　端正:단정(한)　表示:표시(하다)　表面:표면
发表:발표(하다)　表演:표연(연기하다)　代表:대표　表现:표현(하다)　表情:표정(얼굴)　表决:표결(하다)
手表(수표):손목시계　马表(마표):스톱워치　体表(체표):체온계　真正:진정(한)　正常:정상(적)　正确:정확(한)

空 빌 공	谷 골 곡	传 전할 전	声 소리 성
kōng 콩-	gǔ yù 구우↗ 위	chuán zhuàn 추안↗ 쫜	shēng 셩-

뜻: 빈 계곡에서는 소리가 잘 전달된다.

空白:공백　空气:공기　空调(공조):공기 조절, 에어컨　峡谷:협곡　谷物:곡물　五谷:5곡　谷仓:곡창
传统:전통　传真(전진):팩시밀리　传染:전염(시키다)　声音(성음):음성, 소리　声调(성조):소리 조절

fēng jǐng	bèi jǐng	qián jǐng	guāng jǐng	jǐng qì	yín háng
风景	背景	前景	光景	景气	银行

xíng dòng	xíng wéi	jǔ xíng	liú xíng	zhí xíng	wéi chí	wéi xiū
行动	行为	举行	流行	执行	维持	维修

xián míng
贤明

kè jǐ	kè fú	mài kè fēng	jì niàn	guān niàn	gài niàn
克己	克服	麦克风	纪念	观念	概念

gōng zuò	zuò yòng	dòng zuò	hé zuò	chuàng zuò	shèng rén
工作	作用	动作	合作	创作	圣人

shèng dàn jié
圣诞节

dào dé	dé guó	gōng dé	jiàn zhù	jiàn shè	jiàn lì
道德	德国	公德	建筑	建设	建立

míng zi	míng piàn	yǒu míng	zhù míng	dú lì	lì àn	lì tǐ
名字	名片	有名	著名	独立	立案	立体

duì lì	zhōng lì	lì chǎng	lì jiāo qiáo	qǐ lì
对立	中立	立场	立交桥	起立

xíng tài	xíng xiàng	xíng róng cí	xíng shì	xíng chéng	biàn xíng
形态	形象	形容词	形式	形成	变形

bō xíng	dì xíng	tǐ xíng	xíng tǐ	jiān duān	jí duān	duān zhèng
波形	地形	体形	形体	尖端	极端	端正

biǎo shì	biǎo miàn	fā biǎo	biǎo yǎn	dài biǎo	biǎo xiàn	biǎo qíng	biǎo jué
表示	表面	发表	表演	代表	表现	表情	表决

shǒu biǎo	mǎ biǎo	tǐ biǎo	zhēn zhèng	zhèng cháng	zhèng què
手表	马表	体表	真正	正常	正确

kōng bái	kōng qì	kōng tiáo	xiá gǔ	gǔ wù	wǔ gǔ
空白	空气	空调	峡谷	谷物	五谷

gǔ cāng	chuán tǒng	chuán zhēn	chuán rǎn	shēng yīn	shēng tiáo
谷仓	传统	传真	传染	声音	声调

虛	빈 허 xū	堂	집 당 táng	习	익힐 습 xí	听	들을 청 tīng
	쒸-		타앙		시이		팅-

뜻: 빈집에서 듣는 연습을 한다.

虚堂:허당 虚弱:허약(하다) 空虚:공허(하다) 天堂:천당 威风堂堂:위풍당당 学习:학습(하다) 习惯:습관(되다)
习得:습득(학습해서 익히다) 练习:연습(하다) 复习:복습(하다) 听诊器:청진기 好听(호청):좋게 들리다
倾听:경청(하다) 听筒(청통):듣는 통, 이어폰

祸	재앙 화 huò	因	인할 인 Yīn	恶	악할 악 미워할 오 ĕ / wū	积	쌓을 적 jī
	후어		인-		으어↗ / 우-		지-

뜻: 재앙은 악을 쌓음에 의해서 온다.

原因:원인 因为(인위):~로 인해서, 왜냐하면 因此(인차):~로 인해서 恶心:악심(악한 마음) 凶恶:흉악(하다)
恶化:악화(되다) 恶气:악취 恶梦:악몽(꾸다) 积极:적극(적) 面积:면적 积善:적선(하다)
积累(적루):누적-피곤이 쌓이다.

福	복 복 fú	缘	인연 연 yuán	善	착할 선 shàn	庆	경사 경 qìng
	ⓕ푸우		위엔		싼		칭

뜻: 복은 착함에 인연하여 경사를 가져온다.

幸福:행복 福气(복기):복의 기운 祝福:축복(복을 기원하다) 福利:복리(이자) 万福:만복 口福(구복):먹을 복
因缘:인연 缘分:연분 善良:선량(하다, 착하다) 改善:개선(하다) 庆祝:경축 国庆节:국경절(국경일)

尺	자 척 chě / chǐ	璧	구슬 벽 bì	非	아닐 비 fēi	宝	보내 보 bǎo
	츠어↗ / 츠으↗		삐		ⓕ페이		바오↗

뜻: 지름이 한 자나 되는 보옥(寶玉)도 시간(時間)에 비하면 보배라고 할 수 없음

尺子(척자): 자(ruler) 卷尺(권척):돌돌 말린 자,줄자 壁纸:벽지 非常:비상 是非(시비): 옳고그름, 시비 가리다
非人(비인):사람이 아님. 망나니, 즉 욕할 때 쓰는 말 宝贝:보배 宝宝(보보):아기(귀엽게 부를 때)

寸	마디 촌 cùn	阴	그늘 음 yīn	是	옳을시 이 시 shì	竞	다툴 경 jìng
	춘		인-		스		찡

뜻: 한마디의 시간을 어찌 다툴 수 있느냐.

寸刻:촌각 阴谋:음모(론) 阴:음양 但是(단시):그러나, 그렇지만 还是(환시):아직도 ˋ하다
总是(총시):줄곧, 계속 竞争:경쟁(하다) 竞技:경기(하다) 竞争力:경쟁력 竞争率:경쟁률 竞卖:경매

习得 练习 复习 听诊器 好听 倾听
xí dé liàn xí fù xí tīng zhěn qì hǎo tīng qīng tīng

听筒
tīng tǒng

原因 因为 因此 恶心 凶恶 恶化
yuán yīn yīn wèi yīn cǐ è xīn xiōng è è huà

恶气 恶梦 积极 面积 积善 积累
è qì è mèng jī jí miàn jī jī shàn jī lěi

幸福 福气 祝福 福利 万福 口服 因缘
xìng fú fú qì zhù fú fú lì wàn fú kǒu fú yīn yuán

缘分 善良 改善 庆祝 国庆节
yuán fēn shàn liáng gǎi shàn qìng zhù guó qìng jié

尺子 卷尺 壁纸 非常 是非 非人
chǐ zǐ juàn chǐ bì zhǐ fēi cháng shì fēi fēi rén

宝贝 宝宝
bǎo bèi bǎo bǎo

寸刻 阴谋 阴阳 但是 还是 总是
cùn kè yīn móu yīn yáng dàn shì hái shì zǒng shì

竞争 竞技 竞争力 竞争率 竞卖
jìng zhēng jìng jì jìng zhēng lì jìng zhēng shuài jìng mài

资	자료 자	父	아비 부	事	섬길사 일 사	君	임금 군
zī	쯔-	fù	ⓕ푸우↗	shì	스	jūn	쮼-

뜻: 부모를 섬기는 효도로 임금을 섬겨야 하니

资料:자료　资本:자본　投资:투자　资金:자금　资格:자격　资产:자산　资源:자원　父母:부모　父亲:부친
事情:사정　事件:사건　事故:사고　同事(동사):같은 일, 회사 동료　人事:인사(과장)　太君:태군　暴君:폭군

曰	가로 왈	严	엄할 엄	与	더불 여	敬	공경할 경
yuē	위에-	yán	이앤	Yú	위이	jìng	찡

뜻: 임금님을 대할 때는 엄숙함과 공경함이 있어야 한다.

严格:엄격(한)　严重:엄중(한)　严肃:엄숙(한)　严密:엄밀(히)　参与:참여(하다)　尊敬:존경(하다)　敬爱:경애(하는)
敬礼:경례(하다)　恭敬:공경(하다)

孝	효도 효	当	마땅할 당	竭	다할 갈	力	힘 력
xiào	쌰오	dāng	땅	jié	지에	lì	리

뜻: 부모에게 효도할 때는 마땅히 힘을 다해야 한다.

孝道:효도　孝子:효자　不孝:불효(하다)　当然:당연(히)　当面:당면(한)　当时:당시(에)　当代:당대(에)
枯竭:고갈(되다)　努力:노력　压力:압력　力气(력기):힘　能力:능력　力量:역량(힘의 양)　权力:권력　全力:전력(을 다해)

忠	충성 충	则	곡 직 법 칙	尽	다할 진	命	목숨 명
zhōng	쫑-	zé	즈어	jìn	찐	mìng	밍

뜻: 충성을 다함은 목숨을 바치는 것이다.

忠实:충실(하다)　忠诚:충성(하다)　忠告:충고(하다)　忠心:충심(으로)　规则:규칙　原则:원칙(으로)　法则:법칙
罚则:벌칙　尽力:진력(을 다해)　生命:생명　寿命:수명(나이)　命令:명령　命运(명운):운명　革命:혁명　使命:사명

临	임할 임	深	깊을 심	履	밟을 리	薄	얇을 박
lín	리인	shēn	썬	lǚ	뤼이↗	báo, bó	바오 보오

뜻: 깊은 곳을 임하듯 얇은 곳을 밟아라. 매사에 조심하라.

临时:임시(로)　临床:임상(실험)　深海:심해　深刻:심각(한)　深脑:심오(한)　履行:이행(하다)　履历:이력(서)
薄弱:박약(하다)　薄饼(박병):얇은 떡, 부침개　煎饼:전병(부침개)

zī liào	zī běn	tóu zī	zī jīn	zī gé	zī chǎn
资料	资本	投资	资金	资格	资产

zī yuán	fù mǔ	fù qīn	shì qíng	shì jiàn	shì gù
资源	父母	父亲	事情	事件	事故

tóng shì	rén shì	tài jūn	bào jūn
同事	人事	太君	暴君

yán gé	yán zhòng	yán sù	yán mì	cān yǔ	zūn jìng	jìng ài
严格	严重	严肃	严密	参与	尊敬	敬爱

jìng lǐ	gōng jìng
敬礼	恭敬

xiào dào	xiào zǐ	bù xiào	dāng rán	dāng miàn	dāng shí	dāng dài
孝道	孝子	不孝	当然	当面	当时	当代

kū jié	nǔ lì	yā lì	lì qì	néng lì	lì liáng
枯竭	努力	压力	力气	能力	力量

quán lì	quán lì
权力	全力

zhōng shí	zhōng chéng	zhōng gào	zhōng xīn	guī zé	yuán zé
忠实	忠诚	忠告	忠心	规则	原则

fǎ zé	fá zé	jìn lì	shēng mìng	shòu mìng	mìng lìng
法则:	罚则	尽力	生命	寿命	命令

mìng yùn	gé mìng	shǐ mìng
命运	革命	使命

lín shí	lín chuáng	shēn hǎi	shēn kè	shēn nǎo	lǚ xíng	lǚ lì
临时	临床	深海	深刻	深脑	履行	履历

báo ruò	báo bǐng	jiān bǐng
薄弱	薄饼	煎饼

夙	일찍 숙	兴	흥할 흥	温	따뜻할 온	清	서늘할 청
sù	쑤	xīng	씨응-	wēn	원-	qìng	칭

뜻: 일찍 일어나서 추우면 덥게, 더우면 서늘케 하는 것이 부모 섬기는 절차임.

夙愿:숙원(하다) 夙敌:숙적 兴奋:흥분(하다) 兴趣:흥취(하다) 高兴:(고흥):아주 즐거움 温度:온도(기온) 温水:온수
温暖:온난(하다)

似	같을 사	兰	난초 란	斯	이사 이	馨	향기 형
shì sì	스, 쓰	lán	라안	sī	쓰-	xīn	씬-

뜻: 난초의 향이 곧 군자의 향이다.

兰草:난초 金兰(금란):깊은 우정 木兰:목란(화)

如	같을 여	松	소나무 송	之	갈 지	盛	성할 성
rú	루우	sōng	쏭-	zhī	쯔-	chéng, shèng	츠엉 성

뜻: 소나무의 성함과 같아라.(군자의 절개를 말함)

如意:여의(내 뜻과 같이...) 如意棒:여의봉(마음대로 할 수 있는 막대기) 如果(여과):만약에~~라면
不如(불여):~하는 편이 낫다 如何:여하(든 ~하는 게 어떠한가) 昌盛:창성(하다) 丰盛:풍성(한) 茂盛:무성(한)
百分之一:백분지일(100분의 1)

川	내 천	流	흐를 유	不	아니 불	息	쉴 식
chuān	추안-	liú	리우	bù	뿌,부	xī	시-

뜻: 흐르는 물은 멈추지 않는다.(꾸준히 공부한다)

~川:냇가. 이름에 많이 쓰임 流行:유행(하다) 交流:교류(하다) 流传:유전(되다) 流氓:건달,강패 流浪:유랑(자)
风流:풍류(를 즐기다) 不满:불만(족) 不足:부족(하다) 休息:휴식(하다) 消息:소식 利息(이식):이자 信息(신식):메시지

渊	연못 연	澄	맑을 징	取	취할 취	映	비칠 영
yuān	위엔-	chéng dèng	츠엉 떵	qǔ	취이↗	yìng	잉

뜻: 연못이 맑아서 모든 것이 비쳐진다.

深渊:심연(깊은 물) 采取:채취(하다) 录取:녹취(하다) 取款(취관):돈을 찾다 取消:취소(하다) 争取:쟁취(하다)
反映:반영하다.

sù yuàn	sù dí	xīng fèn	xìng qù	gāo xìng	wēn dù	wēn shuǐ
夙愿	夙敌	兴奋	兴趣	高兴	温度	温水

wēn nuǎn
温暖

lán cǎo	jīn lán	mù lán
兰草	金兰	木兰

rú yì	rú yì bàng	rú guǒ	bù rú	rú hé	chāng shèng
如意	如意棒	如果	不如	如何	昌盛

fēng shèng	mào shèng	bǎi fēn zhī yī
丰盛	茂盛	百分之一

chuān	liú xíng	jiāo liú	liú chuán	liú méng	liú làng	fēng liú
~川	流行	交流	流传	流氓	流浪	风流

bù mǎn	bù zú	xiū xi	xiāo xi	lì xi	xìn xī
不满	不足	休息	消息	利息	信息

shēn yuān	cǎi qǔ	lù qǔ	qǔ kuǎn	qǔ xiāo	zhēng qǔ	fǎn yìng
深渊	采取	录取	取款	取消	争取	反映

容 얼굴 용 róng 로옹	止 그칠 지 zhǐ 즈으↗	若 같을 약 ruò 루어 rě 르어↗	思 생각 사 sī 쓰- sāi 싸이-

뜻: 행동을 덤비지 말고 형용과 행동거지를 조용히 생각하는 침착한 태도를 가져라.
容易:용이(하다) 内容:내용 形容词:형용사 停止:정지(하다) 禁止:금지(하다) 阻止(조지):저지(하다)
若干:약간(조금) 意思:의사(를 밝혀라) 思想:사상 思考:사고(하다)

言 말씀 언 yán 이엔	辞 말씀 사 cí 츠으	安 편안할 안 ān 안-	定 정할 정 dìng 띵

뜻: 태도와 말을 안정적으로 해라.
语言(어언):언어 发言:발언(하다) 方言:방언(사투리) 辞职:사직(서) 辞典:사전 安定:안정 安静:안정
安排:안배(하다) 安全:안전 决定:결정(하다) 肯定:긍정(적) 不定:부정(적)

笃 도타울 독 dǔ 두우↗	初 처음 초 chū 추-	诚 정성 성 chéng 츠엉	美 아름 다울 미 měi 메이↗

뜻: 무엇이든 처음 시작할 때는 성실하고 신중히 하여야 한다.
初级:초급 最初:최초(에) 当初:당초(에) 初步:초보 起初:기초 诚实:성실(한) 忠诚:충성(하다) 美丽:미려(하다)
美国:미국 美人:미인 美术:미술 完美(완미):완전한 미 美观:미관, 아름다운 관점

慎 삼갈 신 shèn 썬	终 끝날 종 zhōng 쫑-	宜 마땅 의 Yí 이이	令 좋을 령 líng 리잉

뜻: 끝맺음도 마땅히 좋게 마무리해야 한다.
慎重:신중(하다) 谨慎:근신(하다) 终了:종료(하다) 始终:시종(일관), 시작과 끝 终点:종점 便宜:편의
命令:명령 指令:지령 司令:사령(관)

荣 영화 영 róng 로옹	业 업 업 yè 예	所 바 소 suǒ 수어↗	基 터 기 jī 지-

뜻: 일이 번영하는 기본이 된다.
繁荣:변영(하다) 光荣:광영(스럽다) 专业:전업(전문가) 职业:직업 毕业(필업):졸업 农业:농업 工业:공업
所以(소이):그래서... 所有:소유(하다) 所谓:소위(이른바...) 厕所(측간):화장실 便所:변소(화장실)
基础:기초 基本:기본 基金:기금 基地:기지 基因:기인(하다) 基点:기점(시작점) 基督教:기독교

위따·똥싸

容易 内容 形容词 停止 禁止 阻止
róng yì　nèi róng　xíng róng cí　tíng zhǐ　jìn zhǐ　zǔ zhǐ

若干 意思 思想 思考
ruò gān　yì si　sī xiǎng　sī kǎo

语言 发言 方言 辞职 辞典 安定
yǔ yán　fā yán　fāng yán　cí zhí　cí diǎn　ān dìng

安静 安排 安全 决定 肯定 不定
ān jìng　ān pái　ān quán　jué dìng　kěn dìng　bù dìng

初级 最初 当初 初步 起初 诚实
chū jí　zuì chū　dāng chū　chū bù　qǐ chū　chéng shí

忠诚 美丽 美国 美人 美术 完美
zhōng chéng　měi lì　měi guó　měi rén　měi shù　wán měi

美观
měi guān

慎重 谨慎 终了 始终 终点 便宜 命令
shèn zhòng　jǐn shèn　zhōng liǎo　shǐ zhōng　zhōng diǎn　biàn yí　mìng lìng

指令 司令
zhǐ lìng　sī lìng

繁荣 光荣 专业 职业 毕业 农业
fán róng　guāng róng　zhuān yè　zhí yè　bì yè　nóng yè

工业 所以 所有 所谓 厕所 便所 基础
gōng yè　suǒ yǐ　suǒ yǒu　suǒ wèi　cè suǒ　biàn suǒ　jī chǔ

基本 基金 基地 基因 基点 基督教
jī běn　jī jīn　jī dì　jī yīn　jī diǎn　jī dū jiào

籍 호적 적	甚 심할 심	无 없을 무	竟 마침내 경
jí 지이	shèn 썬	mó / wú 모오 우우	jìng 찡

뜻: 자신의 명예스러운 이름이 길이 전하여질 것임.

国籍:국적 户籍:호적 户口:호구 无聊:무료(하다, 심심하다) 无论(무론):물론 无数:무수(히, 즉 헤아릴 수 없이)

学 배울 학	优 넉넉할 우	登 오를 등	仕 벼슬 사
xué 쉬에	yōu 요우-	dēng 덩-	shì 스

뜻: 배움이 넉넉하면 벼슬에 오른다.

学校:학교 学历:학력 同学(동학):동창 学习:학습 优秀:우수(한) 优惠(우혜):특혜 登记:등기(하다) 登录:등록(하다)

摄 잡을 섭	职 벼슬 직	从 쫓을 종	政 정사 정
shè 써	zhí 즈으	cóng 초옹	zhèng 쩡

뜻: 벼슬을 잡아 정치에 종사하다.

摄取:섭취(하다) 职业:직업 兼职:겸직(하다) 就职:취직(하다) 从来:종래(에) 从:~에서부터 服从:복종(하다)
政策:정책 政治:정치(하다) 行政:행정(을 보다) 政府:정부

存 있을 존	以 써 이	甘 달 감	棠 해당화 당
cún 추운	yǐ 이이↗	gān 깐-	táng 타앙

뜻: 주나라 소공이 남국의 아가위나무 아래에서 백성을 교화했음.

存在:존재(하다) 存款(존관):저축하다 保存:보존(하다) 生存:생존(하다) 依存:의존(하다) 以前:이전 以后:이후
以上:이상 以下:이하 可以(가이):가능하다 不可以(불가이):불가능하다 所以(소이):그래서 海棠:해당(화)

去 갈 거	而 어조사 이	益 더할 익	咏 읊흘 영
qù 취	ér 어얼	yì 이	yǒng 요옹↗

뜻: 소공이 죽은 후 남국의 백성이 그의 덕을 추모하여 감당시를 읊었음.

去年(거년):작년 过去:과거(지나가다) 下去(하거):내려가다 上去(상거):올라가다 利益:이익 权益:권익 收益:수익

guó jí	hù jí	hù kǒu	wú liáo	wú lùn	wú shù
国籍	户籍	户口	无聊	无论	无数

xué xiào	xué lì	tóng xué	xué xí	yōu xiù	yōu huì
学校	学历	同学	学习	优秀	优惠

dēng jì	dēng lù
登记	登录

shè qǔ	zhí yè	jiān zhí	jiù zhí	cóng lái	cóng	fú cóng
摄取	职业	兼职	就职	从来	从	服从

zhèng cè	zhèng zhì	xíng zhèng	zhèng fǔ
政策	政治	行政	政府

cún zài	cún kuǎn	bǎo cún	shēng cún	yī cún	yǐ qián	yǐ hòu
存在	存款	保存	生存	依存	以前	以后

yǐ shàng	yǐ xià	kě yǐ	bù kě yǐ	suǒ yǐ	hǎi táng
以上	以下	可以	不可以	所以	海棠

qù nián	guò qù	xià qù	shàng qù	lì yì	quán yì
去年	过去	下去	上去	利益	权益

shōu yì
收益

乐 즐거울 **락** / 풍류 **악**	殊 다를 **수**	贵 귀할 **귀**	贱 천할 **천**
lè **러** / yuè **웨**	shū 수-	guì 꾸이	jiàn 찌엔

뜻: 풍류는 귀천이 다르니, 천자는 8일, 제후는 6일, 사대부는 4일, 서민은 2일임.

快乐:쾌락(즐거움) 娱乐:오락 音乐:음악 俱乐部(구락부):동호회 欢乐:환락(즐거움) 特殊:특수
贵(귀):귀하다(비싸다) 珍贵:진귀(하다) 贵族:귀족 贵贱:귀천 卑贱:비천(한) 贱货(천화):천한 물건, 싼 물건

礼 예도 **례**	别 다를 **별**	尊 높을 **존**	卑 낮을 **비**
lǐ 리이↗	bié 비에	zūn 쭌-	Bēi 뻬이-

뜻: 예에도 높음과 낮음이 있다.

礼节:예절 礼物:예물 婚礼:혼례 礼拜天(예배천):예배일(즉 일요일) 离别:이별(하다) 特别:특별(하다)
别人(별인):다른 사람 尊重:존중(하다) 尊严:존엄(하다) 尊敬:존경(하다) 卑贱:비천(한) 卑卜:비하(하다)

上 윗 **상**	和 화할 **화**	下 아래 **하**	睦 화목 **목**
shàng 쌍 ,	hé, hú, huó 흐어 / 후우 / 후어	xià 시아	mù 무

뜻: 위와 아래가 화목해야 한다.

上午:상오(오전) 下午:하오(오후) 上级:상급(자) 下级:하급(자) 和睦:화목(하다) 和平(화평):평화
A和B: A와 B 调和:조화(를 이루다)

夫 지아비 **부**	唱 부를 **창**	妇 며느리 **부**	随 따를 **수**
fū ⓕ푸-	chàng 창	fù ⓕ푸	suí 수이

뜻: 아비가 부르면 지어미는 따른다.

夫妻(부처):부부 唱歌:창가(노래를 부르다) 妇人:부인 随便(수편):편한 대로. 즉 마음대로 하세요)
随时:수시(로, 즉 편한 시간) 随时随地(수시수지):언제 어디서나...

外 밖 **외**	受 받을 **수**	傅 스승 **부**	训 가르칠 **훈**
wài 와이	shòu 소우	Fù ⓕ푸	xùn 쉰

뜻: 밖에서는 스승의 가르침을 받아야 한다.

外面(외면):밖 内面(내면):안 外出:외출 外公(외공):외할아버지 外婆(외파):외할머니 受到:받다 接受:접수(하다)
师傅:사부 训练:훈련(하다) 教训:교훈 培训(배훈):배양훈련

워따·똥씨

快乐　娱乐　音乐　俱乐部　欢乐　特殊

贵　珍贵　贵族　贵贱　卑贱　贱货

礼节　礼物　婚礼　礼拜天　离别　特别

别人　尊重　尊严　尊敬　卑贱　卑下

上午　下午　上级　下级　和睦　和平

A和B：　调和

夫妻　唱歌　妇人　随便　随时　随时随地

外面　内面　外出　外公　外婆　受到

接受　师傅　训练　教训　培训

入	들 입	奉	받을 봉	母	어미 모	仪	거들 의
rù	루	fèng	(f)펑	mǔ	무우↗	yí	이이

뜻: 집에 들어서는 어머니를 받들어 종사해야 함.

入口:입구　进入:진입(하다)　收入:수입　母亲:모친 · 母女:모녀　仪式:의식(제례의식)

诸	모두 제	姑	시어미 고	伯	맏 백	叔	아재비 숙
zhū	쭈-	gū	꾸-	bǎi / bó	바이↗ / 보오	shū	수-

뜻: 친척들을 말함

姑母:고모　姑姑(고고):고모　姨母:이모　伯父:백부(큰아버지)　伯伯(백백) :큰아버지　叔父:숙부(작은아버지)
叔叔(숙숙):삼촌　舅舅(구구):외삼촌　舅母(구모):외숙모　表弟(표제):사촌동생　表哥(표가):사촌형(오빠)

犹	같을 유	子	아들 자	比	견줄 비	儿	아이 아
yóu	요우	Zi	즈	bǐ	비이↗	ér	어얼

뜻: 조카도 자기 자식과 같이 취급해라.

儿子(아자):아들　椅子:의자　桌子:탁자　比较:비교(적)　比例:비례　比赛(비새):경기, 시합하다　儿童:아동
幼儿园:유아원

孔	구멍 공	怀	품을 회	兄	맏 형	弟	아우 제
kǒng	코웅↗	huái	후아이	xiōng	씨옹-	dì	띠

뜻: 형제는 서로 의좋게 지내야 한다.

孔子:공자　兄弟:형제　师兄:사형　弟弟(제제):동생　小弟弟(소제제):애기 고추(성기)

同	같을 동	气	기운 기	连	이어질 연	枝	가지 기
tóng	토옹	qì	치	lián	리엔	zhī	쯔-

뜻: 형제는 부모의 기운을 받아 나뭇가지와 같다.

同意:동의(하다)　同一:동일(하다)　气运:기운　天气:천기(날씨)　生气(생기):화내다　空气:공기　脾气(비기):성격, 성깔
小气:인색하다　口气:말투　蒸汽:증기　连续:연속　连续剧:연속극

위따퐁싸

入口　进入　收入　母亲　母女　仪式

姑母　姑姑　姨母　伯父　伯伯　叔父

叔叔　舅舅　舅母　表弟　表哥

儿子　椅子　桌子　比较　比例　比赛

儿童　幼儿园

孔子　兄弟　师兄　弟弟　小弟弟

同意　同一　气运　天气　生气　空气

脾气　小气　口气　蒸汽　连续　连续剧

交 사귈 교 jiāo 지아오-	友 벗 우 yǒu 요우↗	投 던질 투 tóu 토우	分 나눌 분 fēn ㉠편- fèn ㉡편

뜻: 벗을 사귈 때에는 서로가 분에 맞는 사람을 만나야 한다.

交流:교류(하다) 交換:교환(하다) 朋友:붕우(친구) 友情:우정 友好:우호(적) 投资:투자 投票:투표 投降:투항(하다)
投掷:투척(하다) 部分:부분 分别:분별(하다) 分配:분배(하다) 充分:충분(하다) 过分:과분(하다) 分散:분산(하다)

切 끊을 절 온통 체 qiē 치에-	磨 갈 마 mó 모어	箴 경계 잠 zhēn 쩐-	規 법 규 Guī 꾸이-

뜻: 열심히 갈고 닦아 사람으로서의 도리를 지켜야 한다.

一切:일체 亲切:친절(하다) 切断:절단(하다) 磨耗:마모(되다) 规定:규정(하다) 法规:법규 规格:규격 规律:규율
规则:규칙 规模:규모 规范:규범 正规:정규(직) 规约:규약

仁 어질 인 rén 르언	慈 사랑할 자 cí 츠으	隐 숨을 인 yǐn 이인↗	恻 슬플 측 cè 처

뜻: 어진 마음으로 사랑하고 이를 측은히 여겨야 한다.

仁慈:인자(한) 慈爱:자애(로운) 慈悲:자비(로운) 隐蔽:은폐(하다 숨기다) 恻隐(측인):측은(한)

造 지을 조 zào 짜오	次 버금 차 cì 츠	弗 아닐 불 fú ㉠푸우	离 떠날 리 lí 리이

뜻: 남을 위한 동정심을 항시 가져라.

制造:제조(하다) 创造:창조(하다) 造成:조성(하다) 一次:일차 二次:이차 距离:거리(km) 离婚:이혼(하다)
离开(리개):헤어지다(떨어지다) 离散:이산(가족) 离别:이별(하다)

节 마디 절 jiē 지에-	义 옳을 이 Yì 이	廉 청렴 렴 lián 리엔	退 물러갈 퇴 tuì 투이

뜻: 청렴, 절개, 의리, 사양함, 물러감은 항상 지켜라.

节日(절일):명절날 季节:계절 节目(절목):목차 节约:절약(하다) 细节(세절):자세하게 国庆节:국경절(국경일)
义务:의무 意义:이의 正义:정의(직) 低廉:저렴(하다) 廉耻:염치(있다) 退:퇴(뒤로 물러나다)
退步:퇴보(하다. 즉 한발짝 뒤로) 退出:퇴출(되다) 退职:퇴직(하다)

jiāo liú	jiāo huàn	péng yǒu	yǒu qíng	yǒu hǎo	tóu zī	tóu piào
交流	交换	朋友	友情	友好	投资	投票

tóu jiàng	tóu zhì	bù fēn	fēn bié	fēn pèi	chōng fēn	guò fēn
投降	投掷	部分	分别	分配	充分	过分

fēn sàn
分散

yī qiē	qīn qiē	qiē duàn	mó hào	guī dìng	fǎ guī	guī gé
一切	亲切	切断	磨耗	规定	法规	规格

guī lǜ	guī zé	guī mó	guī fàn	zhèng guī	guī yuē
规律	规则	规模	规范	正规	规约

rén cí	cí ài	cí bēi	yǐn bì	cè yǐn
仁慈	慈爱	慈悲	隐蔽	恻隐

zhì zào	chuàng zào	zào chéng	yī cì	èr cì	jù lí	lí hūn
制造	创造	造成	一次	二次	距离	离婚

lí kāi	lí sàn	lí bié
离开	离散	离别

jié rì	jì jié	jié mù	jié yuē	xì jié	guó qìng jié
节日	季节	节目	节约	细节	国庆节

yì wù	yì yì	zhèng yì	dī lián	lián chǐ	tuì	tuì bù
义务	意义	正义	低廉	廉耻	退	退步

tuì chū	tuì zhí
退出	退职

颠 엎어질 전	沛 자빠질 패	匪 아닐 비	亏 이지 러질 휴
diān 디엔-	pèi 페이	fěi ⑥페이	kuī 쿠이-

뜻: 엎어지고 자빠져도 망가지지 않으니 힘내자.

性 성품 성	静 고요할 정	情 뜻 정	逸 편안할 일
xìng 씽	jìng 찡	qíng 치잉	yì 이

뜻: 성품이 고요하면 뜻도 편안하다.

性格:성격 女性:여성 男性:남성 个性:개성 性质:성질 性感:성감(SEXY) 安静:안정 冷静:냉정(한)
平静:평정(심) 事情:사정 热情:열정 感情:감정 爱情:애정 情况:정황(상태) 安逸:안일(하게 생각하다)

心 마음 심	动 움직일 동	神 귀신 신	疲 피곤할 피
xīn 신-	dòng 똥	shén 서언	pí 피이

뜻: 마음이 움직이면 정신이 피곤하다.

心动(심동):마음이 동하다 心里:심리(마음) 心脏:심장 安心:안심(하다) 放心:방심(마음을 놓다) 关心:관심(있다)
担心:담심(마음에 담다 즉 걱정하다) 小心:소심(하다. 조심하다란 뜻임) 心情:심정 动作:동작(하다)
运动:운동(하다) 动物:동물 活动:활동(하다) 感动:감동(하다) 自动:자동(Auto) 手动:수동(manual)
行动:행동(하다) 移动:이동(하다) 震动:진동(하다) 劳动:노동 动态:동태(를 살피다) 发动机:발동기(엔진)
冲动:충동(적 행동) 精神:정신 神经:신경 神奇:신기(하다) 神仙:신선 神秘:신비(하다) 疲劳:피로(하다)

守 지킬 수	真 참 진	志 뜻 지	满 가득할 만
shǒu 소우↗	zhēn 쩐-	zhì 즈	mǎn 마안↗

뜻: 진실을 지키면 뜻이 가득 찬다.

保守:보수(적) 守护:수호(하다) 严守:엄수(하다) 真正:진정(한) 天真:천진(한) 真理:진리 真实:진실 真相:진상
写真:사진(초상화) 相片:상편(사진) 杂志:잡지 标志:표지(모델) 意志:의지 志愿者:자원자 允满:충만(하다)
满足:만족(하다) 满意(만의):만족하다 丰满:풍만(하다) 自满:자만(하다) 不满:불만(스럽다) 圆满:원만(하다)

逐 쫓을 축	物 만물 물	意 뜻 의	移 옮길 이
zhú 주우	Wù 우	yì 이	yí 이이

뜻: 물건(돈)을 쫓으면 뜻이 변한다.

动物:동물 植物:식물 物件:물건 物理:물리(학) 物质:물질 礼物:예물 物体:물체 人物:인물 博物馆:박물관
事物:사물 生物:생물 物资:물자 怪物:괴물 意识:의식 意思:의사 意志:의지 注意:주의 满意(만의):만족하다
同意:동의(하다) 故意:고의(로, 일부러) 意见:의견 得意:득의(만만, 자신만만) 意外:의외(의 상황)

위따·뚱·쌰

xìng gé 性格	nǚ xìng 女性	nán xìng 男性	gè xìng 个性	xìng zhì 性质	xìng gǎn 性感
ān jìng 安静	lěng jìng 冷静	píng jìng 平静	shì qíng 事情	rè qíng 热情	gǎn qíng 感情
ài qíng 爱情	qíng kuàng 情况	ān yì 安逸			

xīn dòng 心动	xīn lǐ 心里	xīn zàng 心脏	ān xīn 安心	fàng xīn 放心	guān xīn 关心	dān xīn 担心
xiǎo xīn 小心	xīn qíng 心情	dòng zuò 动作	yùn dòng 运动	dòng wù 动物	huó dòng 活动	gǎn dòng 感动
zì dòng 自动	shǒu dòng 手动	xíng dòng 行动	yí dòng 移动	zhèn dòng 震动	láo dòng 劳动	dòng tài 动态
fā dòng jī 发动机	chōng dòng 冲动	jīng shén 精神	shén jīng 神经	shén qí 神奇	shén xiān 神仙	shén mì 神秘
pí láo 疲劳						

bǎo shǒu 保守	shǒu hù 守护	yán shǒu 严守	zhēn zhèng 真正	tiān zhēn 天真	zhēn lǐ 真理	zhēn shí 真实
zhēn xiàng 真相	xiě zhēn 写真	xiāng piàn 相片	zá zhì 杂志	biāo zhì 标志	yì zhì 意志	
zhì yuàn zhě 志愿者	chōng mǎn 充满	mǎn zú 满足	mǎn yì 满意	fēng mǎn 丰满	zì mǎn 自满	
bù mǎn 不满	yuán mǎn 圆满					

dòng wù 动物	zhí wù 植物	wù jiàn 物件	wù lǐ 物理	wù zhì 物质	lǐ wù 礼物
wù tǐ 物体	rén wù 人物	bó wù guǎn 博物馆	shì wù 事物	shēng wù 生物	wù zī 物资
guài wù 怪物	yì shí 意识	yì si 意思	yì zhì 意志	zhù yì 注意	mǎn yì 满意
tóng yì 同意	gù yì 故意	yì jiàn 意见	dé yì 得意	yì wài 意外	

坚 굴을 견	持 가질 지	雅 우아할 아	操 잡을 조
jiān 찌엔-	Chí 츠으	yā 야-	cāo 차-오

뜻: 굳은 의지를 가지고 있으면 아름다운 결과를 잡을 수 있다.

坚持:견지(하다) 坚实:견실(한) 中坚:중견(간부) 支持:지지(하다) 主持:주지(하다. 주지스님) 清雅:청아(한)
操作:조작(하다) 操纵:조종(하다) 体操:체조

好 좋을 호	爵 벼슬 작	自 스스로 자	縻 얽을 미
hǎo, hào 하오	jué 쥐에	zì 쯔	mí 미이

뜻: 좋은 벼슬(기회)은 자신 스스로 만든다.

好:호(좋다,매우) 好不好:호불호(좋아, 싫어?) 好吃(호흘):먹기좋다 好看:보기 좋다 好听:듣기 좋다
爱好:애호(동호회,취미) 良好:양호(하다) 好事:호사(를 누리다. 좋은 일을 누리다) 公爵:공작(직위) 伯爵:백작(직위)
自己:자기 自身:자신 自发:자발(적) 自然:자연(적) 自动:자동(Auto) 自信:자신(감) 自觉:자각(하다) 各自:각자
自私(자사):자기 사적으로, 이기적이다 自行车:자행차(자전거) 自由:자유 自愿:자원(하다)

都 도읍 도	邑 고을 읍	华 빛날 화	夏 여름 하
dōu 또-우 dū 뚜-	yì 이	huá 후아	xià 시아

뜻: 도시, 읍내가 빛나는 여름이다. 즉 잘나간다는 말임

都市:도시 首都:수도(서울) 都城:도성 都:모두 豪华:호화(사치스럽다)
夏天(하천):여름 夏日(하일):여름날

东 동녁 동	西 서녁 서	二 둘 이	京 서울 경
dōng 똥-	xī 시-	èr 얼	jīng 찡-

뜻: 동쪽, 서쪽에 2개의 수도가 있다. 동:낙양 서:장안

东西南北:동서남북 东西:물건 东方(동방):동쪽 西方(서방):서쪽 西瓜(서과):수박(과일) 北京:북경
京剧:경극(중국 연극) 上京:상경(하다) 京城:경성(수도) 北京市:북경시

背 등 배	邙 산이름 망	面 낯 면	洛 강이름 락
bēi 뻬이-	máng 마앙	miàn 미엔	luò 루어

뜻: 동경은 북에 북망산이 있고, 낙양은 남에 낙천이 있다.

背包(배포):등에 메는 가방 背心:배신(하다) 背景:배경 前面:전면 后面:후면 侧面:측면 体面:체면
上面(상면):윗면 下面(하면):아랫면 外面(외면):바깥쪽 里面(이면):안쪽 脸面(검면):얼굴

위따퐁씨

坚持 坚实 中坚 支持 主持 清雅 操作
jiān chí jiān shí zhōng jiān zhī chí zhǔ chí qīng yǎ cāo zuò

操纵 体操
cāo zòng tǐ cāo

好 好不好 好吃 好看 好听 爱好 良好
hǎo hǎo bù hǎo hǎo chī hǎo kàn hǎo tīng ài hào liáng hǎo

好事 公爵 伯爵 自己 自身 自发 自然
hǎo shì gōng jué bó jué zì jǐ zì shēn zì fā zì rán

自动 自信 自觉 各自 自私 自行车
zì dòng zì xìn zì jué gè zì zì sī zì xíng chē

自由 自愿
zì yóu zì yuàn

都市 首都 都城 都豪华 夏天
dū shì shǒu dū dū chéng dōu háo huá xià tiān

夏日
xià rì

东西南北 东西 东方 西方 西瓜 北京
dōng xī nán běi dōng xī dōng fāng xī fāng xī guā běi jīng

京剧 上京 京城 北京市
jīng jù shàng jīng jīng chéng běi jīng shì

背包 背心 背景 前面 后面 侧面
bèi bāo bèi xīn bèi jǐng qián miàn hòu miàn cè miàn

体面 上面 下面 外面 里面 脸面
tǐ miàn shàng miàn xià miàn wài miàn lǐ miàn liǎn miàn

浮 뜰 거 fú ⑩푸우	渭 강이름 위 wèi 웨이	据 들 거 Jū 쥐-	泾 통할 경 jīng 찡-

뜻: 위수에 뜨고 경수를 눌렀으니, 장안은 서북에 위천, 경수, 두 물이 있음.

浮动:부동(float) 浮标:부표(떠있는 표시) 根据:근거 收据:수거(하다) 证据:증거

宫 집 궁 gōng	殿 큰집 전 diàn	盘 소반 반 pán 파안	郁 답답 울 yù 위

뜻: 궁전은 울창한 나무 사이에 서린 듯 위치함.

宫女:궁녀 宫殿:궁전 殿堂:전당(예술의 전당) 键盘:건반(피아노, 풍금, 키보드) 盘子(반자):쟁반 光盘(광판):CD,DVD
忧郁症:우울증 忧郁:우울(하다) 沉郁:침울(하다)

楼 다락 루 lóu 로우	观 볼 관 guān 꾸안-	飞 날 비 fēi ⑩페이-	惊 놀랄 경 jīng 찡

뜻: 누각에서 보면 하늘을 나는 느낌에 놀란다.

楼上:(루상):2층 이상 楼顶(루정):옥상 楼下(루하):1층 观光:관광 观点:관점 观测:관측(하다) 参观:참관(하다)
观众:관중 飞上:비상(하늘을 날다) 飞机(비기):비행기 飞跃:비약(하다) 飞翔:비상(하다) 惊奇:경기(하다- 놀라다)

图 그림 도 tú 투우	写 베낄 사 xiě 시에↗	禽 날짐승 금 qín 치인	兽 짐승 수 shòu 쏘우

뜻: 그림에 짐승(동물)들이 그려져 있다.

地图:지도 图片(도편):그림 图章:도장 图书馆:도서관 试图:시도(하다) 图案:도안(하다) 图谋:도모(하다)
写:글을 쓰다 写真:사진(그림) 描写:묘사(하다) 禽兽:금수(날짐승)

画 그림 화 Huà 화	采 채색 채 cǎi 차이↗	仙 신선 선 Xiān 시엔-	灵 신령 령 líng 리응

뜻: 그림에는 신선과 신령도 색칠을 했다.

画家:화가 画面:화면 画具:화구(그림도구) 漫画:만화 动画片(동화편):동영상 画谱:화보(집) 彩色:채색(하다)
采集:채집(하다) 采取:채취(하다) 采购(채구):구매해다 采访(채방):방문하다, 취재하다
仙女:선녀 神仙:신선 神灵:신령 灵魂:영혼 魂灵:혼령

浮动 浮标 根据 收据 证据

宫女 宫殿 殿堂 键盘 盘子 光盘
忧郁症 忧郁 沉郁

楼上 楼顶 楼下 观光 观点 观测
参观 观众 飞上 飞机 飞跃 飞翔 惊奇

地图 图片 图章 图书馆 试图 图案
图谋 写真 描写 禽兽

画家 画面 画具 漫画 动画片 画谱
彩色 采集 采取 采购 采访 仙女 神仙
神灵 灵魂 魂灵

丙 남녘 병 bǐng 비잉↗	舍 집사 버릴 사 shè 써	傍 곁방 bàng 빵	启 열 계 qǐ 치이↗

뜻: 곁에 통로를 열어 궁전 내를 출입하는 사람들의 편리를 도모했다.

宿舍:숙사(기숙사) 舍不得(숙불득):버릴 수 없다(서운하다, 아깝다)

甲 갑옷 갑 jiǎ	帐 휘장 장 zhàng	对 대답 대 duì	楹 기둥 영 yíng

뜻: 아름다운 갑장이 기둥을 대하였다.

指甲(지갑):손(발)가락 갑옷, 즉 손톱 발톱 对:네~(대답) 对:옳다,맞다 对面:대면(하다-건너편) 对话:대화(하다)
对不起(대불기):미안하다 反对:반대(하다) 相对:상대(하다) 绝对:절대(로) 对立:대립(하다) 对应:대응(하다)
对方:대방(상대방) 对质:대질(하다-. 대질신문) 对外:대외(적으로)

肆 베풀 사 sì 쓰	筵 자리 연 yán 예엔	设 베풀 설 shè 써	席 자리 석 xí 시이

뜻: 연회를 배풀다

筵席:연석(연회의 자리) 设备:설비(하다) 设计:설계(하다) 建设:건설(하다) 设施(설시):시설하다. 设置:설치(하다)
设立:설립(하다) 开设:개설(하다) 设定:설정(하다) 主席:주석(자리) 出席:출석(하다) 缺席:결석(하다)

鼓 북 고 gǔ 구우↗	瑟 비파 슬 sè 써	吹 불 취 chuī 추이-	笙 생황 생 shēng 썽-

뜻: 북과 비파를 치며 놀다.

鼓(고):북 打鼓(타고):북을 치다 瑟瑟(슬슬):스르륵-의성어 吹风(취풍):바람 불다

升 오를 승 shēng 썽-	阶 틀 계 jiē 지에-	纳 바칠 납 nà 나	陛 섬돌 폐 bì 삐

뜻: 계단에 올라 폐하께 바치다.

升级:승급(하다, 승진하다. Upgrade) 上升:상승(하다) 升降机:승강기(엘리베이터) 直升机(직승기):헬리콥터
阶段:계단 阶级:계급 归纳:귀납(법) 纳税:납세(하다) 出纳:출납(하다-. 돈, 회계) 收纳:수납(하다) 陛下:폐하

宿舍 舍不得

指甲　对　对面　对话　对不起　反对　相对
绝对　对立　对应　对方　对质　对外

筵席　设备　设计　建设　设施　设置　设立
开设　设定　主席　出席　缺席

鼓　打鼓　瑟瑟　吹风

升级　上升　升降机　直升机　阶段　阶级
归纳　纳税　出纳　收纳　陛下

弁	꼬깔 변	转	구를 전	疑	의심할 의	星	별 성
biàn	삐엔	zhuǎn zhuǎi	주안↗ 주아이	yí	이이	xīng	씽-

뜻: 많은 사람들의 관에서 번쩍이는 구슬이 별안간 의심할 정도임.

转移:전이(시키다)　疑心:의심(하다)　疑问:의문(을 가지다)　疑惑:의혹　明星:명성　卫星:위성　星星(성성):별
星期(성기):일주일　星期(一,二,三,四,五,六,天):(월,화,수,목,금,토,일)요일　周(一,二,三,四,五,末,日):(월,화,수,목,금,토,일)요일

右	오를 우	通	통할 통	广	넓을 광	内	안 내
yòu	요우	tōng	통-	guǎng	꾸앙↗	nèi	네이

뜻: 오른쪽으로는 광내로 통한다.

右边(우변):오른쪽편　通道:통도(통로)　通过:통과(하다)　通话:통화(하다)　通风:통풍(바람이 통하다)
交通:교통　通知:통지(하다)　通告:통고(하다)　通讯:통신(하다)　通常:통상(적으로)　普通:보통(의)　流通:유통(하다)
通报:통보(하다)　通用:통용(되다)　沟通(구통):소통하다　广告:광고(하다)　广场:광장　广大:광대(한, 넓은)
广播(광보):넓게 보도하다, 방송하다　内容:내용　内科:내과　内肠:내장(심장, 위장 등)　内在:내재(하는)　内幕:내막
内线:내선(번호)　内存(내존):컴퓨터 메모리

左	왼 좌	达	통달 달	承	이을 승	明	밝을 명
zuǒ	주어↗	dá	다아	chéng	스엉	míng	미응

뜻: 왼쪽은 승명이 사무치니 승명은 사기를 교열하는 집이다.

左边(좌변):왼쪽편　左右:좌우　左派:좌파　左手(좌수):왼손　发达:발달(하다)　到达:도달(하다)　达成:달성(하다)
通达:통달(하다)　转达:전달(하다)　承认:승인(하다)　承诺:승낙(하다)　明天(명천):내일　明白:명백(하다)
聪明:총명(하다)　说明:설명(하다)　证明:증명(하다)　文明:문명　发明:발명(하다)　明确:명확(한)　透明:투명(한)
分明:분명(한)　明亮:명랑(한)

既	이미 기	集	모을 집	坟	무덤 분	典	법 전
jì	찌	jí	지이	fén	ⓕ퍼엉	diǎn	띠엔↗

뜻: 이미 분과 전을 모았으니, 삼황의 글은 삼분이요, 오제의 글은 오전이다.

集合:집합　第一集(제1집):제1회　集中:집중(하다)　集体:집체　集团:집단(회사)　集会:집회　坟墓:분묘(무덤)
字典:자전　词典:사전　经典:경전　古典:고전　典型:전형(적)

亦	또 역	聚	모을 취	群	무리 군	英	꽃부리 영
yì	이	jù	쮜	qún	취인	yīng	잉-

뜻: 또한 여러 영웅을 모으다.

亦即(역즉):바로, 즉시　聚合:취합(하다)　群众:군중　英雄:영웅　英才:영재　英国:영국　英语:영어

转移　疑心　疑问　疑惑　明星　卫星

星星　星期　星期(一,二,三,四,五,六,天)

周(一,二,三,四,五,末,日)

右边　通道　通过　通话　通风　交通　通知

通告　通讯　通常　普通　流通　通报　通用

沟通　广告　广场　广大　广播　内容

内科　内肠　内在　内幕　内线　内存

左边　左右　左派　左手　发达　到达

达成　通达　转达　承认　承诺　明天　明白

聪明　说明　证明　文明　发明　明确　透明

分明　明亮

集合　第一集　集中　集体　集团　集会

坟墓　字典　词典　经典　古典　典型

亦即　聚合　群众　英雄　英才　英国

英语

부록 II | 워따똥싸 중국어 천자문

杜	막을 두	稿	볏집 고	钟	쇠북 종	隶	글씨 례
dù	뚜	gǎo	까오↗	zhōng	쭝	lì	리

뜻: 초서를 처음으로 쓴 두고와 예서를 쓴 종례의 글로 비치되어 있음

杜绝:두절(되다)   文稿:원고   钟:종(시계, 괘종시계)

漆	칠할 칠	书	글씨 서	壁	벽 벽	经	날 경
qī	치-	Shū	수-	bì	삐	jīng	찡-

뜻: 한나라 영제가 돌벽에서 발견한 서골과 공자가 발견한 육경도 비치되어 있음.

油漆(유칠):기름칠, 페인   图书馆:도서관   秘书:비서   书籍:서적   面壁:면벽(수행)   壁纸:벽지   已经(이경):이미 ~하다
经过:경과   经常:경상(이익)

府	마을 부	罗	벌릴 라	将	장수 장	相	서로 상
fǔ	㉠푸우↗	luó	루어	jiāng / qiāng	지앙- / 치앙-	xiāng / xiàng	씨앙- / 씨앙

뜻: 마을에 장수가 서로 벌려져 있다.

政府:정부   新罗:신라   将来:장래(에)   将军:장군   大奖:대장   相信(상신):서로 믿다   相互:상호   互相(호상):상호
照相机(조상기):카메라   相对:상대(하다)   相应:상응(하는)

路	길 로	夹	낄 협	槐	괴화나무 괴	卿	벼슬 경
lù	루	jiā	찌아-	huái	화이	qīng	칭

뜻: 길에 고위 고관인 삼공구경의 마차가 열지어 궁전으로 들어가는 모습.

迷路:미로   路上:노상(방료)   路边:노변(길 옆)   水路:수로   马路(마로)자동차(말)도로   高速公路(고속공로):고속도로
快速公路(쾌속공로):무료 고속도로(순환도로)

户	지게 호	封	봉할 봉	八	여덟 팔	县	고을 현
hù	후	fēng	㉠펑	bā	빠-	xiàn	씨엔

뜻: 한나라가 천하를 통일하고 여덟 고을 민호를 주어 공신을 봉함.

户籍:호적   户口:호구(조사)   账户(장호):은행 통장   客户(객호):손님   用户(용호):사용자   窗户:창호(창문)
封建:봉건(사회)   八字:팔자   八卦:팔괘(태극)

杜绝　文稿　钟
dù jué　wén gǎo　zhōng

油漆　图书馆　秘书　书籍　面壁　壁纸
yóu qī　tú shū guǎn　mì shū　shū jí　miàn bì　bì zhǐ
已经　经过　经常
yǐ jīng　jīng guò　jīng cháng

政府　新罗　将来　将军　大奖　相信
zhèng fǔ　xīn luó　jiāng lái　jiāng jūn　dà jiǎng　xiāng xìn
相互　互相　照相机　相对　相应
xiāng hù　hù xiāng　zhào xiāng jī　xiāng duì　xiāng yìng

迷路　路上　路边　水路　马路　高速公路
mí lù　lù shàng　lù biān　shuǐ lù　mǎ lù　gāo sù gōng lù
快速公路
kuài sù gōng lù

户籍　户口　账户　客户　用户　窗户
hù jí　hù kǒu　zhàng hù　kè hù　yòng hù　chuāng hù
封建
fēng jiàn

家 집 가 jiā 찌아-	给 줄 급 gěi 께이↗ jǐ 지이↗	千 일천 천 qiān 치엔-	兵 병사 병 bīng 삥

뜻: 그 집에 천 명의 병사를 주었다.

家族:가족　家属(가속):가족　大家(대가):여러분　外家:외가(집)　本家:본가　家庭:가정　国家:국가　家具:가구
家门:가문　一家:일가　成家(성가):가정을 이루다, 결혼하다　出家(출가(스님이 되다)　农家:농가
给:~에게(给我:나에게　给你:너에게)　给予:급여(주다)　供给:공급(하다)　发给:발급(하다)　给水:급수　配给:배급(하다)
千:천　千万:천만(에)　士兵:사병(병사)　通讯兵:통신병

高 높을 고 gāo 까오-	冠 갓 관 guān 꾸안-	陪 더할 배 péi 페이	辇 손수레 련 niǎn 니엔↗

뜻: 높은 관을 쓰고 연을 모시니 제후의 예로 대접함.

高兴(고흥):흥이 높다, 즐겁다　最高:최고(의)　级高:고급　提高:제고(하다). 발전시키다　高古丽:고구려　高丽:고려
高速:고속　快速:쾌속　高压:고압　高位:고위(직)　王冠:왕관　陪客(배객):사람을 모시다　我陪你:내가 당신을 모실게요.

驱 몰 구 qū 취-	毂 바퀴 곡 gū 꾸-	振 떨칠 진 zhèn 쩐	缨 끈 영 yīng 잉-

뜻: 수레를 몰며 갓끈이 떨치니 임금 출행에 제후의 위엄이 있음.

驱动:구동(하다)　驱动软件:구동프로그램(즉 윈도우, 리눅스 등을 일컬음)　振动:진동(떨리다)　振兴:진흥(시키다)

世 세상 세 shì 쓰	禄 녹 록 lù 뤼	侈 사치할 치 chǐ 츠으↗	富 부자 부 fù ⓕ푸

뜻: 대대로 녹이 사치하고 부하니 제후 자손이 세세 관록이 무성하다.

世上:세상　世界:세계　去世(거세):세상을 떠나다. 죽다　世纪:세기(21세기)　后世:후세　世界观:세계관
奢侈:사치(하다)　丰富:풍부(하다)　富裕:부유(하다)　富有:부유(하다)　富农:부농(돈 많은 농사꾼)

车 수레 차(거) chē 처- jū 쥐-	驾 가마 가 jià 찌아	肥 살찔 비 féi ⓕ페이	轻 가벼울 경 qīng 칭-

뜻: 수레의 말은 살찌고 몸의 의복은 가볍게 차려져 있음.

车辆:차량　车道:차도　开车(개차):차를 몰다　驾车(가차):차를 몰다　火车站(화차잔):기차역
自行车(자행차):자전거　车辆管理处:차량관리처　驾驶证(가사증):운전면허증　肥满:비만　肥肉(비육):비계(지방)
增肥(증비):비계 증가, 살찌다　减肥(감비):비계 감소, 살을 빼다　轻一点(경일점):좀 약하게요　年轻(년경):젊다

jiā zú	jiā shǔ	dà jiā	wài jiā	běn jiā	jiā tíng
家族	家属	大家	外家	本家	家庭
guó jiā	jiā jù	jiā mén	yī jiā	chéng jiā	chū jiā
国家	家具	家门	一家	成家	出家
nóng jiā	gěi	gěi wǒ	gěi nǐ	gěi yú	gōng gěi	fā gěi
农家	给	给我	给你	给予	供给	发给
gěi shuǐ	pèi gěi	qiān	qiān wàn	shì bīng	tōng xùn bīng
给水	配给	千	千万	士兵	通讯兵

gāo xìng	zuì gāo	gāo jí	tí gāo	gāo gǔ lì	gāo lì
高兴	最高	高级	提高	高古丽	高丽
gāo sù	kuài sù	gāo yā	gāo wèi	wáng guān	péi kè
高速	快速	高压	高位	王冠	陪客
wǒ péi nǐ
我陪你

qū dòng	qū dòng ruǎn jiàn	zhèn dòng	zhèn xīng
驱动	驱动软件	振动	振兴

shì shàng	shì jiè	qù shì	shì jì	hòu shì	shì jiè guān
世上	世界	去世	世纪	后世	世界观
shē chǐ	fēng fù	fù yù	fù yǒu	fù nóng
奢侈	丰富	富裕	富有	富农

chē liàng	chē dào	kāi chē	jià chē	huǒ chē zhàn	zì xíng chē
车辆	车道	开车	驾车	火车站	自行车
chē liàng guǎn lǐ chù	jià shǐ zhèng	féi mǎn	féi ròu
车辆管理处	驾驶证	肥满	肥肉
zēng féi	jiǎn féi	qīng yī diǎn	nián qīng
增肥	减肥	轻一点	年轻

策 꽤 책	功 공 공	茂 무성할 무	实 열매 실
cè 처	gōng 꿍-	mào 마오	shí 스으

뜻: 공을 꾀함에 무성하고 충실하라.

政策:정책　策略:책략　对策:대책　失策:실책(하다)　策动:책동(하다)　成功:성공(하다)　功夫(공부):재주, 솜씨
功能(공능):기능　功臣:공신　茂盛:무성(하다)　实际:실제(로)　其实:기실(은)　确实:확실(하다)　诚实:성실(하다)

勒 굴레 록	碑 비석 비	刻 새길 각	铭 새길 명
lè 러 lēi 레이-	bēi 뻬이-	kè 커	míng 미응

뜻: 비를 이름을 새겨서 그 공을 찬양하며 후세에 전한다.

时刻:시각(시간)　深刻:심각(한)　座右铭:좌우명　铭心:명심(하다)　铭感(명감):감명(받다)

磻 강이름 반	溪 시내 계	伊 저 이	尹 다스릴 윤
pán 파안	xī 시-	Yī 이-	yǐn 이인↗

뜻: 주문왕은 반계에서 강태공을 맞고, 은왕은 신야에서 이윤을 맞이함.

溪水(계수):시냇물　伊朗(이랑):이란(나라 이름)

佐 조울 좌	时 때 시	阿 언덕 아	衡 저울대 형
zuǒ 주어↗	Shí 스으	ā,ē 아-,어-	héng 흐엉

뜻: 때를 돕는 아형이니 아형은 상나라 재상의 칭호.

辅佐:보좌(하다)　时间:시간　时候(시후):때(~할 때)　小时(소시):한 시간　阿姨(아이):아줌마　平衡:평형(을 유지하다)

奄 문득 엄	宅 집 택(댁)	曲 굽을 곡	阜 언덕 부
yǎn 에엔↗	zhái 자이	qū,qǔ 취-	fù ⓔ푸

뜻: 주공이 큰 공이 있는 고로 노곡을 봉한 후 곡부에다 궁전을 세움.

住宅:주택　家宅:가택　曲折:곡절(이 많다. 구불구불 마디가 많다)　作曲:작곡　曲线:곡선　曲解:곡해(하다,왜곡하다)
歪曲:왜곡(하다)

zhèng cè	cè lüè	duì cè	shī cè	cè dòng	chéng gōng
政策	策略	对策	失策	策动	成功

gōng fū	gōng néng	gōng chén	mào shèng	shí jì	qí shí	què shí
功夫	功能	功臣	茂盛	实际	其实	确实

chéng shí
诚实

shí kè	shēn kè	zuò yòu míng	míng xīn	míng gǎn
时刻	深刻	座右铭	铭心	铭感

xī shuǐ	yī lǎng
溪水	伊朗

fǔ zuǒ	shí jiān	shí hòu	xiǎo shí	ā yí	píng héng
辅佐	时间	时候	小时	阿姨	平衡

zhù zhái	jiā zhái	qū zhé	zuò qū	qū xiàn	qū jiě
住宅	家宅	曲折	作曲	曲线	曲解

wāi qū
歪曲

부록 II | 워따뚱싸 중국어 천자문

微 작을 미	旦 아침 단	孰 누구 숙	营 경영 영
wēi 웨이-	dàn 딴	shú 수우	yíng 이응

뜻: 주공인 단이 아니면 어찌 큰 궁전을 세웠으리오.

微笑:미소(짓다) 微观:미관 微观经济(미관경제):미시경제 元旦(원단):양력 1월 1일(설날) 经营:경영(하다)
营养:영양 营业:영업(하다)

桓 굳셀 환	公 공변될 공	匡 바를 광	合 모을 합
huán 후안	gōng 꽁-	kuāng 쿠앙-	hé 흐어

뜻: 제나라 환공은 바르게 하고 모두었으니 초를 물리치고 난을 바로잡음.

公斤(공근):Kg 公司:공사(회사) 公共汽车(공공기차):버스(Bus) 公园:공원 公开:공개(하다) 公平:공평(한)
公式:공식(수학) 公关:공관 公务员:공무원 公证:공증(하다) 公正:공정(한) 公认:공인 公安局(공안국):경찰청

济 건널 제	弱 약할 약	扶 도울 부	倾 기울 경
jǐ 지이↗ jì 찌	ruò 루어	fú ㉠푸우	qīng 칭-

뜻: 약한 나라를 구제하고 기울어지는 제신을 도와서 붙들어 줌.

经济:경제 救济:구제(하다) 济州道:제주도 强弱:강약 弱点:약감 弱势:약세 老弱者:노약자 软弱:연약(하다)
扶持:부지(부축)하다.

绮 비단 기	回 돌아올 회	汉 한나라 한	惠 은혜 혜
qǐ 치이↗	huí 후이	hàn 한	huì 후이

뜻: 한나라 네 현인의 한 사람인 기가 한나라 혜제를 회복시킴.

回答:회답(하다) 回来(회래):돌아오다 回收:회수(하다) 回信:회신(하다) 汉语(한어):중국어 河汉(하한):은하수
汉城:한성 优惠(우혜):우대 혜택, 특혜

说 말씀 설	感 느낄 감	武 무술 무	丁 고무래 정
shuō 수어-	gǎn 까안↗	wǔ 우우↗	dīng 띵- zhēng 쩡-

뜻: 부열이 들에서 역사하매 무정의 꿈에 감동되어 곧 정승에 됨.

说话(설화):말하다 小说:소설 说明:설명(하다) 传说:전설 学说:학설 感动:감동(하다) 感觉:감각(느끼다)
感情:감정 感谢:감사(하다) 感想:감상(하다) 反感:반감(느끼다) 感知:감지(하다) 性感:성감(SEXY하다)
感冒(감모):감기 걸리다 武术:무술 武器:무기

위따풍씨

wēi xiào 微笑　　wēi guān 微观　　wēi guān jīng jì 微观经济　　yuán dàn 元旦　　jīng yíng 经营　　yíng yǎng 营养

yíng yè 营业

gōng jīn 公斤　　gōng sī 公司　　gōng gòng qì chē 公共汽车　　gōng yuán 公园　　gōng kāi 公开　　gōng píng 公平

gōng shì 公式　　gōng guān 公关　　gōng wù yuán 公务员　　gōng zhèng 公证　　gōng zhèng 公正　　gōng rèn 公认

gōng ān jú 公安局

jīng jì 经济　　jiù jì 救济　　jì zhōu dào 济州道　　qiáng ruò 强弱　　ruò diǎn 弱点　　ruò shì 弱势

lǎo ruò zhě 老弱者　　ruǎn ruò 软弱　　fú chí 扶持

huí dá 回答　　huí lái 回来　　huí shōu 回收　　huí xìn 回信　　hàn yǔ 汉语　　hé hàn 河汉　　hàn chéng 汉城

yōu huì 优惠

shuō huà 说话　　xiǎo shuō 小说　　shuō míng 说明　　chuán shuō 传说　　xué shuō 学说　　gǎn dòng 感动

gǎn jué 感觉　　gǎn qíng 感情　　gǎn xiè 感谢　　gǎn xiǎng 感想　　fǎn gǎn 反感　　gǎn zhī 感知　　xìng gǎn 性感

gǎn mào 感冒　　wǔ shù 武术　　wǔ qì 武器

俊 준걸 준 jùn 쮼	刈 벨 예 yì 이	密 빽빽할 밀 mì 미	勿 말 물 wù 우

뜻: 준걸과 재사가 조정에 모여 빽빽함.

俊秀:준수(한)　刈草:예초(기)　秘密:비밀　密集:밀집　密碼(밀마):비밀번호　严密:엄밀(히)

多 많을 다 duō 뚜어-	士 선비 사 shì 스	寔 이 식 shí 스으	宁 편안 녕 níng 니잉

뜻: 선비가 많으니 국가가 태평함.

多事:다사(일이 많다)　多少:다소(얼마나)　差不多(차불다):차이가 많지 않다. 즉 비슷하다　多元化:다원화
女士:여사　博士:박사　护士(호사):간호사　武士:무사　安宁:안녕(하세요)

晋 나라 진 jìn 찐	楚 나라 초 chǔ 추	更 다시 갱 gēng 껑-	霸 으뜸 패 bà 빠

뜻: 진과 초가 다시 으뜸이 되니, 진문공, 초장왕이 패왕이 됨.

清楚(청초):분명하다. 명확하다.　更加(갱가):다시 더하다. 즉 더욱, 훨씬　更新:갱신(하다)　更生:갱생(하다)

赵 나라 조 zhào 짜오	魏 나라 위 wèi 우에	困 곤할 곤 kùn 쿤	横 비낄 횡 héng 흐엉 hèng 형

뜻: 조와 위는 횡에 곤하니, 육군 때에 진나라를 섬기자 함을 횡이라 함.

困难:곤란(하다)　贫困:빈곤(하다)　纵横:종횡(가로세로)　横排:횡배(가로 배열)

假 거짓 가 jià 찌아	途 길 도 tú 투우	灭 멸할 멸 miè 미에	虢 나라 괵 guó 구어

뜻: 길을 빌린다는 명목이지만 실제로는 그 나라나 그 집단을 멸망시키는 책략.

假的(가적):가짜　用途:용도　灭火(멸화):불을 멸하다. 불을 끄다　灭亡:멸망　毁灭:훼멸(시키다)　怪灭:괴멸(되다)

俊秀 　刘草 　秘密 　密集 　密码 　严密

多事 　多少 　差不多 　多元化 　女士 　博士
护士 　武士 　安宁

清楚 　更加 　更新 　更生

困难 　贫困 　纵横 　横排

假的 　用途 　灭火 　灭亡 　毁灭 　怪灭

229

践	밟을 천	土	흙 토	会	모일 회	盟	맹세 맹
jiàn	찌엔	tǔ	투우↗	huì kuài	후이 콰이	méng	머엉

뜻: 진나라 문공이 제후를 천토에 모아, 주나라의 천자를 공경하고 조공할 것을 맹세함.

实践:실천(하다) 土地:토지 黄土:황토 土质:토질 领土:영토 土豆(토두):흙속의 콩(감자를 말함) 会议:회의
机会:기회 社会:사회 加盟点:가맹점 同盟:동맹(맺다)

何	어찌 하	遵	쫓을 준	约	약속 약	法	법 법
hé	흐어	zūn	쭌-	yuē yāo	위에- 야오-	fǎ	ⓕ파아↗

뜻: 소하는 한고조와 더불어 약법삼장을 정하여 준행함.

如何:여하(튼) 何必:하필(이면) 何况(하황):더군다나. 하물며 何等:하등(상관없다) 几何:기하(학) 遵守:준수(하다)
遵命:준명(하다) 节约:절약(하다) 大约:대략 约会:(약회)만남 약속 约束:약속(단속, 구속, 제약하다로 쓰임)
制约:제약(하다). 규제하다

韩	나라 한	弊	해질 폐	烦	번거로운 번	刑	형벌 형
hán	하안	bì	삐	fán	ⓕ파안	xíng	시잉

뜻: 한비는 진왕을 달래 형벌을 펴다가 그 형벌에 죽음.

韩国:한국 弊端:폐단(안 좋은 문제점) 弊害:폐해(를 입히다) 麻烦(마번):귀찮게 하다 烦恼:번뇌 刑事:형사
受刑:수형

起	일어날 기	剪	자를 전	颇	자못 파	牧	칠 목
qǐ	치이↗	jiǎn	지엔↗	pō	포-	mù	무

뜻: 백기와 왕전은 진나라 장수요, 염파와 이목은 조나라 장수임.

起来:일어나다 起立:기립(하다) 一起:일치(하다. 같이하다) 起床:기상(하다) 提起:제기(하다)
起动:기동(하다). 움직이다 想起:상기(하다) 剪刀(전도):가위 偏颇:편파(적) 牧场:목장(소,말) 牧民(목민):목민(유목민)

用	쓸 용	军	군사 군	最	가장 최	精	정할 정
yòng	용	jūn	쥔-	zuì	쭈이	jīng	찡

뜻: 군사 쓰기를 가장 정결히 함.

用途:용도 使用:사용(하다) 信用卡:신용카(드) 作用:작용(하다) 应用:응용(하다) 利用:이용(하다) 实用:실용(적)
费用:비용 通用:통용(하다) 引用:인용(하다) 用户(용호):아이디(ID) 常用:상용 起用:기용(하다) 日用品:일용품
军人:군인 军事:군사 将军:장군 军队:군대 建军:건군(군 실립) 最近:최근(에) 最后:최후(의) 最高:최고(의)
最好(최호):가장 좋은 最初:최초(의) 最终:최종(의) 最大:최대(의) 最低:최저(의) 精密:정밀(한) 精神:정신
精力:정력 精华:정화. 정수 精通:정통(하다)

shí jiàn	tǔ dì	huáng tǔ	tǔ zhì	lǐng tǔ	tǔ dòu	huì yì
实践	土地:	黄土	土质	领土	土豆	会议

jī huì	shè huì	jiā méng diǎn	tóng méng
机会	社会	加盟点	同盟

rú hé	hé bì	hé kuàng	hé děng	jǐ hé	zūn shǒu	zūn mìng
如何	何必	何况	何等	几何	遵守	遵命

jié yuē	dà yuē	yuē huì	yuē shù	zhì yuē
节约	大约	约会	约束	制约

hán guó	bì duān	bì hài	má fán	fán nǎo	xíng shì	shòu xíng
韩国	弊端	弊害	麻烦	烦恼	刑事	受刑

qǐ lái	qǐ lì	yī qǐ	qǐ chuáng	tí qǐ	qǐ dòng	xiǎng qǐ
起来	起立	一起	起床	提起	起动	想起

jiǎn dāo	piān pō	mù chǎng	mù mín
剪刀	偏颇	牧场	牧民

fèi yòng	tōng yòng	yǐn yòng	yòng hù	cháng yòng	qǐ yòng	rì yòng pǐn
费用	通用	引用	用户	常用	起用	日用品

jūn rén	jūn shì	jiāng jūn	jūn duì	jiàn jūn	zuì jìn	zuì hòu
军人	军事	将军	军队	建军	最近	最后

zuì gāo	zuì hǎo	zuì chū	zuì zhōng	zuì dà	zuì dī	jīng mì
最高	最好	最初	最终	最大	最低	精密

jīng shén	jīng lì	jīng huá	jīng tōng
精神	精力	精华	精通

宣 배풀 선	威 위엄 위	沙 모래 사	漠 아득할 막
xuān 쉬앤-	wēi 웨이-	shā 싸- shà 싸	mò 모

뜻: 장수로서 그 위엄은 멀리 사막에까지 퍼짐.

宣布:선포(하다)　宣传:선전(하다)　宣誓:선서(하다)　宣扬:선양(하다)　宣言:선언(하다)　宣战:선전(포고. 전쟁선포)
示威:시위(하다)　权威:권위(적)　威风:위풍(당당)　威力:위력　威信:위신(이 서다. 체면)　威严:위엄(이 있다)
沙漠:사막　沙发:소파(SOFA)　漠漠:막막(하다)　荒漠:황막(하다)

驰 달릴 치	誉 칭찬할 예	丹 붉을 단	青 푸를 청
chí 츠으	yù 위	dān 딴-	qīng 칭-

뜻: 그 이름은 생전뿐 아니라 죽은 후에도 전하기 위하여 초상을 그린 비각에 그림.

荣誉:영예(롭게)　名誉:명예(롭다)　丹青:단청(절에 쓰는 안료)　青春:청춘　青少年:청소년　年轻:젊다　青蛙:개구리

九 아홉 구	州 고을 주	禹 하우씨 우	迹 자취 적
jiǔ 지우↗	zhōu 쪼우-	yǔ 위이↗	jì 찌

뜻: 하우씨가 구주를 분별하니 기·연·청·서·형·양·예·양·옹이 구주임.

小九九(소구구):구구단　九九歌(구구가):구구단(노래)　广州:광주(지역명에 붙음)　痕迹:흔적　奇迹:기적(적으로)
踪迹:종적(을 감추다)　轨迹:궤적(운동 궤적)　古迹地:고적지　字迹(자적):글씨의 흔적　遗迹:유적지

百 일백 백	郡 고을 군	秦 나라 진	并 함께 (아우를) 병
bǎi 바이↗	jùn 쮠	qín 치인	bīng 삥-

뜻: 진시황이 천하를 봉군하는 법을 폐하고 일백군을 둠.

百分率:백분율(%)　一百:백(100)　百姓:백성(국민)　合并:합병(하다)　并存:병존(하다)　并行:병행(하다)
并列:병렬(하다)

岳 산마루 악	宗 마루 종	恒 항상 항	岱 뫼 대
yuè 웨	zōng 쭝-	héng 흐엉	dài 따이

뜻: 오악은 동 태산, 서 화산, 남 형산, 북 항산, 중 숭산이니, 항산과 태산이 조종임.

山岳:산악(훈련)　宗教:종교　恒常:항상

宣布 宣传 宣誓 宣扬 宣言 宣战 示威
权威 威风 威力 威信 威严 沙漠 沙发
漠漠 荒漠

荣誉 名誉 丹青 青春 青少年 年轻
青蛙

小九九 九九歌 广州 痕迹 奇迹 踪迹
轨迹 古迹地 字迹 遗迹

百分率 一百 百姓 合并 并存 并行 并列

山岳 宗教 恒常

禅 터닦을 선 chán 차안 shàn 싼	主 임금 주 zhǔ 주우↗	云 이를 운 yún 위인	亭 정자 정 tíng 티응

뜻: 운과 정은 천자를 봉선하고 제사하는 곳이니, 운정은 태산에 있음.

主要:주요(한) 主人:주인 业主:업주 民主:민주(적) 主观:주관(적) 主张:주장(하다) 公主:공주 主管:주관(하다)
主题:주제 主流:주류 主办(주판):주최하다 亭子:정자 八角亭:팔각정

雁 기러기 안 yàn 앤	门 문 문 mén 머언	紫 붉을 자 zǐ 즈으↗	塞 변방 새 막을 색 sāi 싸이- sè 써

뜻: 기러기가 북으로 가는 고로 안문이라 했고, 흙이 붉은 고로 자색이라 함.

门:문 专门:전문(적) 部门:부문 门诊:문진(진료하다) 开门:개문(Open) 关门:관문(Close) 塞车(색차):찻길이 막히다

鸡 닭 계 jī 지-	田 밭 전 tián 티엔	赤 붉을 적 chì 츠	城 성 성 chéng 처엉

뜻: 계전은 웅주에 있는 고을이고, 적성은 기주에 있는 고을임.

鸡蛋(계단):계란 山鸡(산계):산의 닭, 꿩 鸡肉(계육):닭고기 田(전):밭 水田(수전):논(물+밭) 赤子:적자(손실)
长城:장성(만리장성) 城市:성시(도시)

昆 맏 곤 kūn 쿤	池 못 지 chí 츠으	碣 돌 갈 jié 지에	石 돌 석 shí 스으

뜻: 곤지는 운남 곤명현에 있고, 갈석은 부평현에 있음.

昆虫:곤충 电池:전지 石头(석두):돌 钻石(찬석):송곳돌(금강석) 岩石:암석 化石:화석 石油:석유 宝石:보석

钜 클 거 jù 쮜	野 들 야 yě 예에↗	洞 뚫을 동 dòng 똥 tóng 토옹	庭 뜰 정 tíng 티잉

뜻: 거야는 태산 동편에 있는 광야, 동전은 호남성에 있는 중국 제1의 호수임.

野心:야심(이 가득하다) 在野:재야(인사) 野外:야외(나들이) 洞:구멍 家庭:가정 法庭:법정

위따·똥씨

zhǔ yào	zhǔ rén	yè zhǔ	mín zhǔ	zhǔ guān	zhǔ zhāng	gōng zhǔ
主要	主人	业主	民主	主观	主张	公主

zhǔ guǎn	zhǔ tí	zhǔ liú	zhǔ bàn	tíng zi	bā jiǎo tíng
主管	主题	主流	主办	亭子	八角亭

mén	zhuān mén	bù mén	mén zhěn	kāi mén	guān mén	sāi chē
门	专门	部门	门诊	开门	关门	塞车

jī dàn	shān jī	jī ròu	tián	shuǐ tián	chì zǐ	cháng chéng
鸡蛋	山鸡	鸡肉	田	水田	赤子	长城

chéng shì
城市

kūn chóng	diàn chí	shí tóu	zuān shí	yán shí	huà shí	shí yóu
昆虫	电池	石头	钻石	岩石	化石	石油

bǎo shí
宝石

yě xīn	zài yě	yě wài	dòng	jiā tíng	fǎ tíng
野心	在野	野外	洞	家庭	法庭

旷	빌 광	远	멀 원	绵	이어질 면	邈	멀 막
kuàng	쾅	**yuǎn**	위앤↗	**mián**	미엔	**miǎo**	미아오

뜻: 산, 벌판, 호수 등이 아득하고 멀리 그리고 널리 줄지어 있음을 말함.

远:멀다 永远:영원(히) 遥远:요원(하다) 海绵:해면(동물)

岩	바위 암	岫	메뿌리 수	杳	아득할 묘	冥	어두울 명
yán	에앤	**xiù**	씨우	**yǎo**	이야오↗	**míng**	미응

뜻: 큰 바위와 메 뿌리가 묘연하고 아득함을 말함.

岩石:암석 熔岩:용암 冥想:명상(하다)

治	다스릴 치	本	근본 본	於	어조사 어	农	농사 농
zhì	쯔	**běn**	버언↗	**wū** **yū**	우- 위-	**nóng**	노옹

뜻: 다스리는 것은 농사를 근본으로 하니, 중농 정치를 이름.

统治:통치(하다) 治疗:치료(하다) 政治:정치 治安:치안 法治:법치 本来:본래 根本:근본 笔记本:필기본(노트북)
基本:기본 标本:표본 资本:자본 本能:본능 本钱:본전 成本(성본):원가 原本:원본 本质:본질
农村:농촌 农民:농민 农业:농업 农历(농력):농사력. 음력 农家:농가 农机:농기(계)

务	힘쓸 무	兹	이 자	稼	심을 가	穑	거둘 색
wù	우	**cí** **zī**	츠으 쯔-	**jià**	찌아	**sè**	써

뜻: 때맞춰 심고 힘써 일하며 많은 수익을 거둠.

服务:복무. 일 服务员:복무원(종업원) 任务:임무 义务:의무 公务员:공무원 业务:업무 事务:사무 务实(무실):실무
职务:직무 财务:재무

俶	비로소 숙	载	실을 재	南	남녘 남	亩	이랑 묘
chù **tì**	추 티	**zǎi** **zài**	자이↗ 짜이	**nán**	나안	**mǔ**	무우↗

뜻: 비로소 남양의 밭에서 농작물을 배양함.

下载(하재):download 记载:기재(하다) 指南针(지남전):나침반 南方(남방):남쪽방향

远 yuǎn 　永远 yǒng yuǎn 　遥远 yáo yuǎn 　海绵 hǎi mián

岩石 yán shí 　熔岩 róng yán 　冥想 míng xiǎng

统治 tǒng zhì 　治疗 zhì liáo 　政治 zhèng zhì 　治安 zhì ān 　法治 fǎ zhì 　本来 běn lái 　根本 gēn běn

笔记本 bǐ jì běn 　基本 jī běn 　标本 biāo běn 　资本 zī běn 　本能 běn néng 　本钱 běn qián 　成本 chéng běn

原本 yuán běn 　本质 běn zhì 　农村 nóng cūn 　农民 nóng mín 　农业 nóng yè 　农历 nóng lì 　农家 nóng jiā

农机 nóng jī

服务 fú wù 　服务员 fú wù yuán 　任务 rèn wù 　义务 yì wù 　公务员 gōng wù yuán 　业务 yè wù

事务 shì wù 　务实 wù shí 　职务 zhí wù 　财务 cái wù

下载 xià zài 　记载 jì zài 　指南针 zhǐ nán zhēn 　南方 nán fāng

我 나 아	艺 재주 예	黍 기장 서	稷 피 직
wǒ 워어↗	yì 이	shǔ 수우↗	jì 찌

뜻: 나는 기장과 피를 심는 일에 열중함.

我(아):나 我们(아먼):우리 我说(아설):내가 말하는데~ 艺术:예술 文艺:문예 工艺品:공예품

税 징수할 세	熟 익숙할 숙	贡 바칠 공	新 새 신
shuì 수이	shóu, shú 소우 수우	gòng 꽁	xīn 신-

뜻: 곡식이 익으면 부세하여 국용을 준비하고, 신곡으로 종묘에 제사를 올림.

税金:세금 国税:국세 地方税:지방세 免税:면세 逃税:도세(탈세)하다 熟(숙):익히다(음식) 成熟:성숙(하다)
熟练:숙련(능숙)하다. 熟悉(숙실):익숙하다 贡献:공헌(하다) 新年:신년 新鲜:신선(하다) 新闻:신문

劝 권할 권	赏 상줄 상	黜 물리칠 출	陟 오를 척
quàn 췐	shǎng 싸앙↗	chù 추	zhì 쯔

뜻: 농민의 의기를 앙양키 위하여 열심인 자는 상 주고, 게을리 한 자는 출척함.

劝告:권고(하다) 劝酒:권주(술을 권하다) 奖赏(장상):상장 주다.

孟 맏 맹	轲 수레 가	敦 도타울 돈	素 흴 소
mèng 멍	kē, kě 커- 크어↗	duì, dūn 뚜이 뚠-	sù 쑤

뜻: 맹자는 그 모친의 교훈을 받아 자사 문하에서 배움.

孟浪:맹랑(하다) 孟子:맹자 素质:소질 要素:요소

史 역사 사	鱼 물고기 어	秉 잡을 병	直 곧을 직
shǐ 스으↗	yú 위이	bǐng 비잉↗	zhí 즈으

뜻: 사어라는 사람은 위나라 태부였으며, 그 성격이 매우 강직했음.

历史:역사 史料:사료 鱼肉:어육(생선살) 钓鱼:조어(낚시)하다 鱼头:어두(물고기 머리) 直接:직접(적)
直播(직방):직접방송. 생방송 垂直:수직(의) 直视:직시(하다) 直系:직계 强直:강직(하다)

wǒ 我　wǒ men 我们　wǒ shuō 我说　yì shù 艺术　wén yì 文艺　gōng yì pǐn 工艺品

shuì jīn 税金　guó shuì 国税　dì fāng shuì 地方税　miǎn shuì 免税　táo shuì 逃税　shú 熟　chéng shú 成熟

shú liàn 熟练　shú xī 熟悉　gòng xiàn 贡献　xīn nián 新年　xīn xiān 新鲜　xīn wén 新闻

quàn gào 劝告　quàn jiǔ 劝酒　jiǎng shǎng 奖赏

mèng làng 孟浪　mèng zǐ 孟子　sù zhì 素质　yào sù 要素

lì shǐ 历史　shǐ liào 史料　yú ròu 鱼肉　diào yú 钓鱼　yú tóu 鱼头　zhí jiē 直接　zhí bō 直播

chuí zhí 垂直　zhí shì 直视　zhí xì 直系　qiáng zhí 强直

239

庶 여러 서 수 shù	几 몇 기 지이↗ jǐ	中 가운데 중 쭝-쭝 zhōng zhòng	庸 떳떳 용 용- yōng

뜻: 어떠한 일도 한쪽으로 기울어지게 일하면 안 됨.

庶几(서기):괜찮다. 대체로 　庶务(서무):담당자 　庶民:서민 　几(기):몇(개) 　几何:기하(학) 　几月几号:몇 월 며칠
中用:중용(하다) 　中间:중간 　其中:기중(에) 　中心:중심(센터) 　服务中心(복무중심):서비스센터 　集中:집중(하다)
中介:중개(하다) 　中央:중앙 　中午:중오(점심) 　中断:중단(하다) 　中学:중학(교) 　凡庸:범용,평범(하다)

劳 힘쓸 로 라오 láo	谦 겸손 겸 치앤- qiān	谨 삼갈 근 지인↗ jǐn	敕 칙서 칙 츠 chì

뜻: 근로하고 겸손하며 삼가고 신칙하면 중용의 도에 이름.

劳动:노동(하다) 　疲劳:피로(하다) 　勤劳:근로(하다) 　功劳:공로 　谦虚:겸허(히) 　谦逊:겸손(하다)
严谨(엄근):근엄 　敕令:칙령(을 내리다)

聆 들을 령 리잉 líng	音 소리 음 인- yīn	察 살필 찰 차아 chá	理 다스릴 리 리이↗ lǐ

뜻: 소리를 듣고 그 거동을 살피니, 조그마한 일이라도 주의하여야 함.

声音(성음):소리, 음성 　音乐:음악 　录音:녹음(하다) 　音响(기기):음향(기기) 　口音(구음):억양 　收音机(수음기):라디오 　音质:음질
高音:고음 　低音:저음 　发音:발음 　回音(회음):에코, 메아리 　警察:경찰 　检察:검찰 　考察:고찰(하다) 　观察:관찰(하다)
监察:감찰(하다) 　视察:시찰(하다) 　管理:관리(하다) 　理想:이상(적) 　整理:정리(하다) 　理解:이해(하다) 　处理:처리(하다)
理发:이발(하다) 　道理:도리 　地理:지리(적) 　理论:이론 　心理:심리 　理由:이유 　合理:합리(적) 　修理:수리(하다) 　物理:물리
真理:진리 　代理:대리 　条理:조리(하다) 　原理:원리 　办理(반리):처리하다 　经理(경리):경영관리책임자

鉴 거울 감 찌엔 jiàn	貌 모양 모 마오 mào	辨 분별 변 삐엔 biàn	色 빛 색 써 sè 싸이↗ shǎi

뜻: 안색을 살펴 상대방의 의도를 알다. 남의 눈치를 살피다.

鉴定:감정(하다) 　鉴别:감별(하다) 　容貌:용모 　面貌:면모 　风貌:풍모 　分辨(분변):분별하다 　辩证:변증(하다) 　白色:백색
红色:홍색(빨간색) 　脸色(검색):안색(얼굴색)

贻 끼칠 이 이이 yí	厥 그 궐 쥐에 jué	嘉 아름다울 가 찌아- jiā	猷 꾀 유 요우 yóu

뜻: 도리를 지키고 착함으로 자손에 좋은 것을 끼쳐야 함.

shù jǐ	shù wù	shù mín	jǐ	jǐ hé	jǐ yuè jǐ hào	zhōng jiān
庶几	庶务	庶民	几	几何	几月几号	中间

qí zhōng	zhōng xīn	fú wù zhōng xīn	jí zhōng	zhōng jiè	zhōng yāng
其中	中心	服务中心	集中	中介	中央

zhōng wǔ	zhōng duàn	zhōng xué	fán yōng
中午	中断	中学	凡庸

láo dòng	pí láo	qín láo	gōng láo	qiān xū	qiān xùn	yán jǐn
劳动	疲劳	勤劳	功劳	谦虚	谦逊	严谨

chì lìng
敕令

shēng yīn	yīn yuè	lù yīn	yīn xiǎng	kǒu yīn	shōu yīn jī	yīn zhì
声音	音乐	录音	音响	口音	收音机	音质

gāo yīn	dī yīn	fā yīn	huí yīn	jǐng chá	jiǎn chá	kǎo chá
高音	低音	发音	回音	警察	检察	考察

guān chá	jiān chá	shì chá	guǎn lǐ	lǐ xiǎng	zhěng lǐ	lǐ jiě
观察	监察	视察	管理	理想	整理	理解

chù lǐ	lǐ fà	dào lǐ	dì lǐ	lǐ lùn	xīn lǐ	lǐ yóu
处理	理发	道理	地理	理论	心理	理由

hé lǐ	xiū lǐ	wù lǐ	zhēn lǐ	dài lǐ	tiáo lǐ	yuán lǐ
合理	修理	物理	真理	代理	条理	原理

bàn lǐ	jīng lǐ
办理	经理

jiàn dìng	jiàn bié	róng mào	miàn mào	fēng mào	fēn biàn	biàn zhèng
鉴定	鉴别	容貌	面貌	风貌	分辨	辩证

bái sè	hóng sè	liǎn sè
白色	红色	脸色

勉 힘쓸 면 miǎn 미이엔	其 그 기 jī 찌- qí 치이	祗 공경 지 zhī 쯔-	植 심을 식 zhí 즈으

뜻: 착한 것으로 자손에 줄 것을 힘써야 좋은 가정을 이룰 것임.

勤勉:근면(하다) 其他:기타 其实:기실(은) 其中:기중(그중)에는 其间:기간, 그사이 植物:식물 移植:이식(하다)

省 살필 성 shěng 서엉↗ xǐng 씨옹↗	躬 몸 궁 gōng 꽁-	讥 나무랄 기 jī 찌-	诫 경계 계 jiè 찌에

뜻: 나무람과 경계함이 있는가 염려하며 몸을 살펴야 함.

省略(성략):생략하다 训诫:훈계(하다)

宠 고일 총 chǒng 초옹↗	增 더할 증 zēng 쩡	抗 저항 항 kàng 캉	极 다할 극 jí 지이

뜻: 총애가 더할수록 교만한 태도를 부리지 말고 더욱 조심하여야 함.

宠爱:총애(하다) 固宠:은총 增加:증가(하다) 增长(증장):증가하다 增肥(증비):비계 증가, 살찌다 抗议:항의(하다)
对抗:대항(하다) 反抗:반항(하다) 抵抗:저항(하다) 抗战:항전 抗辩:항변(하다) 电抗(전항):전기저항 极限:극한
积极:적극(적) 消极:소극(적) 极端:극단(적) 北极:북극 南极:남극

殆 위태 태 dài 따이	辱 욕할 욕 rǔ 루우↗	近 가까울 근 jìn 찐	耻 부끄러울 치 chǐ 츠으↗

뜻: 총애를 받는다고 욕된 일을 하면 머지 않아 위태함과 치욕이 옴.

危殆:위태(롭다) 附近:부근(가까운) 最近:최근 近代:근대 接近:접근(하다) 近视:근시(안) 近来:근래(의)
侮辱:모욕(하다)

林 수풀 림 lín 리인	皋 언덕 고 gāo 까오-	幸 다행 행 xìng 씽	即 곧 즉 jí 지이

뜻: 부귀할지라도 검소하여 산간 수풀에서 편히 지내는 것도 다행한 일임.

森林:삼림(숲) 山林:산림 幸福:행복 幸运:행운 不幸:불행(하다)

위따뚱싸

qín miǎn	qí tā	qí shí	qí zhōng	qí jiān	zhí wù	yí zhí
勤勉	其他	其实	其中	其间	植物	移植

shěng lüè	xùn jiè
省略	训诫

chǒng ài	yīn chǒng	zēng jiā	zēng cháng	zēng féi	kàng yì	duì kàng
宠爱	因宠	增加	增长	增肥	抗议	对抗
fǎn kàng	dǐ kàng	kàng zhàn	kàng biàn	diàn kàng	jí xiàn	jī jí
反抗	抵抗	抗战	抗辩	电抗	极限	积极
xiāo jí	jí duān	běi jí	nán jí			
消极	极端	北极	南极			

wēi dài	fù jìn	zuì jìn	jìn dài	jiē jìn	jìn shì	jìn lái
危殆	附近	最近	近代	接近	近视	近来
wǔ rǔ						
侮辱						

sēn lín	shān lín	xìng fú	xìng yùn	bù xìng
森林	山林	幸福	幸运	不幸

两 둘 량 liǎng 리양↗	疏 상소할 소 shū 수-	见 볼 견 나타날 현 jiàn 찌엔 xiàn 시엔	机 틀 기 jī 찌-

뜻: 한나라의 소광과 소수는 기틀을 보고 상소하고 낙향함.

两边:양변(양쪽면)　两面:양면　生疏:생소(하다)　疏忽:소홀(하다)　再见:재견(다시 보다)　意见:의견　见闻:견문(록)
见解:견해　偏见:편견　机场(기장):비행기장　飞机(비기):비행기　手机(수기):핸드폰　司机(사기):기사(운전기사)
机会:기회　洗衣机(세의기):세탁기　照相机(조상기):카메라　机构:기구　机密:기밀(극비)　危机:위기　动机:동기
时机:시기(때)　关机(과기):전원을 끄다　开机(개기):전원을 켜다

解 풀 해 jiě 지에↗ jiè 찌에	组 짤 조 zǔ 주우↗	谁 누구 수 shuí 수웨이	逼 핍박할 핍 bī 삐-

뜻: 관의 끈을 풀어 사직하고 돌아가니 누가 핍박하리오.

解决:해결(하다)　解释:해석(하다)　理解:이해(하다)　解放:해방(되다)　解剖:해부(하다)　解散:해산(하다)　解体:해체(되다)
误解:오해(하다)　和解:화해(하다)　破解(포해):파헤치다　解说:해설(하다)　解读:해독(하다)　组织:조직(하다)
组成:조성(하다)　组合:조합(하다)　小组(소조):그룹, 동아리　谁:누구세요?　你是谁?:누구세요?　逼迫:핍박(하다)

索 찾을 색 suǒ 수어↗	居 살 거 jū 쮜-	闲 한가 한 xián 시엔	处 곳 처 chǔ 추우↗ chù 추

뜻: 퇴직하여 한가한 곳에서 세상을 보냄.

搜索:수색(하다)　摸索:모색(하다)　思索:사색(하다)　探索:탐색(하다)　居住:거주(하다)　住居:주거(지)　同居:동거(하다)
空闲(공한):여가(한가한 시간)　闲话(한화):험담, 한담하다　闲暇:한가(한)　到处:도처(에)　处理:처리(하다)
处分:처분(하다)　处置:처치(하다)　处方:처방(전)　处身:처신(하다)　处女:처녀　处决:처결(하다)　去处:거처

沈 잠길 침 chén 처언 shěn 써언↗	默 잠잠할 묵 mò 모	寂 고요할 적 jì 찌	寥 고요 요 liáo 리아오

뜻: 세상에 나와서 교제하는 데도 언행에 침착해야 함.

沉默:침묵(하다)　沉淀:침전(물)　沉着:침착(하다)　默默:묵묵(히)　幽默:유모(humor, 코메디)

求 구할 구 qiú 치우	古 옛 고 gǔ 꾸우↗	寻 찾을 심 xún 쒸인	论 의논할 론 lún 루운 lùn 룬

뜻: 예를 찾아 의논하고 고인을 찾아 토론함.

求你:부탁하는데...　要求:요구(하다)　请求:청구(하다)　追求:추구(하다)　求婚(구혼):청혼하다　求亲(구친):청혼하다
古典:고전(적)　古代:고대(의)　古董(구동):골동품　考古:고고(학)　伦理:논리　讨论:토론(하다)　无论(무론):물론(~~이든지)
理论:이론　结论:결론　议论:의논(하다)　论文:논문　辩论:변론(하다)　论争:논쟁(하다)　推论:추론(하다)

liǎng biān	liǎng miàn	shēng shū	shū hū	zài jiàn	yì jiàn	jiàn wén
两边	两面	生疏	疏忽	再见	意见	见闻

jiàn jiě	piān jiàn	jī chǎng	fēi jī	shǒu jī	sī jī	jī huì
见解	偏见	机场	飞机	手机	司机	机会

xǐ yī jī	zhào xiàng jī	jī gòu	jī mì	wēi jī	dòng jī
洗衣机	照相机	机构	机密	危机	动机

shí jī	guān jī	kāi jī
时机	关机	开机

jiě jué	jiě shì	lǐ jiě	jiě fàng	jiě pōu	jiě sàn	jiě tǐ
解决	解释	理解	解放	解剖	解散	解体

wù jiě	hé jiě	pò jiě	jiě shuō	jiě dú	zǔ zhī	zǔ chéng
误解	和解	破解	解说	解读	组织	组成

zǔ hé	xiǎo zǔ	shuí	nǐ shì shuí?	bī pò
组合	小组	谁	你是谁?	逼迫

sōu suǒ	mō suǒ	sī suǒ	tàn suǒ	jū zhù	zhù jū	tóng jū
搜索	摸索	思索	探索	居住	住居	同居

kōng xián	xián huà	xián xiá	dào chù	chù lǐ	chù fēn	chù zhì
空闲	闲话	闲暇	到处	处理	处分	处置

chù fāng	chù shēn	chù nǚ	chù jué	qù chù
处方	处身	处女	处决	去处

chén mò	chén diàn	chén zhuó	mò mò	yōu mò
沉默	沉淀	沉着	默默	幽默

qiú nǐ	yào qiú	qǐng qiú	zhuī qiú	qiú hūn	qiú qīn	gǔ diǎn
求你	要求	请求	追求	求婚	求亲	古典

gǔ dài	gǔ dǒng	kǎo gǔ	lún lǐ	tǎo lùn	wú lùn	lǐ lùn
古代	古董	考古	伦理	讨论	无论	理论

jié lùn	yì lùn	lùn wén	biàn lùn : lùn zhēng	tuī lùn
结论	议论	论文	辩论 : 论争	推论

散 흩을 산 sǎn 싸안↗ sàn 싼	虑 생각 려 lǜ 뤼	逍 거닐 소 xiāo 시아오-	遥 멀 요 yáo 야오

뜻: 세상일을 잊어버리고 자연 속에서 한가하게 즐김.

散:흩어지다 散步:산보(하다) 分散:분산(하다) 解散:해산(하다) 散漫:산만(하다) 扩散:확산(하다) 发散:발산(하다)
离散:이산(가족) 散光:산광 考虑:고려(하다) 顾虑:고려(하다)

欣 기쁠 흔 xīn 신-	奏 연주할 주 zòu 쪼우	累 연루될 루 지칠루 lèi 레이	遣 보낼 견 qiǎn 치엔↗

뜻: 기쁨은 아뢰고 더러움은 보냄.

欣快:흔쾌(히) 欣慕:흠모(하다) 演奏:연주(하다) 独奏:독주(하다) 前奏:전주(곡) 变奏:변주(곡) 合奏:합주
累:피곤하다 积累:(적루)루(누)적되다 派遣:파견(하다)

戚 슬플 척 친척 척 qī 치-	谢 사례 사 xiè 씨에	欢 기뻐할 환 huān 후안-	招 부를 초 zhāo 짜오-

뜻: 심중의 슬픈 것은 없어지고 즐거움만 부른 듯이 오게 됨.

亲戚:친척 外戚:외척(외가친척) 谢谢:감사합니다 感谢:감사(합니다) 谢绝:사절(합니다) 欢迎:환영(합니다)
喜欢:(희환)좋아하다 欢乐:환락(즐겁다) 交欢:(교환)성교하다 招聘:초빙(하다) 招待:초대(하다)

渠 개천 거 qú 취이	荷 연꽃 하 hé 흐어	的 과녁 적 de 더 dī 디	历 지낼 력 lì 리

뜻: 개천의 연꽃도 아름다우니 향기를 잡아볼 만함.

荷重:하중(무게를 감당하다) 肯定的:긍정적 不定的:부정적 我的:내 것 你的:네 것 吃的:먹는 것 玩的:노는 것
历史:역사 经历:경력 阳历:양력(달력) 农历:(농력)음력 日历:일력 学历:학력 历任:역임(하다)

园 동산 원 yuán 위엔	莽 풀 망 mǎng 마앙↗	抽 빼낼 추 chōu 초우-	条 조목 조 tiáo 티아오

뜻: 동산의 풀은 땅속 양분으로 가지가 뻗고 크게 자람.

公园:공원 花园:화원(꽃동산, 아파트) 幼儿园:유아원(유치원) 乐园:낙원 田园:전원 果园:과원(과수원) 庭园:정원
抽出:추출(하다) 抽象:추상(적) 抽烟:(추연)담배를 피우다 条件:조건 条约:조약 (보호조약)

散 散步 分散 解散 散漫 扩散 发散
sàn sàn bù fēn sàn jiě sàn sàn màn kuò sàn fā sàn

离散 散光 考虑 顾虑
lí sàn sàn guāng kǎo lù gù lù

欣快 欣慕 演奏 独奏 前奏 变奏 合奏
xīn kuài xīn mù yǎn zòu dú zòu qián zòu biàn zòu hé zòu

累 积累 派遣
léi jī léi pài qiǎn

亲戚 外戚 谢谢 感谢 谢绝 欢迎 喜欢
qīn qī wài qī xiè xiè gǎn xiè xiè jué huān yíng xǐ huān

欢乐 交欢 招聘 招待
huān lè jiāo huān zhāo pìn zhāo dài

荷重 肯定的 不定的 我的 你的 吃的
hé zhòng kěn dìng dì bù dìng dì wǒ dì nǐ dì chī dì

玩的 历史 经历 阳历 农历 日历 学历
wán dì lì shǐ jīng lì yáng lì nóng lì rì lì xué lì

历任
lì rèn

公园 花园 幼儿园 乐园 田园 果园 庭园
gōng yuán huā yuán yòu ér yuán lè yuán tián yuán guǒ yuán tíng yuán

抽出 抽象 抽烟 条件 条约
chōu chū chōu xiàng chōu yān tiáo jiàn tiáo yuē

枇 피나무 비	杷 비파나무 파	晚 늦을 만	翠 푸를 취
pí 피이	pá 파아	wǎn 와안↗	cuì 추이

뜻: 비파나무는 늦은 겨울에도 그 빛은 푸름.

枇杷:비파(나무) 晚上(만상):저녁 晚学:만학(늦게 공부하다) 晚餐:만찬(저녁식사) 早晚:조만(간에) 翡翠色:비취색

梧 오동 오	桐 오동 동	早 이를 조	凋 시들 조
wú 우우	tóng 토옹	zǎo 자아오	diāo 띠아오-

뜻: 오동잎은 가을이면 다른 나무보다 먼저 마름.

梧桐:오동(나무) 早上(조상):아침 早上好:아침인사 早餐:조찬(아침식사) 早饭:조반(아침밥) 早晚:조만(간에)
凋:떨어지다

陈 베풀 진	根 뿌리 근	委 맡길 위	翳 가릴 예
chén 처언	gēn 껀	wēi 웨이-	yì 이

뜻: 가을이 오면 오동뿐 아니라 고목의 뿌리는 시들어 마름.

陈列:진열(하다) 陈述:진술(하다) 陈言:진언(하다) 陈腐:진부(하다, 낡았다) 根本:근본 根据:근거 根源:근원
根子:뿌리 委托:위탁(하다) 委员(조직위원):위원 委任:위임(하다)

落 떨어질 락	叶 잎사귀 엽	飘 나부낄 표	繇 나부낄 요
là 라 / lào 라오 / luò 루어	xié 시에 / yè 예	piāo 피아오-	yóu 요우 / zhòu 쪼우

뜻: 가을이 오면 낙엽이 펄펄 날리며 떨어짐.

落后:낙후(되다) 叶子(엽자):잎사귀 落叶:낙엽 飘流:표류(하다)

游 헤엄칠 유	鲲 곤새 곤	独 홀로 독	运 운전 운
yóu 요우	kūn 쿤-	dú 두우	yùn 윈

뜻: 곤어는 북해의 큰 고기이며 홀로 창해를 헤엄쳐 놂.

游泳(유영):수영하다 旅游(여유):여행하다 游戏(유희):게임하다 独立:독립(하다) 单独:단독(혼자서) 独特:독특(한)
孤独:고독(한) 唯独:유독(히) 独裁:독재(하다) 独唱:독창(하다) 独居:독거(노인) 独身:독신(주의) 独步:독보(적)
独创:독창(적) 独断:독단(적) 运动:운동 命运:명운 运命:운명 幸运:행운 运气(운기):운수, 기운 运行:운행(하다)

위따·똥싸

pí pá	wǎn shàng	wǎn xué	wǎn cān	zǎo wǎn	fěi cuì sè
枇杷	晚上	晚学	晚餐	早晚	翡翠色

wú tóng	zǎo shàng	zǎo shàng hǎo	zǎo cān	zǎo fàn	zǎo wǎn	diāo
梧桐	早上	早上好	早餐	早饭	早晚	凋

chén liè	chén shù	chén yán	chén fǔ	gēn běn	gēn jù	gēn yuán
陈列	陈述	陈言	陈腐	根本	根据	根源

gēn zǐ	wěi tuō	wěi yuán	wěi rèn
根子	委托	委员	委任

luò hòu	yè zǐ	luò yè	piāo liú
落后	叶子	落叶	飘流

yóu yǒng	lǚ yóu	yóu xì	dú lì	dān dú	dú tè	gū dú
游泳	旅游	游戏	独立	单独	独特	孤独

wéi dú	dú cái	dú chàng	dú jū	dú shēn	dú bù	dú chuàng
唯独	独裁	独唱	独居	独身	独步	独创

dú duàn	yùn dòng	mìng yùn	yùn mìng	xìng yùn	yùn qì	yùn xíng
独断	运动	命运	运命	幸运	运气	运行

凌	오르다 깔보다 릉	摩	만질 마	绛	붉을 강	霄	하늘 소
líng	리잉	mā mó	마- 모	jiàng	찌앙	xiāo	시아오-

뜻: 곤어가 봉새로 변하여 한 번 날면 구천에 이르니, 사람의 운수를 말함.

摩托车(마탁차):모터차(오토바이) 摩擦:마찰(하다) 按摩:안마(하다) 绛红:강홍(색)

耽	즐길 탐	读	읽을 독	玩	놀 완	市	도시 시
dān	딴-	dú	두우	wán	와안	shì	스

뜻: 한나라의 왕총은 독서를 즐겨 서점에 가서 탐독했음.

读书:독서(책을 읽다) 阅读:열독(하다-열심히 읽다) 朗读:낭독(하다) 解读:해독(하다-암호) 读破:독파(하다)
玩:놀다 玩具:완구(장난감) 开玩笑(개완소):농담하다. 玩笑:완소(하다-농담하다) 都市:도시 市场:시장(마켓)
超市(초시):슈퍼마켓 上市(상시):출시되다

寓	거주할 우	目	눈 목	囊	주머니 낭	箱	상자 상
yù	위	mù	무	nāng náng	낭- 나앙	xiāng	시앙-

뜻: 왕총이 한번 읽으면 잊지 아니하여 글을 주머니나 상자에 둠과 같다고 했음.

节目(절목):프로그램, 목록 目录:목록 目的:목적 目标:목표 题目:제목 目前:목전(에-이전에) 项目:항목 面目:면목
名目:명목(가치) 箱子:상자(BOX) 冰箱(빙상):냉장고 信箱(신상):우편함 邮箱:우편함 油箱:기름탱크(자동차)

易	쉬울 이 바꿀 역	輶	가벼울 유	攸	바 유	畏	두려워할 외
yì	이	yóu	요우	yōu	요우-	wèi	웨이

뜻: 매사를 소홀히 하고 경솔함은 군자가 진실로 두려워하는 바임.

容易:용이(하다-쉽다) 贸易:무역 交易:교역(하다) 变易:변역(하다)

属	붙을 속 이을 촉	耳	귀 이	垣	담 원	墙	담 장
shǔ zhǔ	수우↗ 주우↗	ěr	어얼↗	yuán	위엔	qiáng	치앙

뜻: 담장에도 귀가 있다는 말과 같이 경솔히 말하는 것을 조심함.

金属:금속 附属:부속(되다) 家属(가속):가족 所属:소속(된) 归属:귀속(되다) 直属:직속(하다) 耳朵(이타):귀(ear)
耳环(이환):귀고리 耳目:이목(이 집중되다) 耳机(이기):이어폰

摩托车　摩擦　按摩　绛红

读书　阅读　朗读　解读　读破　玩　玩具
开玩笑　玩笑　都市　市场　超市　上市

节目　目录　目的　目标　题目　目前　项目
面目　名目　箱子　冰箱　信箱　邮箱

容易　贸易　交易　变易

金属　附属　家属　所属　归属　直属　耳朵
耳环　耳目　耳机

具 갖출 구	膳 반찬 선	飧 반손 손	饭 밥 반
jù 쮜	shàn 쌴	sūn 순-	fàn ⓕ판

뜻: 반찬을 갖추고 밥을 먹음.

工具:공구　家具:가구　玩具:완구　文具:문구　具体:구체(적)　饭:밥　吃饭:밥 먹어요　米饭(미반):쌀밥　白饭:백반(쌀밥)
饭菜(반채):밥과 반찬　饭店:반점(식당)

适 마침 적	口 입 구	充 채울 충	肠 창자 장
shì 스	kǒu 코오우	chōng 총	cháng 차앙

뜻: 훌륭한 음식이 아니라도 입에 맞으면 배를 채움.

适合:적합(하다)　合适(합적):적합하다　适应:적응(하다)　适当:적당(하다)　适用:적용(하다)　适时:적시(에-알맞은시간에)
入口:입구　出口:출구　人口:인구　户口:호구　口气(구기):말투, 어투　口味:구미(입맛)　港口:항구　充分:충분(하다)
充满:충만(하다)　补充:보충(하다)　充电器:충전기　充实:충실(하다)　充足:충족(하다)　扩充:확충(하다)
心肠:심장　肠子:창자　胃肠:위장　小肠:소장　大肠:대장　肝肠:간장

饱 배부를 포	饫 배부를 어	烹 삶을 팽	宰 재상 재
bǎo 바아오	yù 위	pēng 펑	zǎi 자아이

뜻: 배 부를 때에는 아무리 좋은 음식이라도 그 맛을 모름.

饱满:포만(감)　饱死(포사):배불러 죽겠다　饱和:포화(상태)　主宰:주재(하다-지배하다)

饥 주릴 기	厌 싫을 염	糟 재강 조	糠 겨 강
jī 찌-	yàn 앤	zāo 짜오-	kāng 캉-

뜻: 반대로 배가 고플 때에는 겨와 재강도 맛있게 되는 것임.

饥饿:기아(체험)　饥荒:기황(기근)

亲 친할 친	戚 겨레 척	故 연고 고	旧 옛 구
qīn 친-칭	qī 치-	gù 꾸	jiù 찌우
qìng			

뜻: 친척과 옛 친구.

亲戚:친척　母亲:모친　父亲:부친　亲切:친절(하다)　亲爱:친애(하는)　外戚:외척(외가친척)　故事:고사
故意:고의(로)　缘故:연고(지)　故障:고장(나다)　故乡:고향　故人:고인　旧式:구식(의)

gōng jù	jiā jù	wán jù	wén jù	jù tǐ	fàn	chī fàn
工具	家具	玩具	文具	具体	饭	吃饭

mǐ fàn	bái fàn	fàn cài	fàn diàn
米饭	白饭	饭菜	饭店

shì hé	hé shì	shì yìng	shì dàng	shì yòng	shì shí	rù kǒu
适合	合适	适应	适当	适用	适时	入口

chū kǒu	rén kǒu	hù kǒu	kǒu qì	kǒu wèi	gǎng kǒu	chōng fēn
出口	人口	户口	口气	口味	港口	充分

chōng mǎn	bǔ chōng	chōng diàn qì	chōng shí	chōng zú	kuò chōng	xīn cháng
充满	补充	充电器	充实	充足	扩充	心肠

cháng zǐ	wèi cháng	xiǎo cháng	dà cháng	gān cháng
肠子	胃肠	小肠	大肠	肝肠

bǎo mǎn	bǎo sǐ	bǎo hé	zhǔ zǎi
饱满	饱死	饱和	主宰

jǐ è	jǐ huāng
饥饿	饥荒

qīn qī		mǔ qīn	fù qīn	qīn qiè	qīn ài	wài qī
亲戚：		母亲	父亲	亲切	亲爱	外戚

gù shì	gù yì	yuán gù	gù zhàng	gù xiāng	gù rén	jiù shì
故事	故意	缘故	故障	故乡	故人	旧式

老 늘을 로	少 젊을 소	异 다를 이	粮 양식 량
lǎo 라아오	shǎo 사아오 / shào 싸오	yì 이	liáng 리양

뜻: 늙은이와 젊은이의 식사가 다름.

老人:노인　老师:노사(선생님)　老虎(노호):호랑이　老板(노판):사장님　老鼠(노서):쥐　老大(노대):늙다　老化:노화(하다)

多少(다소):얼마나(몇)　减少:감소(하다)　少女:소녀　年少:연소(자)　少见:소견　异常:이상(다르다)　差异:차이(나다)

妾 첩 첩	御 모실 어	绩 길쌈 적	纺 길쌈 방
qiè 치에	yù 위	jì 찌	fǎng ⓕ파앙↗

뜻: 남자는 밖에서 일하고, 여자는 안에서 길쌈을 함.

防御:방어(하다)　成绩:성적　战绩:전적　业绩:업적　功绩:공적　实绩:실적　纺织:방직(하다)

侍 모실 시	巾 수건 건	帷 장막 유	房 방 방
shì 스	jīn 찐-	wéi 웨이	fáng ⓕ파앙

뜻: 유방에서 모시고 수건을 받드니 처첩이 하는 일임.

侍女:시녀　毛巾(모건):수건　围巾(위건):목도리　头巾(두건):스카프　房间(방간):방　厨房:주방

健身房(건신방): 헬스클럽(몸을 건설하는 방)　票房(표방):매표소

纨 흰비단 환	扇 부채 선	圆 둥글 원	洁 깨끗할 결
wán 와안	shān 싼	yuán 위엔	jié 지에

뜻: 흰 비단으로 만든 부채는 둥글고 깨끗함.

风扇(풍산):선풍기　电扇(전산):선풍기　椭圆:타원　圆满:원만(하다)　半圆:반원　纯洁:순결(하다)　清洁:청결(하다)

洁白:결백(하다)　洁癖:결벽(증)

银 은 은	烛 촛불 촉	韡 빛날 위	煌 빛날 황
yín 이인	zhú 주우	wěi 웨에이	huáng 후왕

뜻: 은촛대의 촛불은 빛나서 휘황찬란함.

银币(은폐):은화　银行:은행　银钱:은전　银子:은자　银河:은하　银发:은발(흰머리)　蜡烛(랍촉):양초　火烛:화촉

香烛(향촉):향초(향과 초)

lǎo rén	lǎo shī	lǎo hǔ	lǎo bǎn	lǎo shǔ	lǎo dà	lǎo huà
老人	老师	老虎	老板	老鼠	老大	老化

duō shǎo	jiǎn shǎo	shào nǚ	nián shào	shǎo jiàn	yì cháng	chà yì
多少	减少	少女	年少	少见	异常	差异

fáng yù	chéng jì	zhàn jì	yè jì	gōng jì	shí jì	fǎng zhī
防御	成绩	战绩	业绩	功绩	实绩	纺织

shì nǚ	máo jīn	wéi jīn	tóu jīn	fáng jiān	chú fáng	jiàn shēn fáng
侍女	毛巾	围巾	头巾	房间	厨房	健身房

piào fáng
票房

fēng shàn	diàn shàn	tuǒ yuán	yuán mǎn	bàn yuán	chún jié	qīng jié
风扇	电扇	椭圆	圆满	半圆	纯洁	清洁:

jié bái	jié pǐ
洁白	洁癖

yín bì	yín háng	yín qián	yín zǐ	yín hé	yín fà	là zhú
银币	银行	银钱	银子	银河	银发	蜡烛

huǒ zhú	xiāng zhú
火烛	香烛

昼 낮 주	眠 잘 면	夕 저녁 시	寐 잘 매
zhòu 쪼우	mián 미엔	xī 시-	mèi 메이

뜻: 낮에 낮잠 자고 밤에 일찍 자니 한가한 사람의 일임.

昼夜:주야 白昼:백주(대낮) 安眠:잘 자다 夕阳:석양 七夕:칠석(7월 7일)

蓝 쪽 람	笋 죽순 순	象 코끼리 상 모양 상	床 상 상
lán 라안	sǔn 수우운	xiàng 씨앙	chuáng 추앙

뜻: 푸른 대순과 코끼리 상이니, 즉 한가한 사람의 침대임.

蓝色:남색(푸른색) 蓝图(남도):청사진(설계도) 蓝青:남청색 竹笋:죽순 石笋:석순 印象:인상 形象:형상 想像:상상 大象(대상):코끼리 对象:대상 现象:현상 气象:기상 天象:천상 物象:물상 起床:기상(하다) 病床:병상

弦 줄 현	歌 노래 가	酒 술 주	宴 잔치 연
xián 시엔	gē 끄어-	jiǔ 지우↗	yàn 얜

뜻: 거문고를 타며 술과 노래로 잔치함.

弓弦:궁현(활시위) 唱歌:창가(노래 부르다) 歌词:가사 歌手:가수 歌舞:가무 高声放歌:고성방가(큰 소리로 노래부르다) 歌星(가성):유명가수 喝酒(갈주):술마시다 啤酒(비주):맥주 酒吧(주바):술집 酒店:주점(술집, 호텔) 罚酒:벌주 酒菜(주채):술안주 宴会:연회(파티)

接 이을 접	杯 잔 배	举 들 거	觞 잔 상
jiē 찌에-	bēi 뻬이-	jǔ 쥐이↗	shāng 쌍-

뜻: 작고 큰 술잔을 서로 주고받으며 즐기는 모습임.

接受:접수(하다) 直接:직접(적인) 接触:접촉(하다) 迎接:영접(하다) 接近:접근(하다) 杯子:컵(잔) 干杯:건배(하다) 举行:거행(하다) 选举:선거(하다) 举动:거동(하다) 列举:열거(하다) 举手:거수(하다-손들다)

矫 바로잡을 교	手 손 수	顿 두드릴 돈	足 발 족
jiáo 지아오	shǒu 소오우	dú 두우 dùn 둔	zú 주우

뜻: 손을 들고 발을 두드리며 춤을 춤.

矫正:교정(하다) 高手:고수 手机(수기):핸드폰 洗手间:세수간(화장실) 手表(수표):손목시계 握手:악수(하다) 手工:수공(예품) 手术:수술(하다) 手指:수지(손가락) 动手(동수):손찌검하다 放手(방수):손을 떼다 整顿:정돈(하다)

昼夜　白昼　安眠　夕阳　七夕

蓝色　蓝图　蓝青　竹笋　石笋　印象　形象

想像　大象　对象　现象　气象　天象　物象

起床　病床

弓弦　唱歌　歌词　歌手　歌舞　高声放歌

歌星　喝酒　啤酒　酒吧　酒店　罚酒　酒菜

宴会

接受　直接　接触　迎接　接近　杯子　干杯

举行　选举　举动　列举　举手

矫正　高手　手机　洗手间　手表　握手　手工

手术　手指　动手　放手　整顿

悦	기쁠 열	预	미리 예	且	또 차	康	편안 강
yuè	웨	yù	위	jū qiě	쥐- 치에↗	kāng	캉-

뜻: 이상과 같이 마음 편히 즐기고 살면 단란한 가정임.

喜悦:희열(기쁘다) 愉悦:오열(기쁘다) 预想:예상(하다) 预习:예습(하다) 预报:예보(하다) 预订(예정):예약하다
预防:예방(하다) 预算:예산(하다) 预言:예언(하다) 预测:예측(하다) 预感:예감(하다) 健康:건강(하다)

嫡	정실 적	后	뒤 후	嗣	이을 사	续	이을 속
dí	디이	hòu	호우	sì	쓰	xù	쒸

뜻: 장남은 뒤를 계승하여 대를 이룸.

后面:후면(뒷면) 然后:연후(에-그다음에) 以后:이후(에) 最后:최후 后代:후대(의) 后嗣:후사 继续:계속(하다)
持续:지속(하다) 手续:수속(절차) 延续:연속(하다) 后续:후속(의)

祭	제사 제	祀	제사 사	蒸	찔 증	尝	맛볼 상
jì zhài	찌 짜이	sì	쓰	zhēng	쩡-	cháng	차앙

뜻: 제사하되 겨울 제사는 증이라 하고 가을 제사는 상이라 함.

祭祀:제사(지내다) 祭礼:제례(제사의식) 蒸汽:증기(수증기) 蒸发:증발(하다) 熏蒸:훈증 尝试(상식):맛보다

稽	조아릴 계	颡	이미 상	再	다시 재	拜	절 배
jī qǐ	찌- 치이↗	sǎng	사아앙	zài	짜이	bài	빠이

뜻: 이마를 조아려 선조에게 두 번 절함.

再见:재견(다시 봅시다) 再生:재생(하다) 再审:재심(하다) 礼拜:예배 礼拜天:예배일(일요일)

悚	두려워할 송	惧	두려워할 구	恐	두려워할 공	惶	두려워할 황
sǒng	소오옹	jù	쮜	kǒng	코오옹	huáng	후앙

뜻: 송구하고 공황하니 엄중, 공경함이 지극함.

恐惧(공구):겁먹다 疑惧:의구(심) 恐怖:공포(를 느끼다) 恐龙:공룡 惶恐:황공(스럽다)

위따·똥싸

xǐ yuè	yú yuè	yù xiǎng	yù xí	yù bào	yù dìng	yù fáng
喜悦	愉悦	预想	预习	预报	预订	预防

yù suàn	yù yán	yù cè	yù gǎn	jiàn kāng
预算	预言	预测	预感	健康

hòu miàn	rán hòu	yǐ hòu	zuì hòu	hòu dài	hòu sì	jì xù
后面	然后	以后	最后	后代	后嗣	继续

chí xù	shǒu xù	yán xù	hòu xù
持续	手续	延续	后续

jì sì	jì lǐ	zhēng qì	zhēng fā	xūn zhēng	cháng shì
祭祀	祭礼	蒸汽	蒸发	熏蒸	尝试

zài jiàn	zài shēng	zài shěn	lǐ bài	lǐ bài tiān
再见	再生	再审	礼拜	礼拜天

kǒng jù	yí jù	kǒng bù	kǒng lóng	huáng kǒng
恐惧	疑惧	恐怖	恐龙	惶恐

箋 편지 전	牒	简 편지 간 / 간단할 간	要 중요 요
jiān 찌엔-	dié 디에	jiǎn 지엔↗	yāo 야오 / yào 야오

뜻: 글과 편지는 간략함을 요함.

便笺(편전):편지지　通牒:통첩(하다)　简单:간단(한)　简历(간력):약력(이력서)　简体(간체):간략화된 글씨체
需要:수요(필요)하다　要求:요구(하다)　主要:주요(한)　重要:중요(한)　必要:필요(한)　要点:요점

顾 돌아볼 고	答 대답 답	审 살필 심	详 자세할 상
gù 꾸	dā 따- / dá 다아	shěn 서어언	xiáng 시양

뜻: 편지의 회답도 자세히 살펴 써야 함.

顾客:고객　顾虑:고려(하다)　回顾:회고(하다)　顾问:고문　回答:회답(하다)　答案:답안　答应(답응):응답(하다)
答辩:답변(하다)　对答:대답(하다)　审美:심미(적)　审查:심사(하다)　审判:심판(하다)　详细:상세(하다)

骸 뼈 해	垢 때 구	想 생각할 상	浴 목욕할 욕
hái 하이	gòu 꼬우	xiǎng 시아앙	yù 위

뜻: 몸에 때가 끼면 목욕하기를 생각함.

骸骨:해골　残骸:잔해　理想:이상(적)　思想:사상　想像:상상(하다)　幻想:환상(적)　感想:감상(하다)　想念:상념(하다)
梦想:몽상(꿈)꾸다　空想:공상(하다)　联想:연상(하다)　想起:상기(하다)　沐浴:목욕(하다)

执 잡을 집	热 더울 열	愿 원할 원	凉 서늘할 량
zhí 즈으	rè 러	yuàn 위엔	liáng 리양 / liàng 량

뜻: 더우면 서늘하기를 원함.

执行:집행(하다)　固执:고집(하다)　执笔:집필(하다)　执著:집착(하다)　热:덥다　热情:열정　热心:열심(이다)
热烈:열렬(히)　热爱:열애(하다)　愿意(원의):바라다　愿望(원망):희망, 소망　自愿:자원(하다)　凉快(량쾌):시원하다.

驴 나귀 려	骡 노새 라	犊 송아지 독	特 특별 특
lú 뤼이	luó 루어	dú 두우	tè 터

뜻: 나귀와 노새와 송아지, 즉 가축을 말함.

特别:특별(한)　特点(특점):특징　独特:독특(한)　特殊:특수(하다)　特征:특정(한)　特色:특색　特出:특출(하다)
特技:특기　特区:특구　奇特:기특(하다)　特等:특등(사수)

위따쫑싸

biàn jiān	tōng dié	jiǎn dān	jiǎn lì	jiǎn tǐ	xū yào	yào qiú
便笺	通牒	简单	简历	简体	需要	要求

zhǔ yào	zhòng yào	bì yào	yào diǎn
主要	重要	必要	要点

gù kè	gù lǜ	huí gù	gù wèn	huí dá	dá àn	dá yìng
顾客	顾虑	回顾	顾问	回答	答案	答应

dá biàn	duì dá	shěn měi	shěn chá	shěn pàn	xiáng xì
答辩	对答	审美	审查	审判	详细

hái gu	cán hái	lǐ xiǎng	sī xiǎng	xiǎng xiàng	huàn xiǎng	gǎn xiǎng
骸骨	残骸	理想	思想	想像	幻想	感想

xiǎng niàn	mèng xiǎng	kōng xiǎng	lián xiǎng	xiǎng qǐ	mù yù
想念	梦想	空想	联想	想起	沐浴

zhí xíng	gù zhí	zhí bǐ	zhí zhù	rè	rè qíng	rè xīn
执行	固执	执笔	执著	热	热情	热心

rè liè	rè ài	yuàn yì	yuàn wàng	zì yuàn	liáng kuài
热烈	热爱	愿意	愿望	自愿	凉快

tè bié	tè diǎn	dú tè	tè shū	tè zhēng	tè sè	tè chū
特别	特点	独特	特殊	特征	特色	特出

tè jì	tè qū	qí tè	tè děng
特技	特区	奇特	特等

骇 놀랄 해	跃 뛸 약	超 넘을 초	勷 달릴 양
hài 하이	yuè 웨	chāo 차오	ráng 라양

뜻: 뛰고 달리며 노는 가축의 모습을 말함.

骇怕(해파):두려워하다　活跃:활약(하다)　飞跃:비약(하다)　跳跃:도약(하다)　超人:초인(수퍼맨)　超市:초시(슈퍼마켓)
超级:Super　超越:초월(하다)

诛 벨 주	斩 벨 참	贼 도적 적	盗 도적 도
zhū 쭈-	zhǎn 주우완	zéi 제이	dào 따오

뜻: 역적과 도적을 베어 물리침.

贼人(적인):도둑, 강도　盗版(도판):해적판(영화, 음악)

捕 잡을 포	获 얻을 획	叛 배반할 반	亡 망할 망
bǔ 부우↗	huò 후어	pàn 판	wáng 와양

뜻: 배반하고 도망하는 자를 잡아 죄를 다스림.

捕获:포획(하다)　捕捉:포착(하다)　收获:수확(하다)　获得:획득(하다)　背叛:배반(하다)　叛逆:반역(하다)　叛军:반군
叛乱:반란　灭亡:멸망(하다)　死亡:사망(하다)　亡国:망국(나라가 망하다)　亡命:망명(하다)　败亡:폐망(하다)

布 베 포	射 쏠 사	僚 벗 료	丸 알 환
bù 뿌	shè 써	liáo 리아오	wán 와안

뜻: 한나라 여포는 화살을 잘 쐈고, 의료는 탄알을 잘 던졌음.

分布:분포(하다)　公布:공포(하다)　宣布:선포(하다)　瀑布:폭포　颁布:반포(하다)　发布:발포(하다)　尿布(요포):기저귀
射击:사격(하다)　注射:주사(하다)　反射:반사(하다)　发射:발사(하다)　射线(사선):방사선　射手:사수(사격, 활)
透射:투사(하다)　喷射:분사(하다)　官僚:관료(관리)　弹丸:탄환(총알)　丸子(환자):완자(요리)　丸药:환약(알약)

嵇 산이름 혜	琴 거문고 금	阮 악기 완	啸 휘파람 소
jī 찌-	qín 치인	ruǎn 루우안	xiào 쌰오

뜻: 위국 혜강은 거문고를 잘 타고, 완적은 휘파람을 잘 불었음.

위따·똥씨

骇怕 *hài pà*　活跃 *huó yuè*　飞跃 *fēi yuè*　跳跃 *tiào yuè*　超人 *chāo rén*　超市 *chāo shì*　超级 *chāo jí*

超越 *chāo yuè*

贼人 *zéi rén*　盗版 *dào bǎn*

捕获 *bǔ huò*　捕捉 *bǔ zhuō*　收获 *shōu huò*　获得 *huò dé*　背叛 *bèi pàn*　叛逆 *pàn nì*　叛军 *pàn jūn*

叛乱 *pàn luàn*　灭亡 *miè wáng*　死亡 *sǐ wáng*　亡国 *wáng guó*　亡命 *wáng mìng*　败亡 *bài wáng*

分布 *fēn bù*　公布 *gōng bù*　宣布 *xuān bù*　瀑布 *pù bù*　颁布 *bān bù*　发布 *fā bù*　尿布 *niào bù*

射击 *shè jī*　注射 *zhù shè*　反射 *fǎn shè*　发射 *fā shè*　射线 *shè xiàn*　射手 *shè shǒu*　透射 *tòu shè*

喷射 *pēn shè*　官僚 *guān liáo*　弹丸 *dàn wán*　丸子丸药 *wán zǐ wán yào*

恬 편안 념 tián 티엔	笔 붓 필 bǐ 비이↗	伦 인륜 륜 lún 루운	纸 종이 지 zhǐ 즈으↗

뜻: 진국 몽염은 토끼털로 처음 붓을 만들었고, 후한 채륜은 처음 종이를 만들었음.

笔记本(필기본):노트북　铅笔:연필　笔记:필기(하다)　执笔:집필(하다)　钢笔(강필):만년필　人伦:인륜　伦理:윤리
天伦:천륜　白纸:백지(흰종이)　彩纸(채지):색종이　报纸(보지):신문

钧 서른근 균 jūn 쮠-	巧 공교할 교 qiǎo 치아오	任 맡길 임 rén 러언 rèn 런	钓 낚시 조 diào 띠아오

뜻: 위국 마균은 지남거를 만들고, 전국시대 임공자는 낚시를 만들었음.

巧妙:교묘(하다)　技巧:기교(테크닉)　任务:임무　责任:책임　信任:신임(하다)　担任:단임(담당하다)　任意:임의(의)
任命:임명(하다)　历任:역임(하다)　钓鱼:조어(낚시)

释 놓을 석 shì 스	纷 어지러울 분 fēn ㉔펀-	利 이로울 리 lì 리	俗 풍속 속 sú 수우

뜻: 이상 팔인의 재주를 다하여 어지러움을 풀어 풍속에 이롭게 함.

解释:해석(하다)　释放:석방(하다)　注释:주석(해석)하다.　纷纷:분분(하다)　纠纷(규분):분규하다　利益:이익　顺利:순리
利用:이용(하다)　利息(이식):은행 이자　有利:유리(하다)　福利:복리　利率:이율　风俗:풍속　通俗:통속　俗话(속화):속담

并 아우를 병 bīng 삥-	皆 다 개 jiē 찌에-	佳 아름다울 가 jiā 찌아-	妙 묘할 묘 miào 미아오

뜻: 모두가 아름다우며 묘한 재주임.

合并:합병(하다)　并存:병존(하다)　并行:병행(하다)　并列:병렬(하다)　巧妙:교묘(하다)　美妙:미묘(하다)
奇妙:기묘(하다)　奥妙:오묘(하다)

毛 털 모 máo 마오	施 베풀 시 shī 스-	淑 맑을 숙 shū 수-	姿 모양 자 zī 쯔-

뜻: 모는 오의 모타라는 여자이고, 시는 월의 서시라는 여자인데, 모두 절세미인이었음.

毛巾(모건):수건　羽毛球(우모구):배드민턴　眉毛(미모):눈썹　设施:시설　实施:실시(하다)　施工:시공(하다)
淑女:숙녀　姿势:자세　姿态:자태(태도)

笔记本　铅笔　笔记　执笔　钢笔　人伦　伦理
天伦　白纸　彩纸　报纸

巧妙　技巧　任务　责任　信任　担任　任意
任命　历任　钓鱼

解释　释放　注释　纷纷　纠纷　利益　顺利
利用　利息　有利　福利　利率　风俗　通俗
俗话

合并　并存　并行　并列　巧妙　美妙　奇妙
奥妙

毛巾　羽毛球　眉毛　设施　实施　施工　淑女
姿势　姿态

工 장인 공	嚬 찡그릴 빈	妍 고울 연	笑 웃을 소
gōng 꽁-	pín 피인	yán 에엔	xiào 시아오

뜻: 이 두 미인의 웃는 모습이 매우 곱고 아름다움.

工作:공작(하다) 工具:공구 工资(공자):월급 工厂:공장 工业:공업 加工:가공 工艺品:공예품 微笑:미소
可笑:가소(롭다) 开玩笑(개완소):농담하다.

年 해 년	矢 화살 시	每 매일 매	催 재촉 회
nián 니엔	shǐ 스으↗	měi 메이↗	cuī 추이-

뜻: 화살같이 매양 재촉함.

新年:신년(새해) 去年(거년):지난 년도 年轻(년경):젊은 年级(년급):학년(학교) 青少年:청소년 明年:명년(다음해)
中年:중년 成年:성년 每年:매년 每天(매천):매일 每日:매일 每周:매주 每个:매개

曦 햇빛 희	晖 빛날 휘	朗 밝을 랑	耀 빛날 요
xī 시-	huī 후이-	lǎng 라아앙	yào 야오

뜻: 태양빛과 달빛은 온 세상을 비추어 만물에 혜택을 주고 있음.

明朗:명랑(하다)

璇 구슬 선	玑 구슬 기	悬 달 현	斡 빙빙돌 알
xuán 쒸엔	jī 찌-	xuán 쒸엔	wò 워

뜻: 선기는 천기를 보는 기구이고, 그 기구가 높이 걸려 도는 것을 말함.

晦 그믐 회	魄 넋 백	环 고리 환	照 비칠 조
huì 후이	bó,pò tuò 보오,포 투어	huán 후안	zhào 짜오

뜻: 달이 고리와 같이 돌며 천지를 비치는 것을 말함.

气魄:기백(패기) 魂魄:혼백 环境:환경 耳环(이환):귀고리 循环:순환(하다) 花环:화환 照明:조명 照片(조편):사진
照相机(조상기):카메라(사진기) 护照(호자):여권 对照:대조(하다) 参照:참조(하다) 日照量:일조량(햇볕 쬐는 양)

工作 gōng zuò　工具 gōng jù　工资 gōng zī　工厂 gōng chǎng　工业 gōng yè　加工 jiā gōng　工艺品 gōng yì pǐn

可笑 kě xiào　开玩笑 kāi wán xiào

新年 xīn nián　去年 qù nián　年轻 nián qīng　年级 nián jí　青少年 qīng shǎo nián　明年 míng nián　中年 zhōng nián

成年 chéng nián　每年 měi nián　每天 měi tiān　每日 měi rì　每周 měi zhōu　每个 měi gè

明朗 míng lǎng

气魄 qì pò　魂魄 hún pò　环境 huán jìng　耳环 ěr huán　循环 xún huán　花环 huā huán　照明 zhào míng

照片 zhào piàn　照相机 zhào xiāng jī　护照 hù zhào　对照 duì zhào　参照 cān zhào　日照量 rì zhào liáng

指 손가락 지	薪 섶나무 신	修 닦을 수	佑 복 우
zhǐ 쭈우↗	xīn 씬-	xiū 씨우-	yòu 요우

뜻: 불타는 나무와 같이 정열로 도리를 닦으면 복을 얻음.

指挥:지휘(하다)　手指:수지(손가락)　戒指:(계지):반지　指导:지도(하다)　指令:지령(하다)　指示:지시(하다)
指甲(지갑):손(발)톱　指定:지정(하다)　大指(대지):엄지손가락　修复:수복(하다)　修理:수리(하다)
维修(유수):유지보수(A/S)　修养:수양(하다)

永 길 영	绥 편안 수	吉 길할 길	韶 높을 소
yǒng 요오옹	suí 수이	jí 지이	sháo 싸오

뜻: 영구히 편안하고 길함이 높음.

永远:영원(히)　永生:영생(하다)　永久:영구(히)　大吉:대길(하다)　吉他(길타):기타(악기)

矩 곱자 구	步 걸음 보	引 당길 인	领 거느릴 령
jǔ 쮜이↗	bù 뿌	yǐn 이이인	lǐng 리이잉

뜻: 걸음을 바로 걷고 따라서 얼굴도 바르니 위의가 당당함.

跑步(포보):달리다　散步:산보(하다)　进步:진보(하다)　让步:양보(하다)　退步:퇴보(하다)　初步:초보(의)
引起:인기(주위를 끌다)　引导:인도(하다)　引用:인용(하다)　领导:영도(하다)　领域:영역(분야)　占领:점령(하다)

俯 굽을 부	仰 우러를 앙	廊 행랑 랑	庙 사당 묘
fǔ ⓕ푸우↗	yǎng 야아앙	láng 라앙	miào 먀오

뜻: 항상 낭묘에 있는 것으로 생각하고 머리를 숙여 예의를 지켜야 함.

信仰:신앙(심)　画廊:화랑(그림)

束 묶을 속	带 띠 대	矜 자랑 긍	庄 씩씩할 장
shù 수우	dài 따이	jīn 찐-	zhuāng 쭈앙-

뜻: 의복에 주의하여 단정히 함으로써 긍지를 갖음.

结束:결속(하다-끝내다, 마치다)　束缚:속박(하다)　拘束:구속(하다)　携带:휴대(하다)　绷带:붕대(의료)
背带(배대):멜빵　皮带(피대):가죽허리띠　腰带:요대(허리띠)　海带(해대):바다의 띠. 즉 미역, 다시마

위따뚱싸

zhǐ huī	shǒu zhǐ	jiè zhǐ	zhǐ dǎo	zhǐ lìng	zhǐ shì	zhǐ jiǎ
指挥	手指	戒指	指导	指令	指示	指甲
zhǐ dìng	dà zhǐ	xiū fù	xiū lǐ	wéi xiū	xiū yǎng	
指定	大指	修复	修理	维修	修养	

yǒng yuǎn	yǒng shēng	yǒng jiǔ	dà jí	jí tā
永远	永生	永久	大吉	吉他

pǎo bù	sàn bù	jìn bù	ràng bù	tuì bù	chū bù	yǐn qǐ
跑步	散步	进步	让步	退步	初步	引起
yǐn dǎo	yǐn yòng	lǐng dǎo	lǐng yù	zhàn lǐng		
引导	引用	领导	领域	占领		

xìn yǎng	huà láng
信仰	画廊

jié shù	shù fù	jū shù	xié dài	bēng dài	bèi dài	pí dài
结束	束缚	拘束	携带	绷带	背带	皮带
yāo dài	hǎi dài					
腰带	海带					

徘	배회 배	徊	배회 회	瞻	쳐다볼 첨	眺	바라볼 조
pái		huái		zhān		tiào	

뜻: 같은 장소를 배회하며 선후를 보는 모양임.

徘徊:배회(하다) 眺望:조망(하다)

孤	외로울 고	陋	좁을 루	寡	적을 과	闻	들을 문
gū	꾸-	lòu	로우	guǎ	구와↗	wén	워언

뜻: 학문이 얕고 견문이 좁다. 보고 들은 것이 적다.

孤独:고독(하다) 孤立:고립(되다,시키다) 孤儿:고아 寡妇:과부 新闻:신문(뉴스) 见闻:견문 风闻:풍문(을 듣다)

愚	어리석을 우	蒙	어릴 몽	等	등급 등	诮	꾸짖을 초
yú	위이	mēng	멍-	děng	더어엉	qiào	챠오

뜻: 적고 어리석어 몽매함을 면치 못한다는 것을 말함.

愚昧:우매(하다) 愚钝:우둔(하다) 蒙古:몽고 平等:평등(하다) 对等:대등(하다) 等级:등급 等待(등대):기다리다
等等:등등(기타 등등) 一等:일등 高等:고등 初等:초등 等等我:기다리세요 等差:등차 等价:등가(같은 가치)

谓	이를 위	语	말씀 어	助	도울 조	者	놈 자
wèi	웨이	yǔ / yù	위이↗ / 위	zhù	쭈	zhě	쩌어↗

뜻: 어조라 함은 한문의 조사, 즉 다음의 4글자임.

所谓:소위(이른바) 语言(어언):언어 汉语:한어(중국어) 语法:어법 母语:모어(모국어) 国语:국어 用语:용어
帮助(방조):돕다 借助(차주):힘을 빌리다 或者:혹자(는 ~하다. 어쩌면 ~하다) 记者:기자 前者:전자 后者:후자
笔者:필자 读者:독자 编者:편자(편집자) 强者:강자 弱者:약자

焉	어찌 언	哉	어조사 재	乎	어조사 호	也	어조사 야
yān	앤-	zāi	짜이-	hū	후-	yě	예에↗

뜻: 없음.(어조사 모음임)

也: ~도 (我也去:나도 간다 你也来吧:너도 와봐)

위따똥싸

pái huái tiào wàng
徘徊　眺望

gū dú gū lì gū ér guǎ fù xīn wén jiàn wén fēng wén
孤独　孤立　孤儿　寡妇　新闻　见闻　风闻

yú mèi yú dùn méng gǔ píng děng duì děng děng jí děng dài
愚昧　愚钝　蒙古　平等　对等　等级　等待

děng děng yī děng gāo děng chū děng děng děng wǒ děng chà děng jià
等等　一等　高等　初等　等等我　等差　等价

suǒ wèi yǔ yán hàn yǔ yǔ fǎ mǔ yǔ guó yǔ yòng yǔ
所谓　语言　汉语　语法　母语　国语　用语

bāng zhù jiè zhù huò zhě jì zhě qián zhě hòu zhě bǐ zhě
帮助　借助　或者　记者　前者　后者　笔者

dú zhě biān zhě qiáng zhě ruò zhě
读者　编者　强者　弱者

wǒ yě qù
我也去

nǐ yě lái ba
你也来吧

참 | 고 | 문 | 헌

中国 汉典   http://www.zdic.net

SOSO 搜搜   http://www.soso.com.

네이버 중한사전   http://cndic.naver.com

더이상 공부하지말고 한국말로 중국어를...

권최인준 위따 똥 싸